VOYAGES
DE
Mʳ. DU MONT,
EN FRANCE, EN ITALIE, EN ALLEMAGNE, A MALTHE, ET EN TURQUIE.

Contenant les Recherches & Observations Curieuses qu'il a faites en tous ces Païs :

Tant sur les Mœurs, les Coûtumes des Peuples, leurs différens Gouvernemens & leurs Religions ;

Que sur l'Histoire Ancienne & Moderne, la Philosophie & les Monumens Antiques.

Le tout enrichi de Figures.

TOME IV.

A LA HAYE;
Chez ETIENNE FOULQUE, & FRANÇOIS L'HONORE', Marchands Libraires.

M. DC. XCIX.

VOYAGES
DE
Mʀ. DU MONT.

LETTRE I.

Abregé de l'histoire des Grecs. Servitude dans laquelle ils sont aujourd'hui. Leurs habits, leurs Dances, leurs Noces. Opinion des Orientaux sur la Virginité. Salutation des Grecs. Les sentimens qu'ils ont sur la Religion. De leurs Evêques & Prêtres, & en particulier du Celebre Cyrille Lucar. De leurs Eglises. Les Grecs de la basse Anatolie reçoivent la Transubstantiation. Viennent le Vendredi Saint en procession à l'Eglise des Romains. Des Images des Grecs.

Tome IV.   A   *Des*

Des Armeniens & de leurs Carêmes. Opinion des Grecs touchant les corps qui se conservent après la Mort. Leurs Ceremoniens dans les Enterremens. Des Juifs du Levant.

MONSIEUR,

Après vous avoir donné une idée assez generale, de la Religion & des Coûtumes des Turcs, je croi que vous serez bien aise que je vous dise aussi quelque chose de celles des Grecs.

Vous sçavez Monsieur, qu'ils ont possedé l'Empire d'Orient pendant plusieurs siécles avec beaucoup de gloire, & que même Constantin le Grand, y avoit réüni celui d'Occident. Il est vrai qu'il ne conserva pas long-tems sa splendeur; car après la mort de cet Empereur, il fut divisé, & depuis ce tems-là il est toûjours allé en decadence, jusques à ce qu'enfin les Paleologues ayant été vaincus par les Turcs dans le quinsième siecle, les Grecs sont demeurez esclaves dans le même Païs où ils regnoient auparavant. C'est pour se racheter de cet espece d'esclavage dans lequel ils naissent tous, qu'ils payent encore tous les

ans

ans un tribut qu'on appelle le Carache, & qui ne leur est commun qu'avec les Juifs lesquels sont esclaves comme eux. Ce carache se paye par tête & ne va qu'à quatre piastres par homme : cependant comme c'est une marque de leur servitude, il n'est point de machines qu'ils n'ayent fait agir plusieurs fois pour s'en delivrer, offrant même d'un autre côté au Grand Seigneur des sommes beaucoup plus considerables que celles qu'il en retire. Outre le carache, on leur fait encore de tems en tems de fort grosses avanies pour lesquelles ils contribuent entr'eux à proportion des biens. Tous les Patriarches, les Evêques, & les Abez, sont aussi obligez de financer pour avoir leurs patentes, ce qui va d'ailleurs à des grandes sommes, y ayant plus de cinq mille Abaïes, Evêchez ou Archevêchez sous l'Empire du Turc.

Les Grecs sont fort superbes. Ils aiment l'éclat, & ils le portent souvent au dessus de leurs forces, cependant les Turcs ont pour eux un mépris insuportable même pour les plus riches, ce qui leur est d'autant plus rude que tout moyen de s'en vanger leur est ôté. Les Grecs sont fort distinguez des Turcs par l'habit, & particulierement par la coifure, car ils n'oseroient porter le Turban blanc ni même de la grandeur ou du pli de celui des Turcs. Ce ne peut-être qu'une toile bleüe, ou raïée de bleu, tournée deux ou trois fois à l'entour du bonnet, mais pour l'ordinaire ils n'en portent point du tout, & ils se contentent d'un

Car-

Carpa, ou même d'une petite Calote rouge qui ne leur vient qu'à peine aux oreilles. Au lieu de Veste, ils n'ont qu'une simple camisole fort courte, ouverte par le devant, & par dessous laquelle ils en ont une autre qui joint par le côté. Ils ne doivent pas non plus porter de Chacsir à la Turquesque, il faut que ce soient des hauts-de-chausses qui ne passant guéres le genou. Leurs Babouches on Souliers les distinguent encore, car les Turcs les ont jaunes & les Grecs rouges. Voila quel doit être l'habit des Grecs & quel il est en general, mais ceux qui ont beaucoup de bien passent par dessus les Loix, & s'habillent à la Turque au Turban près. La tolerance est à cet égard là beaucoup plus grande à Smirne qu'en aucun autre endroit de l'Empire, & elle est parvenüe depuis quelque tems jusques au point qu'il ne sort pas un Franc où un Grec de distinction hors de la Ville qui ne mette le Turban blanc. La seule chose surquoi les Turcs se rendent encore difficiles, c'est la couleur verte, & je ne croi pas qu'aucun Grec osât la porter. Pour ce qui est des Francs, j'en ai vû quelques-uns qui en avoient des habits entiers & qui les ont portez publiquement à Smirne sans qu'il leur en soit arrivé aucun mal, mais à parler franchement, je croi qu'il y avoit un peu d'imprudence en leur fait.

Comme les femmes ne sont pas sujetes à être veües, elles peuvent prendre un peu plus de licence que les hommes dans leur

leur maniere de s'habiller. Elles n'y manquent pas aussi, & l'on peut dire qu'à la reserve du vert, il n'y a aucune difference entre l'habit d'une femme Grecque, & celui d'une femme Turque. Leurs manieres ni leurs coutumes ne different pas beaucoup non plus, & elles vivent dans une retraite fort semblable à celle des Turques, à la reserve d'un petit nombre dont les Peres, ou les maris, ont habitude avec les Francs. Celle là se font un peu francisées, & elles n'ont pas eu de peine à s'y resoudre, car elles avoüent librement que la mode Franque est plus agreable que la leur.

Les Grecques aiment le plaisir, la dance, les habits magnifiques & s'entêtent volontiers d'un homme, quand même il ne songeroit pas en elles. Ce sont les chagrins à quoi s'exposent les Francs, qui veulent épouser des Grecques. Il faut qu'ils les adorent, qu'ils leur donnent des habits très riches, quantité d'esclaves pour les servir, & si quelqu'une de ces choses leur manque gare le Cocüage, car les Francs ne sont point du tout consideraris, & loin de là, ils se traitent entr'eux sur ce chapitre de Turc à More.

Les Dances des Grecs, sont tout à fait enjoüées. Il y en a en general de deux sortes. La premiere n'est qu'une espece de Courante de Village qui se dance deux à deux, & la seconde une maniere de Gavote, ou de Branle dans lequel tout le monde peut entrer hommes & femmes

A 3 entre-

entremêlez comme en France au paſſepied. Il y a neanmoins cette difference entre cette Dance ici & le Paſſepied, c'eſt qu'au Paſſepied on ſe donne la main d'une maniere naturelle, & que dans la dance dont je parle, les bras ſont entrelaſſez de telle ſorte que la main droite d'un homme tient la main gauche de la femme qui eſt à ſa gauche, & que ſa main gauche tient la main droite de celle qui eſt à ſa droite, & ainſi tout de ſuite juſqu'au dernier. Pour celui qui meine le branle il ne touche de la main à perſonne, il tient ſeulement un mouchoir par l'un des coins, & il donne l'autre à ſa Dame afin qu'il ait une eſpace aſſez grande pour prendre ſes meſures, & pour faire tourner & figurer le branle à ſa fantaiſie. D'abord ils commencent fort ſérieuſement en pas de Sarabande, en faiſant deux pas en avant & trois en arriere, puis s'échaufant peu à peu, ils commencent à ſauter & à courir, toutefois avec juſteſſe ; ſi bien que la Dance eſt fort guaye & fort amoureuſe. Leurs airs contribuent auſſi beaucoup à l'agrement de leurs dances, car ils ſont fort guais, & fort agreables.

Si l'on veut voir dancer les Grecs à ſon aiſe, il faut ſe trouver à quelque Noce, car alors ils ſe donnent tous à la joye, beuvant, mangeant, ſe rejouïſſant, & ne ſongeant à rien qu'à ſe bien divertir. Le Lendemain les parens vont voir les mariez, & s'informent de l'époux s'il a trouvé ſa femme vierge ; ils prennent auſſi la chemiſe de la Mariée, & après l'avoir con-

consideré entr'eux ils là font voir aux Conviez. Les Juifs observent aussi la même ceremonie dans le mariage de leurs filles, mais elle est d'une conséquence beaucoup plus grande parmi eux que parmi les Grecs, car si la preuve requise de la pudicité de l'épouse ne paroît pas évidemment, elle est tenüe pour deflorée & le Marié la repudie sur le champ, chacun tenant comme une chose constante que l'on peut connoître (a) sensiblement, & indubitablement quand une fille est vierge ou non. Cette opinion est si generalement reçue en Asie, & en Affrique qu'un homme se rendroit absolument ridicule qui voudroit soutenir le contraire. Le François cependant & avec eux, les Anglois, Hollandois, Allemands, Suedois, Dannois, & autres Peuples de l'Occident & du Nort se moquent des Asiatiques, & des Affricains sur ce point là, & leur discours ordinaire est après Salomon qu'ils ne connoissent point: *Viam aquilæ in cœlo; viam colubri super petram, viam navis in medio mari, & viam viri in adolescente. Proverb. Salomon. Cap. 30. v. 19.*

Solomon étoit un homme assez éclairé dans toutes les connoissances de la nature, & assez experimenté sur ce fait en particulier

(a) La persuasion des Orientaux est si grande, sur cet article que parmi les Chrêtiens de St. Jean (ce sont des Heretiques demeurant selon Tavernier sur les Frontieres de l'Arabie & de la Perse) la femme de l'Evêque qui d'ordinaire a la Charge de visiter les Epouses, ne fait point difficulté de jurer sur son seul examen de la virginité, ou de la defloration de celle dont la visite lui a été commise.

lier pour devoir en être crû, mais l'opinion generale & unanime de plusieurs Peuples, me paroît valoir bien la peine aussi d'être considerée. D'ailleurs le passage de Salomon ne fait aucune mention des vierges, mais seulement des adolescentes en général, d'où l'on peut inferer avec un legitime fondement ce me semble, qu'effectivement il n'avoit point entendu parler des vierges. Quoiqu'il en soit, toute l'Asie & toute l'Affrique sont comme j'ai dit là-dessus sans aucun scrupule, & particulierement les Turcs, les Grecs, les Juifs, les Persans, les Tartares, les Indiens, les Chinois, & ceux du Mogol. Mais sans aller si loin tout le monde sçait que les Espagnols, les Portuguais, & les Italiens sont du même sentiment, & que s'ils ne font pas tous parade de la chemise nuptiale comme les Grecs ou les Juifs du Levant, il est du moins certain qu'il n'y a point de nouveau marié entr'eux qui n'examine de bien prés, celle qui lui est échûë en partage; & que s'il ne la trouvoit pas toute telle qu'il la demande, ce seroit inutilement qu'elle voudroit soûtenir d'avoir toûjours été sage, il ne l'en croiroit pas sur sa parole. Mais laissons là cette Controverse & retournons aux coûtumes des Grecs. Ils en ont une fort particuliére; c'est une salutation qu'ils observent le jour de Pâque, & les trois semaines suivantes. Ils se baisent trois fois, l'une à la bouche, & les deux autres sur les joües, en disant *Christos anesti*, ce qui signifie, je pense, Christ est ressucité.

Pour

Pour le salut ordinaire il est tout semblable à celui des Turcs dans le famillier, mais ils baisent la main de celui qu'ils veulent respecter, & la portent ensuite sur leur tête. Quand on leur donne quelque chose en present ils en font de même, à moins qu'il ne fût d'un volume, ou d'une pesanteur trop grande. Cette maniere de porter sur la tête, marque le respect & la reconnoissance. Au reste lors qu'une femme vient avec son mari voir quelque homme de condition, comme par exemple un Consul, soit pour affaire ou autrement, elle se poste toûjours derriere lui, & s'il y a deux ou trois filles, elles se mettent les unes derriere les autres ensuite de la mere, en sorte que le mari qui fait le chef de file les cache toutes de son corps. Quand il faut sortir, tout cela fait demi tour adroit, & les filles marchent les premieres, évitant ainsi de se trouver auprés d'un étranger.

Venons presentement à leur Religion. Beaucoup de gens ne les croyent que Schimatiques par raport aux Catholiques Romains; & d'autres au contraire, mettent des differences dans leurs dogmes, plus grandes qu'elles ne sont en effet : voici la maniere donc l'Archevêque de Smirne qui est mon ami, me l'a expliqué.

Ils reconnoissent que l'Eglise visible de Dieu est unique, hors de laquelle il n'y a point de salut, à moins d'une conversion subite à l'heure de la mort.

Ils disent que les Apôtres ont institué cinq Patriarches ou Evêques pour la gou-

A 5 *verner*

verner sur la terre, qui sont Supérieurs, ceux de Rome, d'Alexandrie, de Constantinople, d'Anthioche, & de Jérusalem; & sous eux plusieurs Archevêques, Evêques & simples Pasteurs. Tous ces Prélats ont jurisdiction & droit de censure, les uns sur les autres à la reserve des Patriarches qui ne peuvent agir entr'eux que par voye de remontrance; le Concile seul ayant pouvoir de les châtier & de les deposer s'ils l'ont merité. Cependant ils ne peuvent rien statuër de nouveau, & l'on se moqueroit de leurs indulgences s'ils se mêloient d'en donner. Le premier de ces Patriarches est celui de Rome, aucun des autres ne lui a jamais disputé la préeminence, ils ont refusé seulement de se soûmettre au pouvoir abusif qu'il s'est attribué, par la simplicité qu'il a trouvée dans l'esprit des peuples Occidentaux, & par la tolerance des Princes Chrétiens. C'est disent ils sur le juste refus que tous les Evêques Grecs ont fait, de consentir à l'introduction dans l'Eglise d'une Puissance Tirannique, & dont les suites ne poûvoient être que très pernicieuses, que le Pape a fulminé contr'eux, & les a declarez Schismatiques, rompant lui-même par ce procedé violent, l'union sacrée de l'Eglise, pour la conservation de laquelle il auroit dû donner tout son sang. Effectivement, ils se tuënt de dire, que ce sont les Romains qui se sont separez d'avec eux, & non pas eux qui se sont separez d'avec les Romains. Ils pretendent même qu'autant qu'en eux est, ils
ne

ne sont point hors de la communion de Rome, & une marque de cela c'est qu'ils n'ont point fait un cinquième Patriarche, & qu'ils recognoissent toûjours le Pape pour premier Evêque du monde. Je ne sçai si c'est là le sentiment de toute l'Eglise Grecque; mais je puis protester, que je ne raporte rien qui ne m'ait été affirmé plusieurs fois par l'Archevêque de Smirne, qui est tenu pour un des plus habiles Docteurs qui y soit aujourd'hui. Je lui demandois même un jour, pourquoi donc les Grecs n'avoient pas envoyé leurs Evêques aux derniers Conciles, qui s'étoient tenus en Europe, dans lesquels tous ces differens auroient été terminez; mais il me répondit que l'esclavage sous lequel l'Eglise Grecque gemissoit, ne leur laissoit pas la liberté de le faire; que ces députations aux Conciles ne pourroient que donner une terrible jalousie au grand Seigneur, qui seroit aisément porté à croire qu'on y machineroit la rebellion des Grecs, & la ruïne de son Empire; & que dans cette crainte il les feroit tous passer au fil de l'épée. Voilà Monsieur, ce que j'avois à vous dire touchant le Schisme des Grecs, passons maintenant aux points de Doctrine dans lesquels ils different d'avec les Latins, & qui peuvent les faire passer pour heretiques.

Il y en a cinq, deux desquels sont fondamentaux, & d'une necessité de foi. Le premier est sur la procession du St. Esprit, qu'ils nient venir du fils, mais seulement du Pere. Pour justifier cette Doctrine

A. 6 l'Arl'Archevêque me dit, que les trois personnes de la Divinité ne sont distinguées, que par leurs operations & attributs differens; que celui du Pere est d'engendrer sans être engendré, celui du Fils d'être engendré éternellement sans engendrer, & celui du St. Esprit d'inspirer & de sanctifier les cœurs. Je lui repartis qu'il ne s'ensuivoit pas necessairement, que parceque le Fils étoit engendré, il ne pût operer conjointement avec le Pere dans la procession du St. Esprit, mais il ne voulut point comprendre cela, & me dit toûjours que ce seroit renverser l'ordre de la Trinité, & confondre absolument les Personnes, que de donner au Fils, l'attribut de la generation qui n'appartient qu'au Pere; me repetant que les personnes n'étant distinguées que par les attributs, en les confondant on confondoit les Personnes. Il m'aporta làdessus un grand St. Atanase, imprimé à Venise, & m'y fit voir un passage où il étoit parlé du St. Esprit qui procede du Pere sans faire aucune mention du Fils, surquoi lui ayant repliqué que je ne niois pas qu'il procedât du Pere, & que ce passage ne disoit pas qu'il ne procedât point du Fils, il m'en montra un autre dans le Simbole de Nicée, où il est dit en propres termes, *à solo Patre procedens*.

Le second point est le Purgatoire. Tous les Grecs en général nient qu'il y en ait un, mais je me suis apperçû qu'ils n'ont pourtant pas là dessus une croyance uniforme, car les uns tiennent que les ames des bons vont à la sortie du corps dans un tiers lieu ou elles ne souffrent aucune peine, & qu'elles y demeureront jusques au jour du grand Jugement, auquel un feu subit qui dissoudra le monde les purifiera, ce qu'ils croyent être le Bâtême de feu dont il est parlé dans l'Ecriture, & d'autres au contraire en rejettant le tiers lieu, admettent le Purgatoire, disant qu'il est dans l'Enfer même, où les ames de ceux qui doivent être sauvez demeureront un certain nombre de jours proportionné à la grandeur des péchez qu'ils auront commis, de sorte que la seule difference qu'il y aura entre leurs peines, & celles des Damnez, c'est que celles de ces derniers seront éternelles, & que celles des premiers prendront fin.

Le troisième point est la Communion sous les deux especes qu'ils donnent au Peuple dans une cuillere ou le pain & le vin sont ensemble.

Le quatrième est le pain levé dont ils se servent pour la consecration.

Et le cinquième enfin, le mariage des simples Prêtres, pour une seule fois en leur vie. Ceux-là sont vêtus d'un violet pourpré, & portent un bonnet de la même couleur, avec un petit turban bleu. Au derriere de leur bonnet, il pend une piece de drap de la même couleur longue & large d'un demi pied, qui leur tombe sur les épaules. Outre cette sorte de Prêtres, il y a des Religieux, qui font vœu de chasteté, & c'est d'entre ceux-là que les Evêques & même les Pasteurs sont choisis, lesquels on appelle Papas. Ils ne mangent point de chair, & portent les cheveux longs, sans jamais y mettre le ciseau pour les couper, non plus que leurs barbes, qu'ils laissent aussi croître de tous les côtez, sans y mettre le rasoir, ce qui les rend laids & defigurez. Ils portent une large robe noire, peu differente d'une robe de chambre, hors que les manches en sont plus larges, qu'elles se boutonnent par devant, & que le colet en est fait comme celui d'une soutane. Leur bonnet est de feutre, plat au dessus comme la forme d'un chapeau, fort profond au dedans mais échancré, de maniere que le visage demeure à decouvert, quoique les oreilles & tout le derriere de la tête soit caché, & par-dessus cela, ils mettent un couvrechef de sarge noire, qui leur pend sur les épaules. C'est ainsi que sont vêtus tous les Religieux, les Pasteurs, les Evêques, & les Archevêques, n'y ayant aucune difference entr'eux quant à l'exterieur, horsmis que les Evêques portent à la main un bâton pastoral de bois d'ébeine qui est long de huit pieds, & terminé à la sommité par une pomme d'yvoire.

Quoique les Evêques Grecs ne soient ordinairement pas riches, ils ne sont pourtant guéres moins respectez de leurs Diocezains que les Evêques de France le sont des leurs, & il n'y a point de particulier quelque riche qu'il soit qui ne se fasse un
hon-

honneur de leur baiser la main, & même la robe.

Pour les Eglises, elles sont faites à peu prés comme celles des Catholiques Romains. Il y a des Autels, des Images en plate peinture, un Sanctuaire, & un Chœur ou lieu separé pour les Prêtres. C'est dans ce Chœur que les Evêques ont leur Siege Episcopal, ou pour mieux dire leur place à l'Eglise, car elle n'est distinguée par aucune élevation ni par aucun ornement particulier. Elle est dans le même rang que celle des simples Prêtres, & à peu prés comme le sont en France dans les Chapitres celles des Doyens & Vice-Doyens, de sorte que je ne sçaurois vous la designer mieux qu'en vous disant que c'est la premiere à main gauche en venant de l'Autel. J'ai eu souvent la curiosité d'assister au service des Grecs, & toutes les fois que j'y suis allé, j'y ai reçû des civilitez qui à dire vrai me paroissent excessives. Vous en jugerez quand je vous aurai dit que l'Archevêque s'est toûjours levé pour me saluër, qu'il m'a fait placer auprés de lui dans un des sieges du Chœur où un Prêtre m'a conduit par son ordre, & qu'après cela on m'a presenté l'encens. N'allez pourtant pas vous imaginer que l'on ait pretendu me faire en cela aucun honneur extraordinaire, on a seulement suivi la coûtume à l'égard des Etrangers, & il n'y a pas un Marchand à Smirne, à qui l'on n'en fasse autant lors qu'une curiosité semblable à la mienne le conduit dans l'Eglise des Grecs, & pour
ce

ce qui est de l'encens en particulier, on le donne à tous les Grecs en général pour peu qu'ils soient distinguez du commun Peuple.

L'habit Sacerdotal des Evêques Grecs est magnifique, mais fort difficile à dépeindre dans le discours, c'est pourquoi je n'en entreprendrai point la description non plus que celle de leurs cérémonies d'Eglise, qui sont en grand nombre & toutes fort mistérieuses aussi-bien que dans l'Eglise Catholique. Je vous dirai donc seulement que toutes les fois que les Grecs entrent dans l'Eglise, ils font cinq grands signes de croix, & à chacun une profonde reverence le tout en l'honneur des cinq playes de nôtre Seigneur.

Des Docteurs si illustres, ont avancé que les Grecs ne reçoivent point la Transsubstantiation, que je me fais une peine de vous dire le contraire. Cependant, il le faut bien, puis que c'est la verité, apparemment qu'ils ont eu de mauvais memoires, ou qu'on leur a voulu parler de quelque Secte qui n'est pas connuë en ces quartiers ici, car je puis vous assûrer que les Grecs de Constantinople, & de Smirne, la croyent purement & simplement comme les Latins, & s'ils ne se mettent pas à genoux*, lors de l'élevation de l'hostie ;

* Une marque évidente que l'adoration ne consiste pas dans la genuflexion, c'est que le Concile de Nicée l'avoit défenduë pour les jours de Dimanche, & particulierement pour celui de la Pentecôte. Les anciens Juifs ne s'agenoüilloient point non plus, &
encore

tie ; c'est que leur façon d'adorer n'est pas telle. Ils se tiennent sur leurs pieds, en inclinant seulement beaucoup le corps, se frapant la poitrine, & prétendent autant faire par là que nous en nous prosternant. Ainsi il en faut revenir à l'intention, la posture n'y fait rien.

Il y a quelque chose de plus, & qui m'a étonné moi-même. Ils viennent en procession le vendredi Saint à l'Eglise Paroissiale des François, pour y adorer le Sacrement qui y est exposé, & payent même cinq cens piastres au Turc pour avoir cette permission, tant il est vrai qu'ils ne veulent point être separez de l'Eglise Romaine. C'est une chose que j'ai vûë de mes yeux, & laquelle par consequent je puis vous affirmer comme veritable.

Remarquez, s'il vous plaît Monsieur, que je ne vous parle ici que de la Doctrine reçuë parmi les Grecs de Constantinople, de Smirne & des environs. Car comme il y a dans l'Eglise Grecque Moderne plusieurs Sectes qui me sont inconnuës, je ne voudrois pas répondre de ce qu'elles croyent à l'égard de la Transsubstantiation, non plus que des autres points. Je n'entre pas non plus dans les disputes qui se sont émûës entre les Docteurs de l'Eglise Romaine & les Réformez touchant les sentimens de l'Eglise Grecque ancienne, ces questions sont trop épineuses pour moi, & je ne fais pas profession de Theologie. Mais je ne
me

encore aujourd'hui les Conformistes d'Angleterre ne le font point.

me dispenserai point de vous dire quels sont les sentimens que les Grecs de ce païs ont pour le celebre Cyrille Lucar Patriarche de Constantinople. C'est l'Archevêque de Smirne qui m'en a instruit, & quoi qu'il ait fait ses études à Venise, je puis lui rendre témoignage qu'il n'est point suspect en cette occasion, car en mille choses il marque autant d'éloignement pour l'Eglise Romaine qu'aucun autre Evêque Grec. Il m'a parlé de ce Cyrille, comme d'un homme d'esprit, hardi, ferme, propre aux grandes entreprises, mais trés-peu à conduire une Eglise aussi affligée que celle de Constantinople. Il avoit, dit-il, beaucoup de sçavoir, & encore plus d'ambition, aussi en faisoit-il sa plus grande étude, en un mot, il ne songeoit qu'à son étsblissement & à sa grandeur. Gouverner long-temps pendant sa vie, & laisser un nom Illustre après sa mort, étoit l'unique but où tendoient toutes ses démarches. Quant à sa confession de foi, l'Archevêque la rejette comme nouvelle & erronée, & semble persuadé que Cyrille ne la croioit pas lui-même. Il prétend que ce fut une politique de ce Patriarche, qui sçachant que les Grecs de son temps étoient soupçonnez à la Porte de vouloir latiniser, & que même Timothée son prédecesseur avoit été deposé & persecuté, parce qu'il avoit eu quelque commerce avec le Pape, prit le contrepied en se déclarant ennemi de Rome & des Latins, autant que Timothée en avoit été ami. Ce fut dans cette

vûé

vûë qu'il fit imprimer son Catechisme, & qu'il s'appuya des Ambassadeurs de Hollande & d'Angleterre, sans se mettre beaucoup en peine des menées des Jesuites, lesquels il méprisoit, ne les connoissant pas, mais il éprouva bien-tôt combien il est dangereux de s'attirer la haine ou la colere de ce redoutable Corps, de qui le moindre mouvement peut ébranler les Trônes mêmes les mieux affermis. En effet, ils sçûrent si bien caballer à la Porte Ottomane, que malgré les intérêts du Sultan & de son Empire, & malgré les impressions que l'on y avoit prises contre eux, à cause d'une certaine Dissertation sur l'Alcoran à laquelle un d'eux avoit été surpris travaillant, ils triompherent dans peu du malheureux Cyrille, & lui firent perdre la vie.

Les Grecs ont des Images en quantité, pour lesquelles ils ont une veneration qui ne differe en rien de celle des Romains ; mais ces Images ne sont pas faites comme en Europe où l'on tâche de les rendre des chefs d'œuvres de l'art, par la regularité du dessein, le ménagement du clair & de l'obscur & la beauté du coloris. Ils se feroient un point de conscience d'en avoir de pareilles. Ils disent que la plûpart des tableaux des Saintes dans l'Eglise Romaine, sont plus propres à faire naître de coupables desirs, qu'à inspirer la devotion, & c'est pour éviter ce desordre, qu'ils s'attachent à une certaine antique façon de peindre, qui n'approche point du tout du natu-

naturel, sur tout aux vierges, qui sont presque toutes noires & tellement enmaillotées de couvrechefs & de robes, qu'à peine leur voit-on le visage. Tout ce qu'ils ont de Peintres n'en sçavent point faire d'autres. Si vous leur donniez seulement une tête à copier ils n'en pourroient pas venir à bout, & je ne m'en étonne nullement, car leur methode est toute contraire à celle de nos Peintres, ils mettent premierement l'obscur & dessignent entierement leur figure, après quoi ils la finissent par le clair, ce qui est justement le rebours de bien.

Les Armeniens qui sont d'autres Schismatiques à peu près de la même foi, n'ont pourtant pas cette delicatesse, ils se servent fort bien de peintures à la moderne, & presentement ils ont sur leur Grand Autel, une Vierge qu'un François leur a faite, qui montre son sein un peu plus à découvert, que la bien-seance ne le permettroit ailleurs. Il ne faut pourtant pas accuser ces bonnes gens de libertinage, on auroit sans doute tort, car je n'ai jamais entendu dire que hors la Trape, on pratiquât des jeûnes si severes que les leurs. Ils ont quatre Carêmes qui durent six mois de l'an, comme ceux des Grecs; mais ils sont bien plus rudes, en ce qu'ils n'y mangent jamais ni chair, ni poisson, ni coquillages, ni beurre, ni lait, ni fromage, ni rien qui ait eu vie; ce qui est assurément une grande austerité. Mais à quoi la Nature ne peut-elle point

se

se faire, pourvû que l'on prenne peine de l'y accoûtumer, & que l'on y rencontre quelque sorte de necessité? L'extrait d'une lettre écrite de Haerlem le douziéme Février 1685. & inserée dans le cinquiéme Volume de la République des Lettres fait mention d'un autre jeûne bien plus étonnant encore. On y voit qu'un certain Isaac Hendrisse Stiphond avoit jeûné quarante jours durant, s'étant seulement fait donner une pipe & du Tabac, & Thevenot fait mention quelque part d'un Arabe, qui avoit été cinq jours entiers sans manger, ni boire, ni fumer. Qui pourroit croire en voyant un Grec les cheveux aussi ras que la Barbe, & n'ayant pour tout bonnet qu'une petite calote rouge qui à peine vient jusques aux oreilles, le col absolument découvert sans chemise ni cravate, & les jambes nuës jusques au genou, qui pourroit croire, dis-je, que cet homme ainsi vêtu passeroit la rigueur des Hivers sans s'en trouver incommodé, & même sans souhaiter d'habit plus chaud. Encore un coup la nature se peut accoûtumer à bien des austeritez lors que la necessité ou la mode du païs le veulent.

Pour revenir aux Grecs, ils ont une opinion toute opposée à celle des Romains, à l'égard des corps qui se conservent entiers après leur mort; car les Romains regardent ceux-là comme Saints, & l'incorruption d'un corps, est chez eux une preuve considerable pour la canonisation, & les Grecs au contraire, prétendent

dent que s'en est une d'excommunication; & quand ils en trouvent quelqu'un, ils ne se lassent point de faire des prieres sur lui, jusques à ce qu'il soit corrompu. A l'égard des cérémonies de leurs enterremens, c'est quasi comme dans l'Eglise Romaine, tout le Clergé s'assemble, on chante des prieres pour l'ame du défunt, & quantité de Grécs vont devant avec des chandeles allumées. Le corps vient en suite dans un cercueil découvert, où il est vêtu de ses plus beaux habits, avec un peu de cotton dans la bouche, desorte que souvent il ne semble pas qu'il soit mort. La femme ou le mari & les enfans, le suivent immediatement avec les esclaves, faisant des cris & des lamentations si terribles, qu'il semble que tout soit perdu; particulierement si c'est une femme, car elle se jette d'un côté, & puis de l'autre, d'une maniere à se rompre le cou, si deux Gardes qu'elle a exprès auprès d'elle ne la suportoient à chaque fois. Leur chanson ordinaire, est *haï Agapimont, haï Mathiamont, ha mes yeux, ha mes amours*, & les esclaves répondant de leur côté, cela fait une musique à faire fuïr le Démon. Que si le mort n'avoit pas assez d'esclaves à lui, pour faire un bruit qui réponde au rang qu'il tenoit, on loüe des pleureuses qui pour une isallote, laquelle vaut quarante sous, font rage de pleurer. Cette ancienne coûtume que les Grecs ont conservée est une preuve de ce que j'ai toûjours dit. Une des plus grandes consolations que les hommes puissent

sent avoir en mourant, c'est de laisser des amis & une famille qui pleurent sur leur tombeau. C'est une foiblesse je l'avoüe mais une foiblesse si generale qu'elle merite d'être excusée. Il faut bien que les Romains y trouvassent un plaisir bien doux puis qu'ils avoient établi des charges de pleureuses publicques qu'ils appelloient *Præfice* afin que chacun pût être pleuré pour son argent. Il en est encore aujourd'hui à peu près de même en Angleterre, & si la Pompe des Funerailles n'étoit pas diminuée aussi considerablement qu'elle est, je ne voudrois pas jurer qu'elle n'eût été reçûë par toute l'Europe. Il est vrai que tout cela sent bien sa comedie, les pleurs sinceres ayant cela de naturel, qu'elles se connoissent facilement. Ces femmes ont beau se demener & faire les Bachantes, avec leurs cheveux épars, on voit bien que ce n'est pas tout de bon, ne fusse que la maniere dont elles se tirent les cheveux. Elles les empoignent d'une main en haut vers la racine, & puis les tirent de l'autre tant qu'elles peuvent, ce qui est un vrai moyen pour ne se point faire de mal. Enfin si jamais morts furent trompez, ce sont ceux-là, car on témoigne un desespoir horrible devant eux, dont le plus souvent le cœur ne ressent rien, & ce qui me choque le plus dans cette momerie, c'est qu'aussi-tôt qu'ils sont enterrez, on fait festin sur leur fosse à leurs propres dépens, la femme & les enfans faisant porter à boire & à manger largement pour

ceux

ceux du convoi, & l'on y rit comme ailleurs. De bonne foi si on avoit dessein de se moquer de lui, & de l'insulter après sa mort, pourroit-on faire autrement? J'ai vû encore des enterremens de Juifs, mais ils me semblent plus raisonnables, car s'il y a de l'affectation dans les cris épouvantables qu'ils jettent aussi-bien que les Grecs, du moins ils ne songent qu'à pleurer, & non pas à faire banquet. Les Juifs pratiquent une coûtume à la mort de leurs parens que je trouve fort incommode, c'est de garder le corps sept jours sans l'enterrer, triste compagnie pour une femme & des enfans, qui sont obligez de pleurer là sans cesse jusques à ce que le tems soit expiré.

Puis qu'insensiblement je suis tombé sur leur chapitre, je vous en dirai deux ou trois mots pour clorre ma lettre. Vous sçavez comment ils perdirent le Regne de la Palestine, les Romains s'en étant rendus les Maîtres. Depuis ce tems-là, ils sont épars par tout le monde, sans Roi & sans Chef. Mais ils sont en plus grand nombre en Turquie qu'en aucun autre endroit. Ils s'adonnent tous au commerce dont ils connoissent par une longue habitude & le fort & le fin, & comme ils sont riches, & que leur richesse est un fond dans lequel le Grand Seigneur & les Bachas trouvent souvent à emprunter dans le besoin, ils se sont acquis à Constantinople & dans tout l'Empire un credit extraordinaire.

Voici la maniere dont Mr. Ricault parle

le d'eux dans la vie d'Amurath Quatrième. *Dans le particulier*, dit-il, *on les maudit, mais en géneral on les caresse. Ils sont Esclaves par tout, & cependant ils se font rechercher. Ils semblent ne rien posseder, & sont pourtant dans l'abondance. Ils sont Vagabons, mais dans quelque païx qu'ils se rencontrent ils trouvent une Patrie. Ils ne peuvent acquerir des Terres, toutefois ils accumulent des biens immenses. Leur nombre s'augmente tous les jours, parce qu'ils se marient tous, & que la Guerre n'en emporte point. Ils sont confidens des Turcs, & ennemis jurez des Chrêtiens, en un mot à Constantinople l'Avarice est comme une Courtisanne publique, à laquelle tout le monde fait la Cour, & les Juifs sont les entremetteurs d'un commerce si infâme.*

Voilà en peu de mots le portrait des Juifs du Levant, & je n'y changerai, ni ajoûterai rien, sinon qu'ils sont méprisez par les Turcs comme les Grecs, qu'ils payent le *Carache* comme eux, & qu'ils sont comme eux distinguez par une sorte d'habit qui leur est particuliere. Cet habit est une grande robe de Drap noir faite à peu prés comme celle des Papas, des Babouches violettes & une coifure aussi violette appellée communément un *Tandour*.

Tom. IV.   B

dour. Je ne sçaurois mieux vous depeindre cette coifure qu'en vous disant que c'est un bonnet de feutre semblable à une longue forme de chapeau qui seroit couverte de drap violet, & autour de laquelle on auroit lié un petit Turban d'une toile bleüe ou violette, ou rayée de ces couleurs. Du reste ils ne sont pas moins jaloux que les Turcs, quoiqu'ils ne tiennent pas leurs femmes si étroitement resserrées qu'eux, mais si quelqu'une d'elles avoit fait un quart de lieüe hors de la Ville sans son mari, ou sans son frere elle seroit infailliblement repudiée.

Je suis &c...

De Smirne le....Juin 1691.

LETTRE II.

Des Vagabonds. Des Chacalis. De la force extraordinaire de quelques Turcs. De la maniere des Funerailles parmi les Turcs. De la Peste. De l'Opium. Des Productions particulieres au païs de Natolie, & ses dependances Maritimes. Des Interregnes. De l'Orgueil des Sultans.

MONSIEUR.

La lettre que je me donne l'honneur de vous écrire aujourd'hui n'est à proprement parler qu'un suplément à celles que je vous ai écrites precedemment touchant les coutumes, l'esprit & la Politiques des Turcs; & comme elle ne contiendra que quelques remarques sur des sujets assez differens, trouvez bon je vous prie que sans m'embarasser d'en faire la liaison dans un discours suivi, je transcrive seulement les Articles tels

tels que je les ai couchez sur mes Memoires.

Des Vagabonds.

On voit ici assez communément de certains coureurs, qui ne different pas beaucoup de ceux que l'on appelle en France Egiptiens. Mais il y en a encore d'avantage en Egipte lesquels pour la plûpart sont des Arabes qui lassez de leurs deserts, viennent chercher des païs plus fertiles & plus abondans, & quoiqu'ils vivent dans une très profonde misere, ils ne laissent pas de s'y trouver encore plus heureux que sous des Tentes. Le Peuple Arabe a besoin de ces sortes d'évacuations pour subsister, car sans cela il deviendroit trop nombreux, aussi de tout tems du moins selon ce que m'en ont dit les Turcs, il y a eu des Arabes Vagabonds dans l'Asie, & particulierement dans l'Egipte. C'est apparemment ce qui a fait donner le nom d'Egiptiens à ces Bohemiens & Bearnois qui courent aussi l'Europe. Cependant Mr. de Montconis assure que les Vagabonds d'Egipte & ceux de France sont precisément les mêmes personnages, qu'ils ont mêmes coutumes, mêmes Phisionomie, & même langage, mais cet Auteur quoique sçavant n'a pas laissé de faire bien de fausses observations.

Des Chacalis.

Plusieurs Voyageurs ont parlé des Chacalis,

calis, & très peu en ont donné une exacte description, du moins qui soit venüe à ma connoissance; c'est ce qui me fait croire que vous ne serez pas fâché d'en trouver une ici d'autant plus fidelle que l'on en a gardé un pendant plus de dix mois dans une maison où j'ai demeuré quelque tems. Le Chacali est un animal si semblable au Renard en grandeur, en figure & en couleur que la plûpart des Etrangers y sont presque toûjours trompez lorsqu'ils en voyent quelqu'un la premiere fois. La plus grande difference qui soit entre l'un & l'autre, c'est dans la tête, le Chacali l'ayant faite comme un chien de Berger qui auroit le museau long, & dans le poil qu'il a rude comme celui d'un Loup. Sa couleur est aussi assez semblable à celle d'un Loup, & il pût si extraordinairement qu'il ne sçauroit se coucher un moment dans un lieu sans l'infecter. Son odeur est plus desagreable que celle du Bouc. Cet animal est extrémement vorace & hardi, jusques là qu'il ne craint point d'entrer dans les maisons des Païsans pour y prendre ce qu'il peut attraper, & lorsqu'il rencontre quelqu'un, au lieu de fuir d'abord comme les autres Bêtes, il le regarde fierement, comme s'il vouloit le braver, & prend ensuite sa course. Il est d'un méchant naturel, & toûjours prêt à mordre, quelque soin que l'on prenne de l'adoucir par des caresses ou en lui donnant à manger, ce que j'ai peu remarquer en celui dont je vous parle, qui avoit été trouvé vé fort petit, & que l'on avoit pris plaifir à élever dans la Chambre, comme un chien que l'on aimeroit beaucoup. Cependant il ne s'aprivoifa point parfaitement, il ne pouvoit fouffrir les attouchemens de perfonne, il mordoit tout le monde, & jamais on ne put parvenir à l'empêcher de fauter fur la table & d'enlever ce qu'il pouvoit y prendre. Toute la Campagne de l'Anatolie eft peuplée de ces Chacalis que les Turcs croyent être des chiens fauvages. On les entend prefque toutes les nuits faire un bruit fort grand autour des Villes non pas en aboyant comme les chiens, mais en criant d'un certain cri aigre qui leur eft particulier.

La Fable Turquefque dont les Arabes font Auteur un certain Locman, qui vivoit felon les uns du tems d'Efope, & felon quelques autres plufieurs fiécles depuis, fait un conte affez plaifans de ces Chacalis. Autrefois, dit-elle, ils demeuroient dans les Villes, c'étoient les chiens Domeftiques, & ceux que l'on y voit à prefent étoient au contraire les chiens fauvages, qui fe tenoient dans les Bois & les Campagnes. Comme ils avoient toûjours guerre les uns contre les autres, il fe donna un rude combat entr'eux. Les Chacalis furent victorieux, & les chiens fi mal traitez qu'ils furent obligez de demander la paix laquelle leur fut accordée, à cette avantageufe condition que les Chacalis leur cederoient la Ville pour quelque tems afin d'y faire penfer leurs bleffez, après quoi ils fe retireroient

roient pour toûjours. Le traité fut executé de bonne foi de la part des Chacalis, mais il arriva que quand les Chiens furent gueris & se sentirent forts, ils ne voulurent plus sortir de la Ville & depuis ce tems là, ils y sont demeurez. Le bruit que les Chacalis font dans la Campagne est pour dire aux Chiens de sortir & de leur quiter la place qui leur appartient, à quoi les Chiens repondent toûjours en aboyant *Yok*, *Yok*, ce qui en Turc signifie non, non.

De la force extraordinaire de quelques Turcs.

Ce n'est pas tout à fait sans raison que cette expression triviale, *il est fort comme un Turc* est passée en proverbe parmi le commun Peuple de France, car il est certain que les Turcs, qui s'apliquent un peu aux Exercices, sont generalement parlant plus robustes, que les Européens. J'ai particulierement remarqué cette force extraordinaire dans les portefaix, dont quelques-uns portent facilement jusques à neuf cent livres pesans, ce qui ne provient que de l'habitude qu'ils s'en faut dès leur plus tendre jeunesse, & de la necessité où ils se trouvent de porter souvent des fardeaux d'un volume & d'un poids fort grand, l'usage des charettes, n'étant pas introduit ici comme en Europe, à cause de l'irregularité des rües & de leur peu de largeur. Mr. de Montconis si je ne me trompe, ou quelque

que autre Voyageur, dont le nom ne se presente pas à ma memoire, assûre que les Negres sont aussi extrémement forts & semble en attribüer la cause à leur disposition de corps seche & nerveuse, en effet je croi que c'est le constitution la plus propre à acquerir beaucoup de force. Vous sçavez que ce n'est que par le moyen des nerfs & des Muscles qui sont attachez aux os que la machine du corps humain se remüe avec toute la force & la vigueur, que nous y admirons. La Nature ne se sert point pour cela d'un autre mecanisme que d'une émanation subite & abondante d'esprits quelle envoye du cerveau dans les fibres inombrables de ces muscles qui les remplissant & les faisant tendre & roidir, font élever les os & les soutiennent à une certaine hauteur avec tout le poids, dont on veut les charger. Or comme la Nature ne fait jamais rien qu'avec un ordre & une sagesse admirable, elle n'envoye de ces esprits qu'une certaine quantité suffisante pour la necessité accoutumée. Mais lorsqu'un homme se trouve ou se croit obligé de lever journellement de grands poids ou de faire de grands efforts, & qu'il va toûjours en augmentant peu à peu depuis son enfance jusques l'âge de trente ans, il est certain que la Nature s'accoutume aussi pareillement à lui donner les secours, qui lui sont necessaires pour cela, par une abondante émanation d'esprits. C'est peut-être ce qui avoit rendu cette sentence si commune parmi les Anciens que *celle qui l'avoit porté veau, le porteroit bien encore Taureau*,

& non pas la pensée obcene à laquelle Trimalcion l'applique dans Petrone. Quoiqu'il en soit il est constant que la chose est d'elle-même fort possible. J'en prends à temoin les Luiteurs, les Escrimeurs, les Voltigeurs, & même les Ecuyers; Ils vous diront tous que, quand ils ont commencé le metier, ils sentoient une foiblesse qui leur faisoit quasi perdre l'esperance de réüssir dans leur entreprise, mais que la patience, le tems, & l'exercice leur ont acquis peu à peu la liberté & la force. J'ai vû un Gentilhomme Suedois, qui est aussi doué d'une force au dessus du commun, & qui m'a confirmé dans mon jugement en m'assurant qu'il n'en étoit redevable qu'à son seul exercice. Il est d'une taille qui passe six pieds à la verité, mais fort maigre & fort effilée, cependant quand il prend un homme par la ceinture de son haut-de-chausse ou par les boutons de son justaucorps, il le leve facilement d'une seule main, & il m'a dit que son Pere qui étoit encore plus grand que lui portoit quatre hommes à la fois, un sur le dos, deux dans les deux mains, & un dans la bouche. Cela fait voir qu'il y a des hommes forts de toutes tailles, contre la pensée de bien des gens qui croyent que pour être fort il faut être nécessairement court, nerveux & ramassé. Au reste il y a eu de tout tems des hommes qui se sont distinguez par la force, & apparemment il y en aura toûjours. Pline fait mention d'un certain Aulus Junius Valens Capitaine Centenier de la Garde Pretorienne de l'Empereur Auguste, lequel soutenoit sur

B 5   ses

ses épaules un chariot chargé d'un tonneau de vin contenant environ deux muids & demi de Paris jusques à ce qu'il fût vuide, & qui arrêtoit d'une seule main un chariot attelé de plusieurs chevaux, quelque effort qu'ils fissent pour le faire marcher. Il ajoute de plus au même endroit avoir vû de ses yeux un nommé Athanatus, qui se promenoit aisément sur le Theatre avec une armure de plomb sur le corps, pesant dix quintaux. Blaise de la Vigenere Traducteur de l'histoire Grecque des Turcs, par Calchondyle, raporte un autre fait dans son Epître Dedicatoire qui n'est pas moins étonnant, & qui même pourroit être soubçonné de peu de sincerité, si la personne de qui il parle & celle à qui il adresse son discours pouvoient le permettre. Il dit à Louis de Gonsague Duc de Nevers son patron, que l'un de ses Ayeux nommé, comme lui Louis de Gonsague avoit été surnommé *Rodomont* à cause de *sa force démesurée, laquelle cedoit*, dit-il, *toute portée humaine*, jusques là qu'il rompoit aisément un fer de cheval en deux pieces avec ses mains. Il ajoûte que ce Rodomont se trouvant un jour provoqué par Charles-Quint à combattre à la Lute contre un certain Geant More que cet Empereur tenoit à sa suite, & qui s'étoit pareillement redoutable par sa force, jetta aussi-tôt la cappe & l'épée, & sans rien répondre courut au Geant, & s'embrassant au travers du corps l'étoufa *de pleine arrivée aussi legierement que feroit un grand Lion quelque mastin ou Dogue d'Angleterre.*

De la maniere des Funerailles parmi les Turcs.

L'honneur de la sepulture, quelque vain qu'il soit en lui même, étant le dernier que les hommes puissent esperer qu'on leur rende personnellement en ce Monde, presque toutes les Nations se sont unanimement accordées à la desirer, comme un bien solide & réel. Ce desir est constamment une foiblesse de l'esprit humain, qui ne sçauroit se resoudre à quiter ses douces habitudes sans une sensible douleur qui lui fait tourner la tête en arriere, comme fit la femme de Loth en sortant de Sodome. Mais il faut avoüer que c'est une foiblesse, si generalement repandüe & si fort attachée à la nature humaine, qu'il y en auroit une plus grande à entreprendre d'en desabuser les esprits. Les plus sages Philosophes mêmes n'en ont pas été exempts, on en a vû plusieurs se faire une importante affaire du soin de regler la Pompe de leurs Obséques, & de toutes les Nations, & je ne sçai que les anciens Arabes qui meprisassent l'honneur de la sepulture jusques à jetter leurs corps à la voirie sans se mettre en peine de ce qu'ils deviendroient, même ceux de leurs Nobles & de leurs Souverains. A la reserve de ceux-là, tous les autres Peuples ont eu la sepulture en recommandation, quoiqu'ils l'ayent prattiquée differemment & souvent d'une maniere étrange selon nous.

nous, mais (a) fort pieuse & fort raisonnable par rapport à leur genie & à leurs principes. Vous avez vû dans mes precedentes lettres que les Egyptiens embaumoient leurs morts. Les Romains les bruloient, mais ils enterroient leurs enfans. En d'autres tems ils bruloient seulement les entrailles & inhumoient les corps, ce qui se prouve par la petitesse de quelques urnes, qui n'auroient pas peu contenir les cendres de tout un corps humain & par quelque passage de Tacite, que l'on pourra trouver en le lisant. Les Grecs enduisoient les corps avec du miel pour les conserver, ce qui se prattiquoit aussi par les Romains lorsque la mort arrivoit en voyage ou bien en Païs étranger suivant le temoignage de Pline, lib. 22. chap. 24. Les Perses se servoient de la cire pour le même usage. Les Chaldéens n'enterroient pas les corps qu'ils n'eussent été auparavant dechirez par des bêtes farouches. Les Hiraniens nourrissoient au depens du public des chiens pour devorer les Morts, & les personnes distinguées d'entr'eux en avoient en leur particulier chacun selon ses moyens pour en être mangez après leur mort. Il s'est trouvé des peuples qui dans la même pensée mangeoient eux-mêmes les corps de leurs parens au lieu de les bruler ou enterrer, afin disoient ils de les changer

(a) Mr. Morin Ministre de Caën dans la cinquième de ses dissertations sur les antiquitez sacrées & profanes, croit que les diverses manieres de traiter les morts venoit de ce que les anciens étoient persuadez quelles importoient beaucoup à l'ame.

ger en leur propre substance & de les faire vivre avec eux mêmes autant qu'ils pouvoient. Ces Peuples entre lesquels on compte les anciens Scithes portoient même leur pretenduë charité plus loin, car ils donnoient la mort à leurs parens quand ils les voyoient ou trop vieux ou dans une trop grande longueur de maladie, disant qu'il y auroit de l'inhumanité à les voir souffrir si long-tems sans les soulager. Au Royaumes de Bisnagar, Dheli, Calicut, & presque par toutes les Indes, les femmes les plus cheries d'un homme sont contraintes de se jetter dans le même bucher, que l'on a preparé pour son corps & de se bruler ainsi toutes vives avec lui, & en quelques Royaumes particuliers lorsque le Roi meurt il faut que les plus considerables de ses Officiers se resolvent aussi à mourir soit par l'epée ou autrement pour lui aller tenir compagnie & le servir en l'autre monde, ce qu'ils font disent les Voyageurs d'un visage aussi gai que s'ils alloient aux noces. Si vous lisez les Relations de Messieurs Tavernier & Thevenot, vous y trouverez vingt autres manieres étranges de funerailles: & entr'autres de certains peuples appellez Guebres qui pendent leurs parens après leur mort à des fourches par dessous le menton afin que les oiseaux leur viennent manger les yeux, & connoître par ce moyen s'ils sont sauvez où damnez. Si les oiseaux leur mangent l'œil droit le premier ils les tiennent pour bien heureux, & en cette consideration

B 7   leur

leur bâtissent un tombeau où ils demeurent debout, comme s'ils étoient en vie, mais si par malheur il se trouve que ce soit l'œil gauche ils les regardent comme des reprouvez, qui ne meritent aucune sepulture. Toutes ces coutumes qui nous paroissent si barbares & si contraires à la droite raison, & au bon sens commun sont pourtant soutenües par des raisons, qui les font paroître à ces gens-là très pieuses & naturelles, tant il est vrai que cette raison & ce bon sens, sont des regles ou peu connües ou mal definies. Il est vrai que la Religion, laquelle jusqu'à present aucune Nation ne s'est avisée d'assujetir entierement à la raison humaine contribüe beaucoup à cette diversité de coutumes, sur tout dans les choses qui ont quelque raport avec la vie à venir, & comme ce rapport s'étend presque sur toutes les actions de la vie, il ne faut pas s'étonner de la grande diversité que l'on y voit. Je vous ai déja marqué une partie assez considerable de celle qui se trouve entre les Turcs & nous. Vous allez voir maintenant en quoi leurs Funerailles different des nôtres.

Dès qu'un homme a rendu l'Esprit, & qu'ils croyent en être fort certains par l'extinction ordinaire qui suit le trépas, ils lui pressent le ventre plusieurs fois en le serrant avec les mains de haut en bas pour le faire vuider, ils lui rasent la tête, & lui font la barbe. Après cela, ils lavent soigneusement toutes les parties du corps depuis le som-

sommet de la tête jusques à la plante des pieds, & l'ayant ainsi bien nettoyé ils le sechent avec des linges blancs, & lui ferment les yeux. Cela fait, ils parfument le corps avec de l'encens, & d'autres Gommes aromatiques, & l'arrosent d'eau de fleur d'Orange ou de Roses pour en ôter la mauvaise odeur autant qu'ils peuvent. Ils l'habillent ensuite avec ses meilleurs habits, comme s'il étoit en vie, de sorte que la plûpart ressemblent en cet état plûtôt dormans que morts, ils leur mettent même des fleurs au Turban, & dans les mains qu'ils leur font tenir ouvertes sur l'estomac en posture d'homme qui saluë. Le Corps ainsi accommodé, ils l'exposent sur un Soffa où il est environné de ses Domestiques, ou si c'est un pauvre homme, de sa femme & de ses enfans qui s'arrachent les cheveux, s'égratignent les mains & le visage, & déchirent leurs habits en faisant un long recit de toutes ses vertus & bonnes qualitez vrayes ou fausses, car pour l'ordinaire, ils en disent tous les biens imaginables. Cependant les parens & les amis viennent visiter le corps, & faire quelques prieres pour son ame, & cela dure quelques jours plus ou moins selon les païs & les tems, car les coûtumes ne sont pas entierement les mêmes dans toutes les Provinces, & lors que les maladies contagieuses regnent, ils les abregent beaucoup. Le jour de l'enterrement venu tous ceux qui ont été conviez s'assemblent, l'on met le corps ainsi vêtu sur des treteaux destinez à cet

cet usage, & quatre hommes le portent sur leurs épaules ; en quelques lieux, il est couvert d'un long drap blanc, & en quelques autres, non. Si c'est un homme de guerre, on porte son Turban devant lui, qui marque sa qualité, les Turcs étant distinguez par leur coifure. On porte aussi les autres marques de sa dignité, comme par exemple, la queuë de cheval, s'il est Beglierbeï ou Seraskier, &c. ou simplement un étendard s'il n'est que Capitaine ou Aga. On fait suivre encore ses plus beaux chevaux couverts de longues housses blanches; car le blanc est en Turquie la couleur la plus usitée pour le deüil, ce qui fait qu'il y est peu remarquable ; d'autant moins que l'usage de se vêtir de deüil pour la mort des parens n'y est pas pratiqué comme en Europe. Autrefois les femmes Françoises le portoient aussi en blanc, du moins s'il en faut croire Montaigne lib. 1. chap. 49. mais l'inconstance du païs a fait changer cette coûtume. Pour revenir aux Funerailles des Turcs, je dois vous dire que dans les convois qui se font toûjours de jour les personnes conviées vont devant deux à deux, à peu près comme il se pratique chez nous, mais les pleureurs, & pleureuses suivent le corps, & ferment la Ceremonie. Le Convoy marche en cet Ordre assez lentement jusques au Cimetiere où l'on met le corps en dépôt dans une profonde fosse, & on la couvre d'une pierre tombale, soit élevée, soit au ras de la terre, mais toûjours posée, de sorte que le mort
puisse

puisse avoir sa commodité, & s'asseoir s'il en a envie. Il y a des lieux, où l'on enferme aussi dans le Tombeau un pot avec de l'eau auprès de la tête du mort, afin qu'il boive s'il a soif, & d'autres, ou la Veuve ou les enfans ont soin d'en entretenir un plein auprès de la fosse. Les Turcs observent encore plusieurs autres coûtumes superstitieuses envers leurs morts, selon qu'ils sont plus ou moins credules, & selon les païs. Du côté de la Palestine, par exemple, les Turcs laissent aux Tombeaux une ouverture dans la pierre qui couvre la fosse, & tous les Jeudis les femmes viennent verser de l'eau par ce trou pour désalterer & rafraîchir le defunt, & dans la même vûë, ils plantent une branche de Boüis ou un autre rameau à la tête. Superstition qu'ils ont tirées des Payens lesquels suivant la pensée de M. Baille, croyoient que les ames des morts étoient fort rafraîchies par les liqueurs qui étoient versées sur leur tombeau. Quoi qu'il en soit, les Turcs ne font pas ces sortes d'aspersions dans un autre dessein. Il n'en est pas de même du Corban que les Riches font faire le jour de leur sepulture ou sur le Tombeau ou bien à leur Maison. C'est une espece de Sacrifice de plusieurs Bœufs, Vaches & Moutons, dont la chair est liberalement departie aux pauvres, car cette charité ne regarde que le rachat des pechez, & le repos de l'ame du defunt, aussi bien que les legations testamentaires que chacun fait d'ordinaire avant que de mourir, & desquelquelles je vous ai parlé ailleurs. Pour ce qui est de cette inhumaine coûtume de couper les jambes aux Esclaves du defunt sur sa tombe pour lui faire honneur, de laquelle M. de Montconis parle dans son voyage d'Egypte, je puis vous assurer qu'elle ne se pratique ni en Egypte, ni dans l'Anatolie, & que même les Turcs à qui j'en ai parlé, m'en ont témoigné de l'horreur, ainsi il faut croire qu'encore sur cet article il a été mal informé. Voilà ce que j'avois à vous dire touchant les Ceremonies Funeraires des Turcs, le reste est si peu considerable, ou si particulierement attaché à la plus haute qualité qu'il n'est pas venu à ma connoissance, & je n'ai rien à y ajoûter, sinon qu'ils portent ordinairement les corps la tête devant, au lieu qu'en Europe on y met les pieds, & que dans les cimetieres la plûpart des tombeaux des personnes riches, ou en charge, ne sont distinguez que par une longue pierre plantée au bout de la tombe du côté de la tête; laquelle est terminée par un Turban de pierre ou de marbre assez bien taillé, mais les principaux Bachas & autres Grands de la Porte font faire expressément pour leur sepulture des petites chapelles, que l'on appelle des Turbé. Je ne vous en parlerai point ici, parce que je vous en ai donné la description dans une de mes lettres écrite de Constantinople.

De la Peste.

APrès vous avoir entretenu des Funerailles des Turcs, je crois qu'il ne sera pas hors de propos de vous dire quelque chose du chemin par lequel ils y arrivent le plus ordinairement. Je veux parler de cette maladie exterminante, que nous appellons Peste. Toutes choses arrivent sans doute par la Providence divine, mais on peut dire que la Peste en est un des plus sensibles effets ; aussi-bien que l'un des plus inconnus dans son operation. Le seul nom en est capable d'inspirer de la terreur, cependant je ne sçai s'il seroit à souhaiter pour les Turcs que Dieu retirât ce fleau de dessus leur païs. Car il leur est en quelque façon necessaire pour diminuer un peu ce nombre prodigieux de peuple qui s'augmente tous les ans, pour le moins d'un cinquième, car sans compter que la population y est plus grande qu'en quelque autre partie du monde que ce soit, à cause de la licence que l'on y a de tenir jusques à quatre femmes & plusieurs concubines, il n'est point d'année que l'on n'y amene encore cinquante mille Esclaves, de sorte que le païs seroit bien tôt affamé si la Peste n'y donnoit bon ordre. Mais avec tout cela ils ont encore bien besoin d'ouvrir les yeux pour empêcher le transport des bleds dont ils n'ont pas trop.

Si les Turcs étoient gens capables de s'appliquer à quelqu'autre étude que celle de de leur Loy ou de la Devination, je ne doute point qu'à force d'experience & d'obſervations, ils n'euſſent fait des découvertes bien utiles au genre humain pour ſe garantir de la Peſte ou du moins pour en prevenir les mauvais effets, cependant juſques-ici on n'en a point trouvé de plus efficace que l'éloignement : encore dedaignent-ils de s'en ſervir. La Philoſophie des corpuſcules pourroit certainement donner de grandes ouvertures à ce deſſein & le faciliter beaucoup, car il eſt aſſez reconnu qu'ils ſont par leurs divers mouvemens, la cauſe de toutes les maladies épidemiques. Faiſons ſi vous voulez quelques reflexions ſur ce ſujet, ſi nous ne rencontrons pas juſte, nous aurons la conſolation de n'avoir erré qu'après beaucoup d'autres.

Je ne doute preſque point que la Peſte ne trouve ſa principale cauſe dans la mauvaiſe temperature de l'air, comme je vous l'ai dit ailleurs plûtôt que dans aucun venin, attaché particulierement à quelque corps ſoit animé ou inanimé ; non pas qu'un corps infecté ne ſoit bien capable d'en infecter un autre par ſon attouchement, l'experience le fait voir chaque année, & la raiſon le fait aſſez comprendre ; mais je dis, que lors qu'elle devient générale, c'eſt dans l'air que le plus grand mal eſt. Une preuve de cela, c'eſt l'abandonnement avec lequel je vous ai dit, que les Turcs pratiquent les malades ſans les quiter d'un moment, ni prendre aucune precaution,

&

& lequel néanmoins n'est pas funeste à la moitié d'entr'eux, pendant qu'un nombre peu moins grand de pauvres Grecs, qui auront pris tous les soins imaginables de se conserver, en ne communiquant avec personne, perissent par ce fleau commun. Cette raison me paroît si pleinement decisive, qu'il n'est pas besoin comme je pense, d'en chercher d'autres pour prouver ce que j'avois avancé; voyons maintenant ce qui pouroit causer dans l'air une alteration si prejudiciable aux hommes.

Cette question n'est pas assurément aussi aisée à vuider que l'autre, parce que le sujet n'en tombe point sous la jurisdiction de nos sens, & conséquemment que nous n'avons aucun fait assez évident pour servir de preuve. Il faut à cet égard suivre les regles de la Médecine, c'est-à-dire, se faire des principes vrai-semblables, & conjecturer ensuite là dessus. Suivant cela je dirai, sauf tout autre meilleur sentiment, que les Acides qui sortent sans cesse avec vehemence de la terre sont la cause agente de la peste. Que les Exalaisons que le Soleil en tire extraordinairement (après avoir premièrement élevé les particules d'eau les plus detachées) ou celles que les feux souterains poussent peut-être au dehors en sont la cause patiente, & que la fermentation extraordinaire que ces deux principes causent dans l'air en est la cause formelle, à quoi j'ajoûterai selon le cas une cause antecedante, qui sera quelque corps infecté, lequel aura été apporté d'ailleurs

leurs & aura servi de levain à la matiere pestilentielle.

Vous voyez par là que je suppose qu'en certains tems, il peut sortir de la terre des petits corpuscules secs, froids & pesant que j'appelle exalaisons en bien plus grande abondance qu'en d'autres, & cela sera facile à comprendre si vous considerez que le Soleil ayant agi avec force assez long-tems sur la superficie de la Terre, & en ayant attiré les parties les plus legeres, & les plus détachées qui sont les purement acqueuses, il faut necessairement qu'en continuant son action, il en attire ensuite beaucoup d'autres, qui se trouvent embarassées avec des particules terrestres, & qui par consequent les enlevent avec elles. Pour cela il faut que pendant une espace de tems auparavant, il ait regné sur le lieu certains vents qui en ayent chassé les vapeurs, & empêché qu'il n'y tombât d'ailleurs beaucoup de pluïe, ou bien comme je vous ai dit que ces corpuscules terrestres ayent été determinez à sortir extraordinairement par quelque agitation extraordinaire des feux souterrains. Je ne croi pas qu'il soit necessaire de vous expliquer ici comment les acides agissent sur les Alkalis, ni de vous prouver que les corpuscules terrestres sont les seuls vrais Alkalis, ce sont des principes desquels vous êtes sans doute d'accord, c'est pourquoi sans m'y arrêter je passerai à vous dire les raisons qui m'ont fait croire que ces exalaisons de corpuscules terrestres, se pouvoient

voient faire extraordinairement. La premiere est que, s'il n'avoit pas été ainsi, l'air se seroit toujours trouvé dans une egale temperature à moins qu'il ne fût arrivé des vapeurs extraordinaires en la place des Exalaisons ce qui reviendroit à la même chose, & seroit plus difficile à expliquer. Et la seconde, que depuis le trente cinquiéme degré de latitude jusques au vingt-deuxiême ou vingt & troisiême, plus on aproche de l'Equateur plus on trouve que le païs est sujet à cette cruelle maladie, ce qui ne peut venir que de ce que le Soleil ayant plus de force en ces lieux y tire aussi plus d'Exalaisons qu'ailleurs. Et quoiqu'il n'en soit pas de même, lorsque vous passez plus avant vers le même Equateur, mon raisonnement ne laisse pas de demeurer dans toute sa force, parce qu'alors la temperature de l'air devient fort humide à cause des pluïes continuelles qui y tombent. C'est d'où vient qu'en Egypte, le païs de tous ceux que nous connoissons le plus affligé de ce mal, il cesse ou n'est plus dangereux dans les mois les plus chauds de l'année, le Soleil tirant du Nil, qui est alors debordé, une grande quantité d'eaux qui fixent l'air en le rafraîchissant.

Ce que je vous ai dit de l'accroissement du Nil, s'accorde très-bien à tout cela. Tandis que les Exalaisons se trouvent suffisamment rafraichies ou humectées par les vapeurs qui montent de la Terre, il n'y a pas danger de Peste dans le lieu, mais lors que ces vapeurs diminuant considerablement

blement ne temperent plus la secheresse ni la chaleur des Exalaisons, il y a beaucoup à craindre. Cela arrive d'ordinaire à Smirne dans les mois de Juin & de Juillet, & en Egipte deux ou trois mois avant que le Nil commence à croître, si bien que ces tems passez le peuple commence à respirer dans l'esperance d'en être échapé pour cette année. A cette disposition d'air se joint celle des corps des personnes, laquelle depend ordinairement du Climat que l'on habite, aussi-bien que des Alimens que l'on prend & de la maniere de vivre. Or presque tous les Asiatiques aussi bien que les Affricains sont des gens sanguins, velus, peu chargez d'embonpoint, & enfin d'une constitution seiche, qui est justement le temperament le plus susceptible de Peste.

Pour bien comprendre cela, il faut remarquer que la respiration ne se fait pas seulement par la voye du Larinx, des Poulmons, & des Muscles de la Poitrine, elle se fait encore par les pores au travers desquels l'air & tous les corpuscules, dont il est rempli s'insinuent ensemble dans le sang & dans le cœur qui étant le siege de la vie, se ressent bien-tôt de leur malignité, aussi dès qu'un homme est attaqué de Peste, il le connoît par une foiblesse de cœur qui ne le quite point, & par des maux de tête accompagnez de sommeil, simptômes indubitables de coagulation dans le sang. C'est donc fort peu utilement que l'on cherche à se garantir de la conta-

contagion en prenant le matin de l'eau de vie, de l'ail, ou de l'Opium comme font les Turcs, car outre que tout cela ne fait qu'ouvrir davantage les pores de l'estomac, & par conséquent, faciliter l'entrée aux Corpuscules morbifiques, toute cette precaution ne sçauroit empêcher la respiration insensible qui s'en fait par les pores exterieurs du corps, & qui est sans contredit incomparablement plus copieuse que l'autre, sur tout dans les climats chauds où tous les corps étant desseichez sont naturellement propres à s'imbiber & s'impregner des parties de matiere subtile de laquelle ils sont environnez & inondez. Cela se remarque ici d'une maniere à n'en pouvoir douter : ne vous ai-je pas dit que l'on y connoît peu d'autres maladies que de contagieuses, mais qu'en recompense elles y font des ravages épouvantables, soit peste ou fievre maligne. Il n'en est pas de même dans les païs septentrionnaux; comme la transpiration n'y est pas si abondante, on y devient plus humide & plus gras, & par conséquent moins propre à s'impregner de toutes matieres étrangeres. C'est d'où vient qu'en Angleterre & en France on entend rarement parler de peste, & qu'en Hollande on la craint si peu que l'on n'a point crû devoir interdire la prattique de la societé, à ceux qui viennent des païs infectez. Effectivement on n'en a encore vû arriver aucun fâcheux accident, non pas qu'il n'y soit peut-être venu mille fois des Vaisseaux infectez,

fectez, mais parce qu'ils n'ont trouvé dans ce païs ni un air ni des corps disposez à s'en impregner. Cette sorte de maladie est encore moins connuë en Suede & en Norwegue, & je ne doute nullement qu'elle ne soit absolument *incontractable*, si j'ose me servir de ce terme, au delà des cercles Polaires.

Pour en être comme entierement convaincu, il ne fat que faire un moment de reflexion sur les differents temperammens des Egiptiens, des Turcs, des François, des Hollandois & des Suedois, & l'on remarquera que tous ces peuples sont plus ou moins susceptibles de contagion selon qu'ils sont plus ou moins secs ou humides. Cela vient de ce qu'à mesure que les Pores sont ouverts ou bouchez, à mesure aussi la transpiration & respiration insensible se fait, l'une étant toûjours necessairement proportionnée à l'autre, de maniere qu'en Hollande où la transpiration journaliere est peut être d'une livre par jour moindre qu'à Smirne, la respiration y est aussi moindre proportionnellement. Vous me direz peut-être qu'il ne s'agit pas ici de la quantité de matiere subtile qu'un homme peut respirer en un jour par les Pores puisqu'il suffit d'une fort petite portion pour corrompre toute la masse du Sang si elle est mauvaise, comme cela se remarque en Asie, & en Affrique où suivant mon propre aveu un seul homme infecté suffit pour mettre la peste dans toute une Ville. Mais cela je repondrai que je ne con-

conviens pas que la qualité seule & non la quantité y fasse. Car enfin si les particules pestilentielles sont seiches, il est seur quelles doivent perdre beaucoup de leur force quand elles seront respirées dans un corps extrémement humide, & que si elles sont en petite quantité elles s'y trouveront absolument absorbées & émoussées, ce qui se peut facilement prouver par l'eau, par le vin, & par les autres liqueurs qui ne contractent jamais aucune infection de peste. Au reste il est bon de vous dire ici que Monsieur Boile ne fait point une suposition fausse pour appuyer son raisonnemens quand il asseure, que ceux qui ont eu une fois la peste en sont plus susceptibles dans la suite que les autres hommes. Il est certain qu'il reste toûjours en eux une certaine quantité de particules pestilentielles, qui leur servent comme d'aimant pour attirer celles qui se trouvent repandües dans l'air en abondance en tems de Contagion. C'est ce que j'ai remarqué ici en beaucoup de personnes, desquelles mêmes le nombre n'est pas moins grand, que de celles qui ne l'ont point eüe du tout. Il est vrai aussi que, quand un homme a pû échaper à la premiere attaque de Peste, il est rare de le voir mourir de la seconde, ni de la troisiême, peut-être parceque sa constitution ayant été assez forte pour resister, il n'a pas plus de peine à vaincre le mal dans la suite, ou que le plus violent effort de la peste est toûjours le premier. Quoi-qu'il en soit j'ai vû des gens qui l'avoient eüe

cinq

cinq fois, & qui se portoient parfaitement bien.

De l'Opium.

COmme l'Opium ne vous est pas inconnu, je ne m'amuserai point ici à vous en faire une inutile description. Je ne me serois pas même avisé de vous en rien dire du tout, si ce n'est que beaucoup de nos Medecins paroissent persuadez que celui qui nous vient en Europe n'est pas le même que celui dont les Turcs se servent: j'ai crû qu'il ne seroit pas inutile de vous decouvrir l'erreur de cette opinion. Je m'en suis entretenu ici à diverses fois avec deux habiles Medecins, l'un Juif, & l'autre Catholique Romain François de Nation. Tous deux m'ont asseuré qu'il n'y a aucune difference entre l'Opium des Turcs & le nôtre, & j'en ai été convaincu d'ailleurs par l'achapt que j'en ai vû faire à nos Marchans; une seule partie d'Opium ayant été partagée entr'eux & les Turcs. Il est poûrtant vrai, car il faut dire tout; que le vrai *Maslac*, qui est le pur Opium tel qu'il decoule de la tête du pavot par l'incision que l'on y fait, ne vient pas jusques à nous parcequ'il est trop cher, & que les Grands de la Porte, & de la Cour Persanne ont soin de le faire retenir pour eux, mais pour ce qui est du second Opium que les Chimistes appellent *Meconium*, & lequel se tire après le Maslac par expression du Pavot, nous avons asseurément le même dont le commun des Turcs

Turcs ufe, & pour l'avoir auffi bon qu'eux il ne faut que le fçavoir choifir, ce qui n'eft pas difficile pour peu de negoce que l'on en faffe. Le meilleur eft d'une couleur obfcure & noirâtre, amer au goût, defagreable à l'adorat, & capable de s'emflamer facilement. Etant diffous il fait une liqueur épaiffe & brune, mais fi vous le caffez il eft luifant au dedans à-peu-près comme de la poix tenüe en lieu frais. Ce font là toutes les qualitez que les Turcs requierent dans l'Opium pour le juger bon, & les mêmes précifément fur lefquelles nos Marchans s'arrêtent auffi quand ils en achettent, de forte que je ne voi pas furquoi peut être fondée la difference que l'on veut mettre entre l'un & l'autre : car pour ce qui eft des differens effets que produit cette puiffante Drogue fur les Afiatiques & fur les Européens ; il eft affez aifé de comprendre que la difference du temperament de ces peuples en eft la feule caufe, auffi-bien que la force de l'habitude. Cette verité eft fi conftante qu'au rapport de Thevenot lib. 7. chap. 10. de la fuit. du Voy. du Lev. le même Opium qui nous eft poifon, devient aux Perfes qui ont accoutumé d'en prendre, une nourriture fi neceffaire, qu'il leur en couteroit la vie s'ils difcontinuoient, & il affeure que fi un de ces hommes là, avoit entrepris un voyage de dix lieües vers quelque endroit où il ne pût trouver d'Opium, & qu'il eut oublié d'en porter avec lui, il mourroit miferablement faute de ce fecours avant que d'avoir pû retourner en fa maifon. Je ne puis pas vous en dire autant des Turcs parceque je n'ai rien ouï de femblable, mais du moins eft il certain que ceux d'entreux qui ont pris cette habitude, renonceroient plûtôt à ce qu'ils ont de plus cher qu'à l'opium. Ils en prennent ordinairement deux fois le jour ; au matin & au foir, & cela va à une dragme pour ceux qui en prennent le moins, & a deux ou trois pour les autres. Son premier effet eft de les rendre guais, amoureux & obligeans à l'égard de tout le monde, de forte que fi l'on veut traiter quelque bonne affaire avec un Turc, il eft avantageux de le faire lorfqu'il vient de prendre fa dofe d'Opium. Pendant ce tems-là ils râillent avec leurs inferieurs, ils joüent & careffent leurs femmes, mais une demie heure après, toute cette agreable vivacité difparoit & ils tombent dans un fommeil involontaire qui tient de la lethargie ; jufques là que quelque effort que l'on faffe pour les reveiller, & quelque affaire importante qui fe prefente il font incapables d'y entendre, ce font des Bêtes brutes, & le feul moyen qu'il y a de leur rendre la raifon c'eft de leur redonner de l'opium, ou d'attendre que celui qu'ils ont pris ait achevé fon operation. Au refte l'Opium à une grande & excellente qualité, du moins s'il en faut croire les Turcs ; (car j'avoüe que je ne fçaurois bien l'accommoder avec l'idée que je me fuis faite des particules effentielles

tielles de l'Opium) c'est de fortifier la memoire. Quoiqu'il en soit ils l'ont generalement parlant fort bonne, c'est pourquoi ils racontent toûjours, mais ils ont peu d'imagination & quand ils croyent quelque chose c'est pour long-tems. De là vient leur attachement à leur Religion à leurs vieilles coutumes, & à la forme de leur Gouvernement au prejudice évident du bien public & particulier. J'ai remarqué neanmoins que les Italiens qui ne manquent pas d'esprit ont la memoire très-heureuse, mais aussi sont ils grands admirateurs & grands conteurs d'histoires. Je croi que cet avantage leur vient de la bonne temperature du climat, & en effet de tous tems, les Florentins ont été renommez pour ce sujet. On veut aussi qu'ils ayent trouvé le secret d'une memoire artificielle par le moyen de laquelle on peut retenir des livres entiers sans en oublier un mot après les avoir lûs seulement une fois, & quelques-uns l'appellent une memoire à la Florentine. Mais Ciceron lib. 2. de Orat. & Strabon lib. 13. semblent l'attribüer à un certain Methrodorus Scepsius qui en donnoit des leçons publiques. Il y a de l'apparence que ce secret n'étoit pas trop bon puisqu'il a été prattiqué par si peu de gens. On m'en a pourtant raconté des choses merveilleuses, mais en même tems, de si terribles conséquence, que quand il n'auroit tenu qu'à moi d'en faire l'experience, j'aurois remercié ceux qui m'auroient voulu faire cette grace, le peril n'étant pas moindre que de perdre l'esprit ou la vie. Cette sorte de memoire ne sera donc point l'objet de mon ambition & si j'ettois assez foible pour m'amuser à former des souhaits inutiles j'envierois bien plûtôt ces memoires heureusement naturelles dont l'histoire nous fournit quelques exemples, comme de Cyrus qui sçavoit le nom de tous les Soldats, selon Valere Max. ou de Mithridates Roi de vingt & deux Etats desquels ils possedoit parfaitement les langues, & d'un Guillaume Postel qui se vantoit d'aller jusqu'au bout du Monde sans Truchement.

Des productions particulieres au Pays d'Anatolie & de ses dependances maritimes.

LA Nature est certainement admirable en toutes choses. Mais elle ne l'est jamais plus particulierement que dans cette merveilleuse diversité que les differentes situations des lieux par rapport à la Sphere, à la Mer, ou au cours des Rivieres, apportent dans les productions, car outre l'infinie varieté que l'on y remarque & laquelle peut servir de preuve évidente contre les Athées, Dieu s'est encore servi de ce moyen pour engager les habitans du Monde dans une société qui fait leur bonheur commun, au lieu que si chaque peuple eût été également partagé l'on ne se fut point soucié de ses voisins, & jamais on ne se tût fût visité que pour se détruire. Graces à la divine bonté les choses ne sont pas ainsi. Nous avons tous besoin les uns des autres, & ce besoin reciproque nous rend humains & sociables en quelque maniere malgré nous. L'Orient fournit à l'Occident ses soyes, ses poils, ses fruits, & ses Aromatiques, & l'Occident lui donne en recompence ses manufactures curieuses. Le Septentrion nous offre ses fourrures de prix & nous lui rendons des eaux de vie & des vins delicieux, & si le Midi nous envoye l'or, nous lui portons du fer & du cuivre, qui lui sont encore plus necessaire. Voila comment les Nations se tiennent par la main ce qui feroit la felicité generale, si le Demon de l'Ambition & de l'avarice ne la troubloient en tous lieux.

Les choses dans lesquelles l'Anatolie abonde, ou pour mieux dire les choses dans lesquelles elle abonderoit si elle étoit cultivée sont les Vins, le Ris, le Cotton, la Laine, & les Peaux de Bufle. Le Païs est très propre à tout cela, & même à la production du Bled; c'est dommage que la paresse des habitans en empêche la culture. Generalement tout le Betail s'y nourrit fort bien, mais on n'a pas l'avantage de pouvoir s'en defaire aux Etrangers, ce qui fait que la chair y est à très grand marché. Le meilleur bœuf n'exede pas le prix d'un sou la livre monnoye de Hollande, & souvent on a pour deux liards celui que les Juifs rejettent, soit que les parties interieures se soient trouvées attachées aux côtes, ou qu'il y eut dans la Bête quelque autre legere marque d'indisposition; car ils sont fort scrupuleux là dessus. La chair de Bufle ne vaut jamais plus d'un demi sou, & à la verité c'est encore trop, cette viande étant extraordinairement dure & insipide. A l'égard du Mouton il est à fort bon marché, aussi n'est ce pas la chair qui en fait le prix, la peau est estimée plus que le reste, parce l'on en vend fort cher la laine aux Marchands & que le cuir sert à faire ces Maroquins rouges ou jaunes que l'on porte en Europe. Vous sçavez que l'on a tenté en plusieurs lieux de les contrefaire sans y bien réüssir ce qui ne vient pas comme quelques uns le pensent de la faute des Ouvriers ou de l'aprêt, mais de ce que les peaux des Moutons d'Occident n'y sont pas propres. En effet outre la difference que les herbages & le climat peuvent y apporter, il y en a encore une fort grande dans l'espece même. Les moutons d'Anatolie sont beaucoup plus grands, & ont la queüe faite d'une autre maniere. Elle est ordinairement large en chair comme une assiete, & quelques unes pesent jusques à douze livres, la laine à part.

L'eau douce du Territoire de Smirne est assez poissonneuse, mais le poisson n'en est pas bon. On y trouve entr'autres des Carpes d'une grandeur extraordinaire & en même tems d'un goût si fade qu'il n'y a pas moyen d'en manger. J'en ai vû souvent de grosses & longues comme des Saulmons. Pour ce qui est du Poisson de
Mer

Mer, il est excellent sur toute cette Côte &
l'on y en trouve d'une infinité de sortes. La
Sole, le Turbot, la Rets, le Rouget, la
Sardine ; tout cela s'y trouve en abondance & fort délicat. On y a outre cela de
très bonnes Huitres, un espece de Harang
fort tendre qui est delicieux, quand il est
soret : le meilleur vient de Constantinople.
Les seiches y sont en plus grande quantité qu'en aucun lieu du Monde, ce Poisson
n'est pas d'un beau service, car il ne semble composé que de Cartilages & son sang
est noir comme de veritable ancre, neanmoins il est fort bon quand il est bien aprê-
té. Il y a aussi des couteaux de mer, ainsi
nommez parcequ'en effet ils semblent des
manches de couteaux de corne. Pline en
parle lib. 9. chap 61. & dit qu'ils luisent la
nuit en quelque lieu qu'on les mette, & même jusques dans la bouche de ceux qui les
mangent, mais c'est ce que je n'ai pas remarqué : tout ce que je puis vous en dire, est
que c'est un fort méchant Poisson. Il n'en
est pas de même des chataignes de Mer,
qui sont pareillement fort communes dans
la mer de Smirne : de tous les poissons à
écaille, je n'en trouve point d'un goût plus
exquis. Pour manger ce qui est dedans on
les coupe par la moitié, & alors on trouve
une espece de rose dans chaqu'une des
feuilles de laquelle il y a certains œufs d'un
jaune purpurin qui sont tout-à-fait delicats, mais fort peu rassasians. Je ne vous
dirai rien de ces longs poissons que les
Francs appellent aiguilles de Mer ou poisson

son épée ; car bien qu'ils en usent beaucoup dans le ménage, je ne les estime pas d'avantage pour cela. Ils sont grands comme une mediocre anguille, ils ont un long bec comme celui d'une beccasse, & la chair en est verdâtre quand elle est cuite, aussi bien que le reste, ce qui ne contribüe pas peu à la rendre degoûtante Mais puisque j'ai pretendu parler des meilleurs poissons de cette Mer, je ne dois pas obmettre le Ton, que je regarde comme le Roi de tous les autres. On en fait ici une pêche fort considerable aussi bien que sur les Côtes d'Italie & de Provence, sur quoi voyez l'Hidrographie du Pere fournier. Il en donne une description fort curieuse, & vous y verrez entr'autres circonstances remarquables celle du Voyage de ce Poisson passager qui venant dans la Mer Mediteranée en fait regulierement le tour en côtoyant l'Italie, la Grèce, la Romanie, & Natolie & revenant tout du long de la Barbarie, ce qui a donné lieu de croire qu'il ne voyoit que de l'œil gauche. Quoiqu'il en soit cette pêche est la plus profitable qui soit dans toute cette Mer, les Tons s'y prenant par milliers, & ils ne valent pas moins de trois écus la piece à les priser tous ensemble, aussi n'est il pas permis à tout le monde de l'entreprendre, c'est une pêche Royale de laquelle on achette le droit tous les ans à beaux deniers comptans. Le Poulpe est un autre espece de poisson, aussi nuisible que les autres sont utiles à l'homme pour sa nourriture. Il nage presque toûjours

jours fur l'eau, au gré des vagues qui le jettent fur le Bord de la Mer. A le voir floter on le prendroit pour un ventre de veau ou pour quelque excrement de la Mer, glaireux & informe, mais quand il eft renverfé on reconnoît que c'eft un Animal pourvû d'une infinité de longues jambes, femblables à celles d'une Araignée, & à chaque jambe il y a plufieurs petites veffies pleines d'une humeur claire comme de l'eau. Il eft ordinairement blanc, quelques-fois rougeâtre, & quelquefois tirant fur le noir felon les tems & les lieux où il fe trouve. On lui voit rarement faire aucun mouvement ni pour nager ni pour manger, ni pour fuir les approches de ceux qui lui veulent faire du mal, mais fi on lui touche de la main, ou fi on lui donne quelque animal, il le ferre & le lie d'abord avec fes jambes fi étroitement qu'il eft bien difficile de l'en debaraffer. C'eft ainfi qu'il attrape fa proye, & que fouvent il fait noyer des hommes qui en fe Baignant ont le malheur d'en rencontrer quelqu'un, car outre qu'il les embaraffe comme je vous ai dit avec fes longues jambes, il épanche fur eux la pernicieufe liqueur qui eft contenuë dans fes veffies innombrables, & cette liqueur venimeufe leur ôte bien-tôt la liberté du mouvement par l'inflamation quelle caufe dans la partie.

Je mettrai fin à ce que j'avois à vous dire des poiffons qui fe trouvent le plus communément dans la Mer de l'Anatolie en vous parlant des Tortües qui peuvent être comprifes fous ce genre à certain égard.

Je dis à certain égard parceque ce sont des animaux Amphibies, & que même il y en a plus d'une espece. Pline en compte quatre, l'une qui vit dans la Mer, l'autre sur la terre seiche, l'autre dans les Rivieres, & la quatriême dans les Marets. Pour moi je n'en connois que de deux sortes lesquelles comprennent comme je croi toutes les quatre dont il parle. Les unes sont les Marines, & les autres les Terrestres, mais elles sont également amphibies pourvû qu'on ne les éloigne point de leur air naturel. J'en ai vû trois dans le Vaisseau sur lequel je suis venu, que l'on y gardoit depuis plusieurs mois, sans qu'elles eussent été mises un moment à l'eau; & neanmoins elles se portoient fort bien. Je ne sçai même dequoi elles vivoient, car personne ne prenoit soin de leur donner à manger. On les prend non pas avec des crochets ainsi que certains Geographes l'ont voulu dire, mais en les renversant lorsqu'elles sont endomies sur l'eau, ce qui leur est assez ordinaire pendant le beau tems, car alors elles ne sçauroient plus se remüer, non pas même sur terre, ou du moins ce n'est qu'avec peine & après un long travail. Elles sont extrémement lascives jusques là, que le mâle se joindra bien vingt fois en un jour à la feméle, c'est ce que j'ai remarqué dans le Vaisseau où j'étois, ainsi je ne parle point sans sçavoir. Lorsque le mâle recherche sa feméle il ouvre la gueule, allonge le Col, & montre beaucoup sa passion par ses autres mouvemens, mais com-

comme la feméle est plus froide que le mâle il ne la trouve pas toûjours disposée à ses
desirs, & pour l'y faire consentir il la
poursuit de lieu en lieu & la heurte par derriere avec sa coquille avec tant de force
que l'on diroit qu'il la bat si la conclu-
sion ne montroit le contraire. Il y en a de
diverse grosseur, mais les plus grosses n'ex-
cedent pas huit à nœuf pouces de larges &
douze ou quatorze de long. Les Terrestres vivent dans les fossez & dans les Ma-
rêts, elles sont petites, plates & brunes,
il y en a une si grande quantité autour de
Smirne que l'on en peut appercevoir quel-
quesfois vingt ou trente d'une seule veüe.
Celles là ne sont pas bonnes à manger,
mais quand aux Marines, j'ai vû des Capucins s'en regaler comme d'un mets delicat;
Il est vrai qu'ils n'étoient pas imitez par
beaucoup de gens.

J'ai encore oublié en vous parlant des
productions particulieres du Territoire
de Smirne de faire mention des fleurs, des
Arbres & des fruits. Les fleurs y sont en
quantité parce que les Turcs les aiment &
que leurs femmes les font entrer dans leurs
ajustemens ce qui les engage à les cultiver,
neanmoins je n'ai pas oüi dire qu'il y eût
parmi eux de Fleuristes aussi curieux qu'en
Europe, ni d'Amateurs assez passionnez
pour achepter un seul oignon dix à douze
mille Francs. Les arbres les plus communs
ici sont les Orangers, les Citronniers, les
Limonniers, les Mirthes, les Romarins & les
Abricotiers. Il y a des bois entiers de Gre-
na-

-nadiers, & les autres arbres que je vous ai nommez n'y sont pas plus rares qu'ailleurs les Pommiers ou les Poiriers. Il est vrai que ces mots d'Orangers & d'Abricotiers requierent distinction, car il n'y a pas beaucoup de bonnes Oranges douces, ni de vrais Abricots en ce Païs-ici. Les Oranges y sont ordinairement ou aigres ou ameres, & les Abricots sont de petits fruits fades & pasteux que ceux du Païs appellent *masse franki*. Les figues y sont assez bonnes & les raisins aussi, mais cependant moins pour manger frais que pour faire du Vin ou des Passes. Au reste il y a peu de fruits & encore moins de bons, quelques méchantes pommes, poires, serises, groiselles & pêches c'est tout ce que l'on y trouve. A l'égard des Olives l'Anatolie en produit abondamment & la plus grande partie de la Turquie aussi, mais l'huile n'en est pas a beaucoup près si bonne, ni si belle que celle d'Espagne ou de Provence. Celle-ci est plus brune, plus épaisse & pleine d'un certain marc, qui tombant au fond y fait une lie laquelle occupe le quart entier du Vaisseau où on la met. Les Olives que l'on garde pour manger ne sont pas d'une mine plus ragoûtante, elles sont assez grosses, mais noires & molles comme des nêfles de sorte qu'elles semblent toûjours pouries, aussi les Marchands Européens qui sont en cette Ville n'en mangent point non plus que de l'huile du Païs; ils font venir l'un & l'autre de Marseille. Pour ce qui est du Beurre, il n'y a guéres que les Marchands

An-

Anglois & Hollandois qui se puissent donner ce Regal, par la commodité qu'ils ont d'en faire venir de leur Païs, car il n'y en a point ici. Ce n'est pas comme j'ai dit ailleurs que l'on n'y ait des Vaches en grande quantité, & que l'on ne se serve de leur lait ; mais tout ce que l'on en peut tirer n'est qu'une certaine graisse de mauvais goût qui se corromproit aussi tôt pour peu qu'on la gardât, & c'est pourquoi ceux du Païs la fondent toûjours & la cuisent au feu pour la conserver ; après quoi elle devient fluide, & de couleur d'un blanc sale, même étant froide ; de sorte quelle ne semble pas mal à de mauvaise huile gelée. C'est ce que les Turcs appellent *Mantegue*, & c'est de cela dont ils se servent dans les Ragoûts & dans les Potages.

J'allois finir : mais je trouve encore deux petits Articles sur mes memoires que je ne veux pas obmettre. Le premier ne concerne qu'une maniere de se chauffer assez commode laquelle est prattiquée par tous les Turcs, & qui leur tient lieu de cheminée. Ils mettent sur le Sofa une espece de Table quarrée ou Poligone de trois à quatre pieds de Diamettre, & haute de quinze à dix-huit pouces. Cette espece de Table ou pour mieux dire ce meuble à des planches dessous comme dessus, en sorte que l'on peut le poser indifferemment d'un côté ou de l'autre. Ils mettent un petit bassin de feu entre ces planches justement au milieu dans une certaine place accommodée exprès pour le bien garder ; comme

par

par exemple dans un Moine. Ils couvrent en suite tout cela d'un grand Tapi de soye piqué comme une couverture, & doublé d'un drap lequel y est cousu & redoublé proprement tout autour en orle, de la même maniere qu'à leurs couvertures de lits, car pour le dire en passant ils ne laissent pas leurs draps de lit flottans comme nous faisons, ils les attachent à la couverture & aux Matelats. Remarquez aussi que le Tapi traine en bas de la largeur de plus d'un pied de chaque côté, si bien que l'air n'y entre que fort peu & qu'ainsi il fait assez chaud sous cette machine. Quand il fait froid tous ceux de la compagnie se rangent à l'entour, en se coulant dessous jusques à la ceinture & prenant soin d'ajuster le Tapi de maniere que l'air, n'entre que le moins qu'il se peut. Cela fait à peu près le même effet, que les petites Etuves dont les Dames Hollandoises se servent, avec cette difference que plusieurs personnes peuvent jouir ensemble de la même commodité, & tout en se chauffant joüer, écrire, travailler, ou manger de compagnie sur cette espece de Table.

Le second Article que je veux ajouter aux precedens, est une reparation à la Politique des Turcs, au sujet des Postes. Il me semble vous avoir dit qu'il n'y en a aucune reglée dans toute l'étenduë de l'Empire Ottoman, & avoir remarqué cela comme un des defauts du Gouvernemens, mais il m'est venu depuis dans l'esprit des Reflexions qui m'ont fait penser

fer, que je pourrois bien m'être trompé. Peut-être que le grand Seigneur n'en defend l'établissement que pour empêcher, que l'on ne fache les mauvaifes nouvelles trop tôt, ce qui pouroit fouvent donner lieu a beaucoup de mal intentionnez de faifir la conjoncture pour lever la tête en fe declarant Rebelles, & faifant revolter des Provinces entieres, car pour ce qui eft des bonnes il n'eft pas difficile de les faire fçavoir par tout où l'on veut. Procope de Cefarée nous aprend dans fon hiftoire fecrete que l'Empereur Juftinien fuprima par la même raifon toutes celles qu'il avoit trouvées établies à fon avenement à l'Empire, à la referve de celles d'Orient.

Des Interregnes.

PAr ce mot j'entends l'efpace de tems qui s'écoule depuis le moment de la mort ou de la depofition d'un Sultan jufques à la Proclamation de celui qui lui fuccede. Il vous paroîtra peut-être impropre, cependant c'eft le feul dont j'ai dû me fervir. Je fçai bien que fuivant la Loi des douze Tables dans la fucceffion des Souverains, comme dans celles des Particuliers le mort faifit le vif & que la poffeffion n'eft point cenfée recommencer en la perfonne des fucceffeurs, mais feulement continüer *Continuatio Domini neceffitatem que fucceffionis, effe ipfo jure.* Salvianus. De Hered. qualit. & differentia. Ce qui fe prattique encore aujourd'hui en
Angle-

Angleterre, en France, en Suede, en Dannemarc, & dans tous les autres Etats Hereditaires de l'Europe, où le Souverain ne meurt point, mais il n'en est pas de même en Turquie. La Succession y est reglée d'une maniere toute particuliere, car quoique l'Empire y soit regardé, comme un bien Domanial & propre de la Maison Ottomane, hors de laquelle on ne sçauroit le transporter, ni pour un temps, ni pour toûjours sans choquer également les loix Naturelles, Civiles & Divines, neanmoins il n'est pas si absolument affecté à l'Ainé que les Visirs, les Grands, & le Peuple même ne puissent quand ils le jugent à propos pour le bien de l'Etat lui preferer son Pui-nai, ou choisir d'entre les fils de l'Empereur mort, celui qu'il leur semble le plus propre au Gouvernement. Ce n'est pas qu'ils ayent aucune Loi Municipale, ni aucun Concordat entre les Sultans & le Peuple qui leur donne ce droit, mais ils sont fondez sur une coutume aussi ancienne que leur Empire & cela suffit pour autoriser chez-eux toutes sortes d'entreprises : les vieilles coutumes étant regardées par les Turcs avec le même respect, que nous avons pour les Loix les plus sacrées & les plus saintement instituées. Mais pour lever tout d'un coup la difficulté il ne faut que vous dire que le nom seul d'Ottoman suffit pour donner de legitimes pretentions à l'Empire, lequel n'appartient à l'un preferablement à l'autre, que par le suffrage du Peuple & des Grands.

Grands. En un mot le sang donne un droit incontestable d'Eligibilité à l'Empire, mais l'ordre de la Naissance, ni le degré de Consanguinité n'attribüe aucune preference à l'un au prejudice de l'autre. L'Egalité entre les Princes de cette Maison est tellement reconnüe, qu'encore que l'un d'eux ait été investi de l'Empire, par un consentement unanime, neanmoins si dans la suite il ne gouverne pas à leur fantaisie ils ne font aucune difficulté de le destituer & de mettre un autre en sa place comme nous l'avons vû de nos jours en la personne de Mahomet quatriême. De là sont venües ces frequentes revolutions & ces fratricides perpetuels desquels l'histoire de cet Empire est remplie. Vous voyez donc bien Monsieur que j'ai eu raison d'appeller l'espace de tems qui s'écoule depuis la mort d'un Sultan jusques à la Proclamation de son Successeur un interregne, puis qu'effectivement pendant tout ce tems-là, il n'y a veritablement que des Pretendants à l'Empire & non pas des Empereurs.

De l'Orgueil des Sultans & de l'estime qu'ils font des autres Princes.

LEs Titres pompeux & superbes dont les Sultans se parent, & desquels je pense avoir donné quelque formule dans mes premieres lettres, vous doivent avoir assez fait comprendre combien ils se croyent

haut

haut élevez au deſſus de tous les autres Princes du monde. Mais comme j'ai remarqué que les Européens ſont accoutumez à regarder ces titres ſur le pied d'un certain ſtile uſuel qui ne ſignifie rien, & duquel on ne tire pas les concequences qui ſemblent en reſulter, il eſt bon de vous deſabuſer de cette erreur commune.

Entre les qualitez que le Grand Seigneur s'attribuë, il oublie rarement celle de Roi des Rois, de Roi regnant ſur ſes Rois, ou de Soleil du Monde, & toûjours il y en a quelqu'une de ſemblable dans ſes Titres par laquelle il exprime le plus magnifiquement qu'il lui eſt poſſible le degré de gloire qu'il pretend, & lequel il croit encore n'avoir jamais exprimé que foiblement, tant il eſt prevenu de ſa Grandeur imaginaire. Si vous voulez donc bien entrer dans le genie de la Cour Ottomane à cet égard, imaginez vous un Monarque univerſel de qui tous les Rois & les Princes ne ſont que des petits Lieutenans, & entre leſquels il ne met même aucune difference, que s'il y en a quelqu'une elle diſparoît à ſa *ſublime Porte*, & en preſence de *ſa haute Majeſté*, en comparaiſon de laquelle toutes les grandeurs du Monde ne ſont rien. Si bien que les Ambaſſadeurs, Envoyez, Reſidents, & Conſuls ſoit des plus Auguſtes Princes ou des plus petites Republiques deviennent égaux devant lui comme devant Dieu. Voila l'idée qu'ils en ont & c'eſt auſſi pourquoi ils confondent ordinairenairement le caractere des Ministres que l'on y envoye, soit Ambassadeurs, Envoyez, ou Consuls, les appellant sans distinction *Elchi*, ainsi que l'a très bien remarqué Mr. Ricault. C'est encore d'où vient qu'ils ont si peu d'égard pour leurs personnes, ni pour leur caractere qu'à la moindre occasion ils leur font des traitemens indignes. Car ils considerent un Ambassadeur bien moins comme un Ministre public, ou un Mediateur de la paix, que comme un Otage de la bonne foi & de la droiture de ses Maîtres, ou comme un Interprete de ses volontez sur lequel ils ont droit de se vanger des injures qu'ils en ont reçûës. Et parce qu'ils sont toûjours dans la crainte que l'on n'en use de même envers leurs Ambassadeurs, ils ne donnent jamais cet emploi à des gens fort considerable. Ils choisissent presque toûjours pour cela des Chiaoux qui sont des gens dont la principale destination est de porter des ordres & d'accompagner par honneur les Princes & les Ambassadeurs qui voyagent en Turquie. Le Souverain mepris que les Turcs ont pour les Princes ne souffre point d'exception, non pas même de ceux qui font profession comme eux, de la foi Mahometane. Si vous avez lû la vie d'Amurath quatrième vous y aurez peu voir la maniere cruelle dont il en usa avec les Ambassadeurs du Sophi, & pour ce qui est du Cham des Tartares, les Turcs gardent si peu de mesures avec lui, qu'un simple Bacha de Rhodes osa bien faire couper

la

la tête à l'un de ses fils parce seulement qu'il avoit dit que si le Sultan Ibrahim mouroit sans enfans, le Cham son pere succederoit à l'Empire en vertu du testament d'Amurath. A l'égard des Princes Chrétiens, quels affronts ne leur ont ils point faits en la personne de leurs Ambassadeurs? Peu s'en falut que sous le Regne d'Amurath, tous les Venitiens qui se trouvoient en Turquie ne passassent au fil de l'épée parce que le General Marin Capello avoit batu & pris des Pirates Barbarois qui s'étoient retirez sous une forteresse du Turc. Il est vrai qu'Amurath étoit un Prince si violent & si demesurement orgueilleux en toutes choses que l'on ne peut pas citer son exemple comme une regle generale, mais les Sultans ses predecesseurs & ses successeurs, n'en ont pas agi autrement envers ceux desquels ils ont crû avoir sujet de se plaindre. Ibrahim fit mettre en prison le Baile de Venise, en même tems qu'il leva le masque en declarant la guerre contre la Republique, & fit étrangler son Drogueman. Il en fit autant à Mr. de Sanci Ambassadeur de France parce qu'il le soubçonnoit d'avoir eu part à l'évasion du General Polonois. Mr. de Cesi qui lui succeda ne fut pas traité plus favorablement. Mr. de Reninghen fut violenté en la presence même de Sultan Mahomet jusques à lui frapper le tête contre le plancher, & sous le même regne les Residens de l'Empereur & de la Republique de Hollande furent arrêtez. Depuis ce tems-là là Messieurs de Guilleragues, & Girardin ont souffert un pareil traitement, & si je voulois me donner la peine de faire la recherche des autres occasions dans lesquelles les Turcs ont ainsi violé le droit des Ambassadeurs j'en trouverois assez de quoi faire un livre. Mais de toutes les insultes qu'ils ont faits aux Ministres Etrangers, je n'en sçai point de plus extraordinaire ni qui marque d'avantage la Brutalité & la Barbarie de cette Cour que celle qu'ils firent à Mr. de la Haye Vantelai en soixante un. Vous en pourez lire l'histoire entiere si vous le jugez à propos dans celle que Mr. Ricault à données au public des trois derniers Empereurs Turcs. Cependant ce Mr. de la Haye étoit Ambassadeur du Roi de France le seul auquel ils ayent accordé le titre de *Padischa*, mais bien loin que cette Eminente qualité ait apporté quelques Privileges à ses Ambassadeurs, il semble quelle n'ait servi qu'à les exposer plus souvent que les autres aux violences des Turcs. Je ne sçai point de plus asseuré moyen à un Ministre étranger d'obtenir à la Porte quelque distinction au dessus de ses pareils, que d'y paroître les mains garnies s'il est d'un païs éloigné des Etats du Grand Seigneur, ou bien comme Allié s'il en est voisin. Je suis Monsieur &c.

De Smirne le . . . . . Juillet 1691.

LETTRE III.

Du Caffé, de ses qualitez & de la manière de le préparer.

ONSIEUR,

Vous avez eu raison de croire que voyageant comme je fais par une pure curiosité de voir & d'apprendre, & me trouvant au Païs d'où l'usage du Caffé nous est venu, je n'oublierois pas de m'informer particulierement de ses proprietez & de la maniere de le preparer. Je croi l'avoir fait avec quelque succès, mais comme le Caffé est maintenant si connu en Europe, qu'il ne sçauroit guéres l'être d'avantage, & que d'ailleurs nous avons les Ouvrages imprimez de plusieurs habiles Philosophes qui en ont dit tout ce qui peut ce semble en être dit, je me serois tenu dans un discret silence, & j'aurois gardé mes petites obser-

serva-

vations pour moi, si vous ne m'en aviez demandé la communication. Je vai donc vous faire part de ce que j'ai pû recueillir & apprendre là dessus dans mes conversations avec les Turcs & avec ceux de nôtre Nation qui sont habituez en Turquie depuis long-tems, & pour ne point tomber dans une ennuyeuse repetition de ce que vous aurez lû sans doute dans les livres imprimez, je le ferai le plus brievement qu'il me sera possible.

L'opinion la plus communément reçûë est que le Caffé n'est en usage dans le monde que depuis environ deux cens ans, & elle est d'autant plus probable, que l'on n'en trouve aucune mention du moins que je sache dans les anciens Auteurs Grecs & Latins. Je m'y rendrois donc sans balancer, & je dirois avec tout le monde, que l'usage du Caffé est une de ces inventions heureuses dont le tems favorise quelques fois les hommes, pour les consoler & les dedommager de celles qu'il leur ravit d'un autre côté, si ce n'est que les Turcs, & les Arabes à qui j'en ai parlé la rejettent absolument. Comme ils croyent que l'on a toûjours fumé le Tabac parmi eux, ils sont persuadez aussi que l'on y a pareillement toûjours bû la liqueur du Caffé. A la verité aucun d'eux n'a pû m'en donner d'autre preuve que celle d'une coutume à laquelle ils ne connoissent point de commencement, mais quoiqu'elle ne soit pas suffisante pour decider la question, elle ne laisse pas de meriter bien que l'on y fasse

D 2 quel-

quelque attention. J'avoüe que c'est un grand prejugé contre l'ancienneté d'une coutume que de n'en trouver aucune trace dans les Auteurs, ni dans les monumens anciens, mais ce n'en est pas un moindre contre sa nouveauté que de n'en pouvoir trouver le principe. D'ailleurs il me semble que l'on pouroit accorder que la liqueur du Caffé n'avoit pas été mise en usage par les anciens Grecs & Romains sans qu'il s'en suivît pour cela qu'elle fût inconnüe de leur tems par toute la Têrre. Combien de sortes d'alimens sont usitez dans un Païs qui ne le sont pas dans un autre? les Gouts ne sont ils pas differens selon les Contrées? & ne mange-t-on pas avec plaisir d'une chose en certains lieux, dont ceux qui habitent ailleurs ne pourroient goûter sans contre cœur? Les Voyageurs en voyent tous les jours l'experience dans les poissons salez que les Hollandois mangent si volontiers, & que les François, Espagnols, & Italiens, ne voudroient pas approcher de leur bouche; dans l'ail dont les Gascons & Provençaux font leurs delices & qui est en horreur à Paris; dans les Sucreries que les Anglois mettent par tout, même avec la viande, ce qui selon les François est un ragoût propre à faire mal au cœur; & enfin dans l'oppium dont je vous ai parlé qui fait le Regal des Orientaux, & le poison des Nations d'occident. Mais sans qu'il soit besoin d'aller chercher des exemples hors du sujet, tout le monde convient que nos Européens ont vû les

Turcs

Turcs faire usage du Caffé pendant des siecles entiers, sans avoir été tentez de les imiter. L'amertume que tous ceux qui en boivent pour la premiere fois y trouvent les rebutoit, & leur faisoit trouver cette liqueur desagreable, desorte qu'ils ne s'y sont accoutumez qu'à force d'en boire malgré leur repugnance dans les Maisons des Turcs chez qui leur commerce les obligeoit de frequenter. Or rien n'empêche ce me semble de croire qu'il en a été de même à l'égard des anciens Grecs & Romains avec cette difference remarquable, que comme le Caffé n'étoit en usage en ce tems là que parmi les seuls Arabes, gens reculez pour ainsi dire au bout du Monde, grossiers, demi sauvages & meprisables aux Grecs & aux Romains qui s'estimoient les Peuples de la Terre les plus polis, il n'avoient garde de prendre d'eux une habitude laquelle, ainsi que je l'ai remarqué, ne peut-être reçûë de personne qu'après avoir surmonté à diverses fois & par l'occasion de quelque necessité un dégoût & une aversion naturelle à la plûpart du genre humain.

Quand à la maniere dont l'usage du Caffé s'est dans la suite repandu par tout l'Orient malgré les obstacles dont je viens de parler, elle me semble assez aisée à comprendre. Les Arabes par le moyen de Mahomet & de sa Loi, étoient devenus Triomphans en Asie & en Affrique, & avoient porté leurs armes fort loin tant d'un côté que de l'autre, d'où il s'ensuit assez naturellerellement qu'ils y avoient auſſi porté leurs coutumes & particulierement celle de boire du Caffé. C'eſt le cours du Monde que les Coutumes des Vainqueurs ſoient reçûës dans tous les lieux de leur Domination. J'oignons à cela quelque conſiderations ſur les obligations de la Loi Mahometane, qui ne permet pas à ceux qui en font profeſſion, l'uſage des boiſſons fermentées, & nous trouverons que celle-ci leur étoit par conſéquent très neceſſaire, n'y en ayant point au monde plus capable d'appaiſer ni d'empêcher la ſoif. Il ſeroit inutile de m'objecter ſur la foi de quelques Auteurs François qui l'ont écrit ainſi, que le Caffé n'eſt connu en Turquie même que depuis 200. ans, parce que c'eſt ce que je revoque en doute fondé ſur le rapport de ceux du Païs. Le Caffé a pû être connu & uſité depuis Mahomet en Egipte, en Chaldée, en Phrigie, &c. mais comme l'Empire des Grecs à ſubſiſté à Conſtantinople juſques en 1453. que ces Peuples je veux dire les Grecs & les Saraſins étoient extrémement ennemis les uns des autres, & que leur haine s'étendoit juſques ſur leurs coutumes reciproques, il ſe peut faire auſſi que juſques à ce tems-là, ces mêmes Grecs n'ayent point bû de Caffé. Or comme les Grecs étoient juſtement les ſeuls Peuples d'Aſie avec qui les Occidentaux euſſent commerce, il ſe peut faire encore que juſques à ce tems-là, ils n'ayent eu que peu ou point de connoiſſance du Caffé. Je ne fais donc pas grand cas de

cette

cette objection; mais on en peut faire une autre beaucoup plus embarassante, en demandant pourquoi l'usage du Caffé n'étoit pas resté en Espagne depuis le tems des Mores & Sarasins, s'il est vrai qu'il fût établi parmi eux dès le tems de Mahomet, & j'avoüe que je la trouverois sans replique, si on ne sçavoit que les plus utiles & les plus agreables coutumes se perdent comme elles s'acquierent, sur tout en certains Païs plûtôt qu'en d'autres, ce qui peut-être arrivé en Espagne à l'égard du Caffé. Ce qui fortifie cette conjecture c'est qu'encore aujourd'hui les Espagnols n'en boivent que fort peu, d'où l'on peut inferer avec assez de fondement que leur constitution & leur goût naturel ne s'y accommode pas, & que c'est par cette raison qu'ils en ont abandonné l'habitude. Ceux de cette Nation ont accoutumé de dire en riant, quand ils veulent vanter leur Chocolat que c'est le vrai Potage roux dont il est parlé dans la Genèse & pour lequel Esaü vendit son droit d'Aînesse à Jacob. Nos Sçavants tiennent que c'étoit un Potage de Lentilles, pour moi je ne serois pas éloigné de croire fort serieusement que c'étoit de la teinture de Caffé, telle que nous la beuvons. Le grain rosti dont il est fait mention au Livre de Ruth, & dont Boos vouloit que l'on fit part à cette fille, pourroit bien encore être du Caffé prêt à infuser, car enfin de quel autre grain auroit-on pû se servir pour boire ou pour manger preparé de cette sorte? Joignez à cela la consifideration du lieu où ces choses se passoient, & qui étoit peu éloigné, pour ne pas dire le même, que celui où croist le Caffé, & vous conviendrez sans doute, que ma conjecture n'est pas entierement hors d'apparence.

Vous sçavez, Monsieur, que c'est l'Jemen Province de l'Arabie heureuse qui produit ce fruit, qu'il croist sur un petit Arbrisseau de la grandeur à peu près de nos plus grands rosiers, dans une Gousse qui est verte sur l'arbre, & brune quand elle est seichée, & qui contient d'ordinaire deux petites féves, & quelquefois une seule. Vous n'ignorez pas non plus que cet Arbrisseau croist naturellement dans les champs, sans être ni semé ni soigné, mais que les Habitants du lieu ne laissent pas de le cultiver dans leurs Heritages à cause du grand profit qu'ils en retirent. Vous sçavez tout cela aussi bien que moi, c'est pourquoi je ne m'amuserai point à vous faire la description, ni de la tige de l'arbrisseau, ni de ses feuilles, ni de son fruit, ni du terroir où il croist, ni de la maniere dont on le transporte au Suez, pour de là être distribué à tous les Marchands qui en font leur Negoce. Ce seroit tems perdu, & je me contenterai de vous dire quoi qu'après plusieurs autres, mais avec plus de certitude peut-être que beaucoup d'entr'eux, que c'est une erreur de croire que les Arabes le passent ni au feu, ni à l'eau avant que de le vendre, afin d'empêcher que l'on ne puisse le semer ailleurs, & leur ôter

ôter leur profit. La Nature y a pourvû en donnant à cette contrée appellée Jeman, les qualitez propres à produire le Caffé, & en les refusant aux autres. Les Turcs en ont fait l'experience en cent endroits de l'Anatolie & de la Romanie, de sorte qu'ils sont contraints à leur grand regret, & au grand regret de toute la Cour du Grand Seigneur de l'aller chercher au Suez. Il arrive même assez souvent qu'il est plus cher ici qu'en Europe, ce qui provient de la grande consommation que l'on y en fait, & cela est si vrai que j'en ai vû apporter de Marseille pour vendre ici. Le prix ordinaire du Caffé est ici de quinze à dix-huit sols monnoye de France, & il en est de même à Marseille, ce qui fait qu'on le peut negotier d'ici là, & de là ici selon qu'il devient rare ou commun en l'un ou l'autre endroit. Il y a plus de 50. ans que l'on en boit à Marseille, & je pense qu'il n'y a gueres moins qu'il est en usage à Londres, mais je ne croi pas que hors ces deux Villes il fut bien connu en Europe avant la guerre de septante deux. Presentement on en boit par tout, & j'apprens avec plaisir par vos Lettres qu'il s'établit chaque jour de plus en plus, & qu'il fait le regal ordinaire des plus honnêtes Compagnies. Vous ne pouviez m'écrire aucune nouvelle qui me fût plus agreable que celle-là, car il faut que je vous avoüe que depuis mon Voyage de Turquie, je suis devenu grand amateur de Caffé. Ce n'est pas seulement, parce qu'il contribuë à entretenir la Societé, à lier la

D 5   con-

conversation, & à rejoüir les esprits, mais aussi à cause des bons & salutaires effets qu'il produit d'ailleurs sur le corps & sur l'esprit. Rien n'est plus vrai, qu'il rejoüit, qu'il facilite la memoire, qu'il fomente l'imagination, & qu'il donne à l'esprit une tranquilité, & une liberté de penser qu'il n'auroit point sans cela. Mais comme ce n'est pas assez que de dire, si l'on ne rend quelque raison de ce que l'on dit, il sera bon d'examiner un peu quelles sont les parties qui composent le Caffé, & quel effet elles doivent naturellement produire en ceux qui en usent, après quoi nous parlerons de la maniere de le preparer.

De la Nature du Caffé, & de ses parties essentielles.

LA Graine ou le Fruit du Caffé est particulierement composé de quatre sortes de Principes qui constituent presque toute sa substance. De ces quatre Principes, il y en a trois actifs & un passif. Les principes actifs sont l'Acide, le Volatil ou Etheré, & le Souffre. Le Principe passif est l'Alkali ou la Terre appellé par les Chimistes Testemorte. Quand au Flegme, il en entre fort peu dans sa composition, ce qui se connoît par la dureté & solidité de sa Féve laquelle même ne peut-être amolie par l'eau, ni froide, ni chaude, jusques-là qu'après avoir boüilli quatre heures, ou trempé quatre jours dans l'eau, on trouve qu'elle n'a presque rien perdu de sa dureté. C'est aussi ce qui m'a empêché de le mettre au nombre des Principes du Caffé, & ce qui m'empêchera d'en dire beaucoup de choses dans la suite.

Il est certain que les Alkalis qui sont des Corpuscules grossiers, froids, pesants, & irreguliers dans leur figure font par leur assemblage la plus grande partie de la substance du Caffé. On le remarque à sa dureté, à son insipidité, & à sa pesanteur, laquelle en fait precipiter le marc au fond de la Caffetiere aprés l'infusion en si grande quantité qu'à n'en juger qu'au raport de la vûë, on diroit qu'il n'a reçû aucune diminution ; mais comme l'Alkali n'a point d'action de lui même, & qu'il est comme j'ai dit purement passif, quelque volume qu'il fasse dans la composition du Caffé, il y est néanmoins predominé par les trois autres Principes, & particulierement par l'acide duquel il reçoit tout son mouvement.

Les Acides qui sont de petits Corpuscules subtils, aigûs, & piquants se manifestent par la petite amertume qu'ils causent dans la teinture du Caffé où ils se trouvent mêlez avec les Alkalis, mais quoiqu'ils y dominent ces mêmes Alkalis, ils y sont néanmoins dominez par le souffre & par les Volatils.

Le Souffre est un Principe Balsamique, onctueux, & bien-faisant, ses parties sont rameuses & flexibles, elles lient & embrassent les Acides, empêchent la trop grande fermentation qu'ils pourroient causer par

D 6   leur

leur mêlange avec les Alkalis, & servent à la nutrition. On les remarque aisément dans la Torrefaction du Caffé, où le feu les fait transpirer avec abondance hors des pores de la féve, & lui fait rendre une odeur qui penetre jusques au cœur, & aussi dans l'infusion de la poudre du même Caffé, le souffre nageant au-dessus de la liqueur, & s'évaporant visiblement enfumée par la force du principe Etheré ou Ignée qui l'emporte avec lui.

Ce Principe Etheré, ou Ignée est celui qui predomine dans toute la Composition du Caffé, & n'est autre chose qu'une infinité de petites particules legeres, actives, spiritueuses, volatiles, & participantes de la nature du feu. Il se donne à connoître dans la torrefaction du Caffé, & dans la pulverisation par une dissipation sensible d'esprits jusques-là que pour peu que l'on garde le Caffé pulverisé, il ne semble plus le même qu'auparavant.

De la maniere dont le Caffé agit dans l'estomac.

Tout cela étant donc connu & supposé on n'aura pas de peine à comprendre comment le Caffé agit sur ceux qui le prennent ni, à rendre raison des effets qu'il produit en eux. Les Alkalis ou parties terrestres qui peuvent très bien être representées sous l'idée d'une quantité de petits grains de sable, forment avec l'eau, dans laquelle

laquelle on a fait l'infusion du Caffé, une espéce de lessive laquelle venant à tomber dans l'estomac, en nettoye les parois de toute la matiere visqueuse & glaireuse qui y étoit attachée, de sorte que la liqueur dissolvante qui transpire sans cesse des glandules ne trouvant point d'obstacle qui l'arrête, ni rien qui emousse ses pointes, agit dans toute sa force ou sur les viandes qu'elle trouve alors dans l'estomac, ou sur l'estomac même le piquotant de ses pointes & le provoquant ainsi à une faim extraordinaire.

De là on peut inferer qu'il est mauvais, & prejudiciable à la santé de prendre le Caffé à jeun, & sans rien manger en même temps, aussi les Turcs qui par le grand usage qu'ils en ont fait, ont appris à en connoître les effets, ne le boivent jamais qu'après avoir mangé ou pris l'oppium, & s'étonnent de ce que les Francs le prennent au matin en guise de dejeuné. Il est vrai que si on l'infuse dans le lait, l'effet n'en peut pas être tout à fait si nuisible, parce que les particules bitureuses du lait absorbent les Alkalis & les Acides du Caffé, & enduisent même en quelque sorte les parois de l'estomac, mais comme il devient alors purgatif, je ne voudrois point encore en conseiller l'usage à personne. La veritable heure de prendre le Caffé est donc l'après-midi, deux ou trois bonnes heures après le repas, car alors il fortifie l'estomac, aide le dissolvant, & par concequent perfectionne la Digestion.

Dès que la liqueur ou la teinture du

Caffé est parvenuë dans l'estomac, l'analise des parties commence à s'y faire par le moyen de la chaleur naturelle à peu près comme dans un Alambic, & dans cette Analise les Alkalis sont precipitez en bas par la violence & l'activité des Volatils qui s'élevent au-dessus, les Acides se mêlant avec les viandes travaillent à leur dissolution. Le Souffre va perfectionner le Chile, & les esprits Volatils & Etherez vont se joindre aux esprits animaux, & accelerer leur mouvement. Voilà en peu de mots comment la liqueur du Caffé agit dans l'estomac, voyons presentement quels sont les effets qui en resultent.

Effets du Caffé.

Les principaux effets du Caffé dans le corps humain sont.

1. De rejouir, de rendre l'esprit net & libre, & de faciliter la memoire.

2. De desenyvrer, de guérir la migraine & les maux de tête.

3. D'empécher le sommeil.

4. De fortifier les nerfs & les muscles.

5. Il est au reste Diuretique, il provoque les mois des femmes & s'oppose à la Coagulation du sang comme tous les autres Volatils.

1. Quand au premier point tout le monde convient que les viandes ou mauvaises en elles-même, ou mal digerées par un defaut de l'estomac, ou prises par excès, envoyent au cerveau des vapeurs épaisses qui

qui embarassent ses fibres, forment des obstructions & empêchent l'action des esprits, ce qui cause les pesanteurs de tête, les secheresses d'esprit, & ces accès de tristesse & de mauvaise humeur dont on ne sçauroit rendre raison. Or comme les Alkalis du Caffé en se precipitant ainsi que je l'ai dit, precipitent avec eux toutes ces vapeurs malignes, ils rendent par même moyen à l'esprit sa sérenité, sa joye, & la liberté de ses fonctions. Ce que je vous dis-là, est une verité dont je prendrois à témoin tout ce qu'il y a de gens de lettres, s'il n'étoit aisé à chacun de le reconnoître aisément par soi-même, toutes les fois qu'on voudra y faire un peu d'attention. Pour moi je sçai par une experience journaliere, & qui ne s'est encore jamais démentie, que je suis sans comparaison plus propre & mieux disposé à l'étude après avoir bû le Caffé, qu'avant que d'en avoir pris.

2. Le second point est une autre consequence de la precipitation des vapeurs, car qui ne sçait que l'yvresse ne provient que des vapeurs du vin pris par excès, & que la mi-graine & les maux de tête ne viennent aussi que des vapeurs que la mauvaise disposition de l'estomac fait monter en haut? Ce qui étant accordé il ne sera pas difficile ce me semble de concevoir que toutes les vapeurs étant precipitées, les maux qu'elles causoient doivent cesser.

3. Il en est de même du sommeil, lequel je mets sinon au rang des maux dont

la vie de l'homme est affligée, du moins en celui de ses plus fâcheuses sujettions. Le sommeil est non-seulement aussi-bien que le boire & le manger, une dure necessité qui a été imposée à l'homme pour la conservation de son individu, il lui est de plus un reproche journalier de sa foiblesse & de sa misere, & un Image de son état final. Dans le Sommeil, l'homme n'est pour ainsi dire plus vivant, il est mort; sans jugement & sans volonté. Livré à la merci de toutes les Creatures mal-faisantes, il s'y trouve honteusement enseveli, & dans une privation absoluë de toutes facultez, & de toute défense. Cependant telle est sa miserable condition qu'il lui faut necessairement, & indispensablement retomber en cet état chaque jour, & comme si la vie toute briéve qu'elle est, étoit encore trop longue pour lui, le sommeil lui en ravit pour le moins la quatriéme partie. On ne sçauroit donc trop estimer les moyens qui peuvent nous affranchir de cette servitude, & nous aider à rachepter une chose aussi precieuse que le tems, & c'est ce que l'on trouve dans le Caffé, qui par ses Alkalis précipite les vapeurs qui le plus souvent causent le sommeil, & qui par ses Esprits Etherez tient les fibres du Cervaux tendus, vivifie les Esprits animaux, & concourt à leur production; de sorte que s'il empêche le sommeil, il en empêche aussi le besoin, ce qui doit être regardé comme un de ses precieux effets.

4. Quand à ce que j'ai dit que le Caffé *forti-*

fortifie les nerfs & les muscles, personne que je croi n'en disconviendra, après ce que je viens d'expliquer de l'activité de ses Esprits étherez qui s'unissant aux Esprits animaux concourent avec eux dans toutes leurs fonctions.

Mais comme les meilleures choses du monde prises par excès deviennent mauvaises, on ne sçauroit nier que l'excès du Caffé, ne le soit aussi. Je trouve même qu'il est pernicieux, & que l'on n'en sçauroit gueres faire de plus préjudiciable à la santé que celui du Caffé, car alors ses Alkalis qui pendant qu'on en faisoit un usage moderé rabaissoient les vapeurs & nettoyoient l'estomac, deviennent indigestes par leur pesanteur naturelle, & l'empêchent de faire ses fonctions, ce qui rend le Chile impur à un point que toutes les parties balsamiques du Caffé ne sont pas capables de l'adoucir, ni de le corriger. D'un autre côté, les volatils s'insinuant avec trop d'abondance dans le sang & dans le cerveau, & joignant leur activité à celle des esprits Animaux redoublent leur mouvement & le rendent si violent, que les nerfs en sont considerablement debilitez, ce dont on s'apperçoit bien-tôt par une foiblesse & un tremblement general dont on se trouve saisi dans tous les membres. Cette debilité & ce tremblement se remarquent toûjours quand on a bû le Caffé à jeun, & que l'on a passé deux ou trois heures depuis sans manger, mais ceux qui ont eu le malheur ou l'imprudence de s'accoûtumer

tumer à le boire par excès, le remarquent bien autrement dans la suite, car ils s'amaigrissent à vûë d'oeil, & leur sang qui est dans une perpetuelle fermentation s'échauffe enfin à un point qu'il n'y a presque plus moyen de le rafraîchir, ni de le calmer. Il en est à cet égard, comme du vent qui étant moderé nettoye & purifie l'air, mais qui étant devenu tempêtueux, le rend épais & chargé d'une quantité incroyable de vapeurs, d'exhalaisons, & d'autres impuretez, ou comme d'un Ruisseau, qui tandis qu'il coule doucement nettoye son Canal des ordures qui pourroient s'y rencontrer, mais qui ayant été grossi par un Torrent y charoye toutes sortes d'immondices, & se bouche le passage à lui-même, de sorte qu'il est obligé de se déborder. Tels sont les accidens & les maux, que le Caffé pris par excès, peut causer. Mais quelques loüanges, que je lui aye données d'ailleurs il ne faut pas s'y tromper, car ce n'est pas un Panacée comme quelques-uns ont voulu le dire, & tout excès à part, il n'est gueres moins nuisible à certaines personnes, que salutaire à d'autres. C'est ce que l'on aura dû reconnoître par ce que j'ai ci-devant expliqué de ses proprietez. En effet, s'il provoque les mois aux femmes, il est bien évident qu'il est contraire à celles qui sont en perte, & s'il empêche le sommeil, il ne sçauroit faire de bien à ceux qui se plaignent d'insomnie. Je ne conseillerois pas non plus aux Poulmoniques, Ethiques, & Hidropiques,

piques, d'en faire aucun usage, mais bien à ceux qui sont attaquez de la Pierre & de la Gravelle. Je ne le crois pas non plus contraire à la Goute, mais c'est une erreur que de croire que ce soit un specifique contre ces Maladies.

De l'Usage que les Turcs font du Caffé.

JE ne vous ai point encore expliqué quel est l'usage que les Turcs font du Caffé, appellé par eux *Cahvé*, & par les Arabes *Caohva*, cependant c'est peut-être une des choses que vous souhaitiez le plus de moi, c'est pourquoi pour ne point laisser vôtre attente trompée, je vous dirai en peu de mots, ce qui m'en a semblé de plus remarquable.

Tous les Turcs riches ou pauvres font usage du Caffé, sans autre différence entre eux, sinon que les riches le boivent deux fois le jour réglément sçavoir le matin, & l'après-dîné, & que les pauvres le boivent seulement une fois qui est sur le *Kindi* environ les quatre heures après midi, selon nôtre manière de compter. Ni les uns, ni les autres, je veux dire les Riches, non plus que les Pauvres, n'en boivent pas plus de trois ou quatre tasses à chaque fois, mais quand il vient quelqu'un les voir, ils lui en presentent d'ordinaire une coupe ou deux & en boivent une autre avec lui. Quelques-uns d'entr'eux, presentent la coupe à leurs yeux, tandis que le Caffé est encore brûlant, afin d'en recevoir la fumée, la vûe, mais cette coûtume n'empeche pas qu'en Egypte, où il se fait une très-grande consommation de Caffé, il n'y ait plus d'aveugles, peut-être qu'en aucune autre partie du monde. Les Turcs ne mettent dans le Caffé, ni sucre, ni cannelle, ni parfum, ils le boivent pur, & sans autre mêlange que celui du Tabac qu'ils fument presque toûjours pendant ce tems-là, & qu'ils presentent toûjours aussi à ceux qui viennent leur rendre visite.

C'est une erreur de croire que le Caffé tienne lieu aux Turcs de breuvage ordinaire dans leurs repas, comme à nous le Vin ou la Biere, car comme je vous ai dit, ils ne boivent point en mangeant, & aussi ne mangent-ils point en beuvant le Caffé. Quand ils le prennent au matin, c'est quelque espace de tems après avoir mangé, & le reste de la journée de même.

Je sçai qu'ils sont obligez à l'abstinence du Caffé pendant le mois de Ramadan, parce que toutes les liqueurs leur ayant été défenduës, celle-ci n'en a pas été exceptée, mais il ne s'ensuit pas delà, que le Caffé doive être regardé comme un aliment, ainsi que quelques uns l'ont avancé, car bien loin qu'il soit nourrissant, il provoque à la faim & augmente le besoin de manger. Il est vrai qu'entre ses bonnes qualitez, on peut compter celle de desalterer mieux qu'aucun breuvage du monde, & de prévenir même la soif, de sorte qu'une personne qui boiroit cinq ou six coupes

de

pourroit auſſi ſe paſſer comme eux de boire. Mais c'eſt tout ce qu'on en peut dire, & je ne crois pas que c'en ſoit aſſez pour faire paſſer le Caffé pour Aliment.

Au reſte, ſi le Caffé eſt bon & ſalutaire à tout le monde, il eſt abſolument neceſſaire aux Turcs à cauſe de l'Opium qu'ils prennent journellement, & qui ſans doute leur coaguleroit enfin le ſang malgré la force de l'habitude, ſi le Caffé ne l'entretenoit clair, & dans la conſiſtance où il doit être. Le mal que l'Opium pourroit faire en eux eſt corrigé par le Caffé, & toute reflexion faite, je ne trouve point d'autre raiſon valable de l'impunité avec laquelle ils en prennent une auſſi grande quantité qu'ils font.

Du choix du Caffé & de la maniere de le préparer.

JE vous dirai ſur ce ſujet ce que j'ai appris des Turcs, & ce que l'experience m'en a fait découvrir après pluſieurs obſervations.

La Graine de Caffé peut ſe conſerver bonne pendant cinq ou ſix ans à cauſe de ſa dureté, & que ne contenant que très-peu de parties acqueuſes, elle n'eſt pas ſi ſujette à la corruption que les autres Graines. Néanmoins il eſt certain que la plus nouvelle eſt la meilleure, & qu'entre pluſieurs Balles dont le Caffé paroît également nouveau,

tre. Pour diſtinguer le vieux Caffé d'avec le nouveau, il faut prendre garde à ſa couleur, à ſon odeur, & à ſon goût, auſſi-bien qu'à ſa dureté & ſolidité. Le vieux Caffé eſt d'ordinaire blanchâtre, & vermoulu. Il eſt auſſi entierement inſipide au goût & d'une odeur deſagreable. Le nouveau Caffé au contraire eſt d'un gris verdâtre, quelque peu tranſparent, d'un goût d'herbe aſſez agreable & d'une odeur qui approche de celle du foin. Il eſt d'une conſiſtance fort ſolide, ſans aucune vermoulure, & plus peſant que le vieux Caffé.

A l'égard de la Torrefaction, elle ſe peut faire en trois ſortes de Rôtiſſoirs; ou dans un vaſe de terre ou de fer, que l'on tient ſur le feu, & dans lequel le Caffé étant mis, on le remuë continuellement avec une cuillere juſques à ce qu'il ſoit ſuffiſamment rôti; ou dans un Rôtiſſoir de fer, qui eſt fait comme un Tambour, & qui eſt traverſé d'une broche, par le moyen de laquelle on le fait tourner devant un bon feu, ou enfin dans un Rôtiſſoir de fer, qui eſt fait en forme de baſſinoire ayant un couvercle pour le fermer, & un long manche de bois pour le tenir & le mouvoir ſelon le beſoin. De ces trois ſortes de Rôtiſſoirs, le premier ne vaut rien du tout, parce qu'il donne lieu à une évaporation d'eſprits qui ôte toute la bonté du Caffé, de ſorte qu'il n'y reſte plus que les parties terreſtres qui ſont inſipides & indigeſtes.

Le

leur des trois, mais comme on a besoin d'un grand feu pour s'en servir, & que l'on n'y sçauroit rôtir moins d'une livre de Caffé à la fois, sans se mettre au hazard de le brûler, cette espece de Rôtissoir est plus propre aux Marchands Caffetiers qui en font un grand debit qu'aux particuliers, qui n'en preparent que pour leur usage. Je conseille donc à ces mêmes particuliers de se servir du troisième Rotissoir dont j'ai parlé, ils en trouveront l'usage d'autant plus commode qu'il ne demande pas beaucoup de feu, & qu'ils pourront aisément y rostir un seul quarteron de Caffé à la fois. Il faut seulement qu'ils observent de le faire faire plus ou moins grand à proportion de la quantité de Caffé qu'ils veulent rostir dedans, car pour une livre de Caffé, il faut un rotissoir qui ait cinq ou six pouces de profondeur & un pied de diametre, pour une demie livre, il doit avoir quatre pouces de profondeur & dix pouces de Diametre, & pour un quarteron, il suffit qu'il ait trois pouces de profondeur & huit pouces de Diametre. Il faut prendre garde aussi qu'il soit bien fermé, en sorte que les esprits du Caffé ne puissent s'évaporer, & que la fumée du feu ne s'y puisse insinuer non plus. Ce Rotissoir doit avoir une pomme de bois au milieu de son Couvercle, afin qu'on le puisse ouvrir aisément de fois à autre pour voir comment le Caffé rostit, & pour le refermer de même. Du reste il faut avoir
un

un grand soin que le feu ne soit ni trop ardent, ni trop petit, car s'il est trop ardent il brûlera infailliblement le Caffé, & s'il ne l'est pas assez il ne fera que le seicher. Il n'est pas même indifferend de quel feu se servir, celui que l'on fait avec le bois n'y étant pas bon à moins que ce ne soit du bois de Chêne, mais on pourra y employer utilement le Charbon & la Tourbe, pourvû que l'on prenne bien garde sur tout que ce feu ne fasse point de flame, car la flame brûle d'abord le Caffé, & pour peu qu'il soit brûlé, il ne vaut rien.

Quand donc vous voudrez rôtir le Caffé, il faudra premierement observer tout ce que je viens de dire, après quoi vôtre graine ayant été bien mondée & nettoyée de toutes les ordures & superfluitez vous la mettrez dans vôtre Rôtissoir, & la ferez rôtir à un feu raisonnable. Il faut soigneusement la tourner de moment à autre, afin qu'elle rôtisse également par tout, & qu'elle ne brûle point, ce que vous ferez en remuant le Rôtissoir à peu près comme quand on veut tourner une Omelete, ou rôtir des marons dans une poîsle percée. Vous ferez bien aussi d'ouvrir quelquefois le Rôtissoir, sur tout les premieres fois que vous vous en servirez, afin de voir comment vôtre préparation avance, mais il faut ménager ces ouvertures-là le plus que vous pourrez, parce qu'à chaque fois, il se fait une dissipation considerable d'esprits, ce qui est le plus à craindre dans la

torre-

bon, vous le verrez d'abord s'enfler & se rebondir pour le moins du tiers de sa premiere grosseur, & peut-être bien de la moitié. Après cela vous le verrez jetter une sueur abondante qui est son souffre, & prendre une couleur extrêmement tanée & brune. C'est alors qu'il faut le tirer du feu, car si vous attendiez que la sueur fut passée, ou qu'il eût pris une couleur noire, ce seroit signe qu'il seroit brûlé, & il ne vaut plus rien.

On peut rôtir le Caffé dans des Rôtissoirs de Cuivre étamé ou de fer, mais je crois que ceux de fer sont les meilleurs, parce que l'étamûre peut se fondre, & que le cuivre communique au Caffé une méchante qualité, ce que ne fait pas le fer, sur tout après qu'on s'en est servi plusieurs fois à cet usage, & qu'il s'est imprégné des parties Balsamiques du Caffé.

Le Caffé étant rôti à propos & de la maniere requise, il faudra le moudre dans un Moulinet, ou le piler dans un Mortier, mais si l'on n'a pas dessein de le boire tout dans le jour même, il sera bon de n'en piler ou de n'en moudre qu'autant que l'on en voudra boire, parce que le Caffé se conserve beaucoup mieux en féve qu'en farine. Je trouve assez indifferent que l'on se serve pour la pulverisation du Caffé ou du Moulinet, ou du Mortier, car si le Mortier a l'avantage de rendre la farine plus menuë & plus subtile, en récompense il donne lieu à une grande dissipation d'esprits, ce qui n'arrive pas dans le Moulinet. On peut donc se servir de l'un & de l'autre, selon qu'on le trouvera plus à propos pour la commodité ; mais je ne sçaurois approuver la métode de ceux qui après avoir broyé le Caffé dans le Moulinet, en passent la farine au travers d'un tamis, afin disent-ils, d'en séparer le son, car outre que la graine de Caffé ne fait que très-peu de son, parce que sa pelicule est fort déliée, & que ce peu là ne sçauroit nuire en aucune maniere à l'infusion de la farine, on tombe d'ailleurs dans l'inconvenient que j'ai tant recommandé d'éviter, sçavoir de laisser évaporer les esprits du Caffé. On ne sçauroit croire combien ces esprits sont subtils & volatils, & combien facilement ils se détachent de leur masse. Cependant ils font toute la vertu & toute la délicatesse du Caffé, & j'aimerois autant boire de l'eau pure que du Caffé, qui n'a plus ses esprits. C'est aussi pourquoi j'ai dit qu'il étoit bon de le faire rôtir à mesure qu'on le veut boire, car quelque soin que l'on puisse prendre de le tenir serré, & enfermé dans une boîte, il s'en faut bien qu'il soit le même deux jours après, que quand on vient de le rôtir.

On ne doit pas apporter moins de soin & de précaution dans l'infusion du Caffé, que dans sa torrefaction & pulverisation, car autrement toutes les peines que l'on auroit prises auparavant seroient inutiles, & l'on auroit le chagrin de boire de très-méchant Caffé. La premiere chose qu'il faut

faut observer, c'est la netteté de la Caffetiere, la moindre crasse ou ordure étant capable de communiquer son mauvais goût au Caffé. On peut se servir de Caffetieres de fer blanc, ou de cuivre étamé, mais à dire vrai, il seroit meilleur de les avoir d'argent, parce que c'est un métal pur, & qui ne contracte aucune méchante qualité. C'est un avis que je donne aux personnes riches, car je sçai bien que tout le monde ne peut pas faire cette dépense. Ceux donc qui n'en ont pas le moyen, ou qui par d'autres raisons ne jugent pas à propos d'acheter des Caffetieres d'argent, pourront comme j'ai dit en avoir de fer blanc, ou de cuivre étamé, & ne laisseront pas d'y préparer d'excellent Caffé, pourvû qu'ils ayent soin de les entretenir nettes, & neuves. Je dis nettes & neuves, car quand le fer blanc, & le cuivre étamé sont une fois devenus vieux, la roüille & le verd de gris s'y attache d'une telle maniere, que c'est en vain qu'on se force d'y vouloir entretenir la propreté. Le fer blanc en particulier dure très peu, & ceux qui se servent de ces sortes de Caffetieres, ne feroient pas mal d'en changer tous les six mois. Pour les Caffetieres de cuivre, elles peuvent bien durer une année ou même deux, quand on ne s'en sert pas tous les jours, mais il faut les faire rétamer de six mois en six mois au moins, autrement le cuivre communique d'abord son mauvais goût & sa mauvaise qualité au Caffé.

La liqueur du Caffé se peut faire avec l'eau

l'eau ou avec le lait doux, mais l'eau y est plus propre, & l'experience a fait connoître que c'est le veritable vehicule du Caffé. Néanmoins comme le changement plaît en toutes choses, je donnerai ici la maniere de la faire de l'une & de l'autre sorte.

Maniere de preparer le Caffé avec l'eau.

PRenez eau de riviere ou de pluye, faites la bouillir un bon demi-quart d'heure dans un Chauderon de Cuivre étamé qui ne serve qu'à cet usage. Mettez ensuite vôtre poudre de Caffé dans une Caffetiere à Robinets, & versez dessus vôtre eau encore toute bouillante, après quoi fermez bien la Caffetiere afin que les esprits ne s'évaporent point, & laissez reposer le Caffé pendant quelques momens avant que de le tirer pour le boire.

La mesure que vous devez observer dans vôtre preparation, c'est de vingt couppes d'eau pour une couppe de poudre de Caffé, mais il faut qu'elle soit toute comble & foulée avec la main en sorte que l'on ne puisse y en mettre davantage. C'est la mesure que j'ai apprise des Turcs, & sur laquelle ils se réglent toûjours soit qu'ils en fassent peu ou beaucoup.

Obser-

Observations sur cette recette.

1. J'Ai dit qu'il falloit prendre de l'eau de Riviere ou de l'eau de pluye, parce que ses Pores étant plus ouverts & plus propres à recevoir les particules du Caffé, que ceux de l'eau de Fontaine, l'infusion se fait plus aisément, mais si l'on ne peut pas en trouver on pourra se servir d'eau de Fontaine en observant seulement de la faire bouillir un bon quart d'heure.

2. Il est bon de faire bouillir l'eau de pluye, ou de riviere pendant un demi-quart d'heure, & l'eau de Fontaine un quart d'heure entier, parceque cela sert à débarasser les pores de l'eau & à la rendre plus propre à s'impregner des particules du Caffé; mais il ne faut pas la faire bouillir davantage, car outre que dans l'ébulition les particules d'eau les plus pures s'évaporent en fumée, & que les plus grossieres demeurent dans le Vase, il arrive encore un autre inconvenient à cette eau ainsi bouillie, c'est qu'elle devient salée, & par consequent fort mal propre à l'usage dont nous parlons, le goût du Caffé, & celui du Sel ne s'accommodant point du tout.

3. La liqueur du Caffé ne doit pas se faire par Decoction, mais par infusion, en sorte que l'on ne tire du Caffé qu'une simple teinture. C'est pourquoi il ne faut point faire bouillir la poudre ce qui lui feroit perdre sa delicatesse, il faut seulement la faire infuser de la maniere que je l'ai dit. Toutefois

refois au cas que pour plus grande commodité, ou pour avoir plûtôt fait on ne voulût se servir que d'un même vaisseau pour la coction de l'eau, & pour l'infusion de la poudre, il faudroit du moins prendre garde qu'après avoir jetté ladite poudre dans l'eau bouillante, le tout ensemble ne jettât que deux ou trois bouillons au plus, ou pour mieux m'expliquer, il faudroit retirer le Caffé quand il auroit haussé trois fois.

Maniere de preparer le Caffé avec le Lait.

FAites bouillir vôtre lait avec un peu de Canelle & de Cloud de Girofle broyez ensemble, & liez dans un petit linge blanc. Mettez y ensuite vôtre poudre à Caffé & laissez bouillir le tout ensemble pendant quatre minutes ou environ. Otez le du feu aprés cela, & l'ayant laissé reposer tirez le au clair dans vôtre Caffetiere.

La mesure que l'on doit observer c'est d'une Couppe de poudre de Caffé foulée, & comblée, sur trente Couppes de lait.

Autre

Autre maniere de preparer le Caffé avec de lait.

PRenez une couppe de poudre de Caffé foulée & comblée, faites-la infuser comme il a été dit ci-devant dans quinze couppes d'eau de riviere ou de pluye, tirez cette infusion au Clair dans la Caffetiere à Robinets. Ayez en même tems quinze coupes de lait dans lequel vous aurez fait bouillir un peu de Canelle & de Cloud de Girofle, & mêlez le tout ensemble.

Ces deux manieres de faire du Caffé au lait reviennent à une même, à la reserve que dans la premiere, il n'y a que du lait uniquement, & que dans l'autre il y a moitié lait & moitié eau ; mais ce qu'il est bon d'y observer c'est que lorsque vous voulez faire du Caffé au lait sans y mettre d'eau, il faut faire bouillir la poudre du Caffé, parce qu'autrement les particules du Caffé trouveroient trop de peine à s'insinuer dans les pores embarassez du lait, & que néanmoins il n'y faut pas tant de Caffé que lorsque la preparation se fait avec l'eau, parce que le Caffé mêlé avec le Lait augmente son amertume ce qui le rendroit desagreable au goût, s'il y en avoit un trop grande quantité.

Au reste le Caffé se boit ordinairement dans

dans des Couppes de Porcelaines qui viennent des Indes, & comme nonobstant ce qu'il a plû à Monsieur Tavernier & à quelques autres de dire de la Porcelaine, il seroit impossible de tenir la Couppe entre ses mains sans se brûler dans le tems qu'on vient d'y verser le Caffé, & que cependant c'est une liqueur qui doit être bûë, pour ainsi dire bouillante, on a de coûtume de servir ces Couppes sur de petites soucoupes assortissantes qui sont de la même matiere. C'est ainsi que l'on en use chez les Turcs riches ou qui vivent poliment, mais pour ceux du commun ils mettent seulement leur coupe pleine de la liqueur du Caffé dans une autre qui est vuide, & l'on ne le sert point autrement dans les Cahvéannes ou Maisons de Caffé de Turquie. Il y a d'autres Païs où l'on sert le Caffé sur des soucoupes d'argent ou de vermeil, & j'en ai vû de cette sorte dans les Caffez de Marseille qui étoient faites en forme de Cocquilles, & fort propres. J'ai vû aussi des Couppes d'or & de vermeil, dans lesquelles le Caffé prenoit une couleur admirable, mais comme ces coupes-là s'échauffent beaucoup, on ne sçauroit quasi les approcher de la bouche sans se brûler, ce qui en rend l'usage incommode.

Les Turcs ne mettent jamais de sucre dans leur Caffé, ce qui a donné lieu à ceux qui se piquent de s'y connoître le mieux de rejetter le sucre, disant qu'il faut boire le Caffé en Caffé, & que le sucre en ôte toute la delicatesse & toutes les bonnes qualitez.

litez. Pour moi, je ne suis pas de leur sentiment, & comme je suis persuadé que le sucre ne gâte point le Caffé, j'y en mets toûjours. Je ne croi pas même que ce soit le gâter que de mettre dans la Coupe une feuille de fleur d'Orange, ou une petite goute d'eau de Jasmin, de Violette, de Tubereuse, ou d'Ambre; mais il en est de cela comme du sucre, chacun à son goût, & fait bien de le suivre.

Je ne donnerai donc là-dessus aucune regle, & je me contenterai d'ajoûter en faveur de ceux à qui l'usage des Turcs pourroit causer quelques scrupules, par rapport à la santé, que s'ils ne mettent point de sucre dans leur Caffé ce n'est pas qu'ils le croyent nuisible à ses bons effets, mais seulement à cause du Tabac qu'ils fument toûjours en le beuvant, & dont le goût ne s'accommode pas avec celui du sucre. Voilà Monsieur ce que j'avois à vous dire touchant le Caffé. Je suis, Monsieur &c.

De Smirne le .... *Juillet* 1691.

E 5 LETTRE

LETTRE IX.

Les Vaisseaux Barbarois viennent mouiller l'Ancre auprès de Smirne. Quelles gens sont les Soldats Barbarois. Desordres qu'ils commettent à Smirne. Ils tüent trois Matelots François. Grand Commandement du Grand Seigneur obtenu pour reprimer leur Insolence, qui ne fait que les animer d'avantage. Ils assiegent la Maison du Consul François. Brouillerie de ce Consul avec les Capucins. Les Turcs n'ont aucun soin de ce qui regarde l'utilité publique. L'Auteur va visiter un fameux Arabe, qui passoit pour Grand Magicien & trouve que ce n'étoit qu'un Imposteur. Reflexions sur la vanité de la Magie. Entêtement des Turcs sur cela & sur la pierre Philosophale.

MONSIEUR,

Je viens d'aprendre que cinq Vaisseaux Barbarois ont mouillé l'Ancre ce matin à Fosche

Fofche qui est un petit port à l'emboucheu-
re du (a) Golphe. Si cela est, nous devons
nous preparer à ne voir dans les rues que ces
canailles là. C'est une visite que les Francs
ne manquent jamais de recevoir tous les
ans, & dont cependant ils se passeroient
fort bien. Je n'ai point encore vû de quoi
ils sont capables, mais je m'en raporterois
fort volontiers à ce qu'on m'en a dit, & je
voudrois de tout mon cœur n'en venir
point à la preuve. Les desordres qu'ils ont
faits dans cette Ville, sont encore si recens
qu'on ne parle d'autre chose, & comme
rien n'est plus propre à vous faire entierement connoître le dereglement, & la
foiblesse du gouvernement des Turcs, je
vous en ferai le recit en peu de mots.

   Il y a un an presentement que les mêmes
Vaisseaux Barbarois vinrent rafraichir
dans le même port, & comme il n'est
éloigné d'ici que de quatre ou cinq lieues,
& que ce sont des gens sans aucune disci-
pline, il y en avoit toûjours plus de la moitié dans la Ville. Cette Soldatesque est un
ramas de tout ce qu'il y a de Voleurs,
d'Assassins, & de gens Perdus dans toute
l'Afrique, lesquels fuyants la punition
qu'ils ont meritée par mille crimes, se jettent dans ces Vaisseaux où ils trouvent l'impunité pour le passé, & une entiere licence
pour l'avenir, d'où vient que la rencontre
d'un Barbarois, est également apprehen-
dée des Turcs, des Grecs, & des Francs.
Cependant ces derniers sont toûjours ceux
qui souffrent le plus de leurs excès, parti-
culie-

(a) C'est l'Ancienne Phocée.

culièrement depuis le Bombardement d'Alger, qu'ils ne pardonneront jamais aux François, lesquels ils haïssent mortellement pour cette raison, & tout le reste des Francs par rapport à eux.

Deux ou trois jours après qu'ils furent debarquez, deux d'entr'eux firent une querelle d'Allemand dans un Cabaret à un François, qui les voyant venir sur lui avec la gangiare nuë, fut obligé de mettre le pistolet à la main, dont il en blessa un assez legerement, & puis se sauva. D'autres Barbarois étant survenus sur cette entrefaite, se joignirent aux deux premiers, & jurant comme des Demoniaques en marchant dans les ruës, ne menaçoient de rien moins que de tuër tout les François. Le malheur voulut que dans l'excès de leur fureur, ils trouverent trois pauvres Matelots Provençaux, qui sortoient de chez le Barbier, aussi-tôt ils se jetterent sur eux, & après les les avoir traînez par les cheveux, tout le long d'une ruë jusques au Bazar, ils les massacrerent là de cent coups de gangiaire. Le Consul de France éfrayé de cette nouvelle, défendit à ceux de sa Nation de sortir tout le jour, & fit venir des soldats & des armes de dessus les Vaisseaux qui étoient dans le Port pour se garder lui-même, jusques au lendemain qu'il envoya quarante hommes armez de fusils & de pistolets, pour enlever les corps de ces trois Matelots, qui étoient demeurez dans la ruë depuis le jour precedent. Les Barbarois n'en furent pas plûtôt avertis qu'ils se presensenterent pour s'y opposer, mais comme ils n'avoient point d'armes à feu, & qu'ils les craignent beaucoup, ils prirent la fuite dès les prémiers coups qui furent tirez, si bien que les François prirent leurs corps & les emporterent. Cependant le Consul avoit envoyé chez les deux autres Consuls, Anglois & Hollandois, pour leur proposer de se joindre avec lui contre les Barbarois pour la défense commune des Nations, ce que ces Messieurs ne jugerent point à propos d'accepter, vû que les Barbarois ne s'étoient positivement declarez que contre les François, & que sçauroit été s'attirer sur les bras, des gens qui peut-être ne songeoient pas en eux. Effectivement, la suite fit voir qu'ils avoient agi prudemment, car les Anglois & les Flamans, en furent quites pour ne se montrer pas trop dans les ruës, & essuyer quelques paroles insolentes. Ce refus consterna fort le Consul de France, qui avoit compté sur le secours des deux Nations. Cependant il envoya deux Marchands & deux Interprétes, se plaindre au Cadi de la violence des Barbarois, & le prier d'y mettre ordre au plûtôt, faute de quoi il s'en plaindroit à la Porte, & feroit prendre les armes à sa Nation pour repousser leurs insultes. Le Cadi lui fit reponse qu'il n'avoit point de forces en main suffisantes pour les reprimer, & qu'il feroit fort bien de se défendre lui-même s'il pouvoit. Le Consul voyant qu'il n'avoit rien à esperer de ce côté-là, depêcha un exprès à Monsieur de Chateauneuf, lui remontrant

der à la Porte un grand Commendement contre les Barbarois.

Quelque diligence que l'Exprès pût faire, il se passa trois semaines avant qu'il vint, pendant lesquelles les Barbarois continuerent leurs violences contre les François, sinon avec autant de fureur que le premier jour, du moins avec une insolence qui en approchoit beaucoup, frapant les uns, & insultans les autres de propos deliberé. Les Grecs & les Juifs en pâtirent aussi, & tout autant qu'ils en trouvoient avec des babouches jaunes, des haut de chausses longs, ou quelque chose dans leur habit qui n'étoit pas selon les regles, étoient seurs de la bastonnade. Ces marauts disoient, qu'ils vouloient mettre la police dans la Ville, & reformer les abus qui s'y étoient glissez. Un jour entr'autres ils rencontrerent un vieux Drogueman avec le Chacsir à la Turquelque, & lui demanderent en vertu dequoi il portoit cet habillement, & comme il eut répondu que c'étoit comme Interprete de France, ils se jetterent sur lui, & après l'avoir bien batu, lui ôterent son Chacsir & le renvoyerent ainsi. Enfin le grand Commandement arriva, portant défense aux Barbarois sur peine de rebellion, d'avoir rien à démêler avec les François, & ordre au Cadi & à tous les habitans de Smirne de fermer les boutiques, & de leur prêter main forte, au cas que les Barbarois entreprissent de leur faire quelque insulte. Le Consul tout fier de ce Commanréel, le fit notifier au Cadi, & le Cadi aux Barbarois, lesquels bien loin de se ranger à l'obeïssance, prirent de là un nouveau pretexte de s'émouvoir, & commançerent par un Chirurgien à qui ils donnerent trois coups de gangiare, & autant à un autre François. Ils furent ensuite assieger la maison du Consul, à laquelle ils vouloient mettre le feu, si des Jannissaires qu'il avoit assemblez au nombre de quinze ou vingt, ne les en eussent empêchez. Cependant le Cadi voyoit tout cela sans s'émouvoir, & quand le Consul le fit sommer de lui donner aide, il repondit tout net qu'il se tirât d'affaire comme il pourroit, & qu'il avoit assez de peur pour lui même, sans exciter encore les Barbarois contre lui. D'un autre côté les habitans fermoient bien leurs boutiques, suivant l'ordre du Grand Seigneur, mais c'étoit pour s'enfermer dans les maisons, sans oser montrer le nez dehors, & si par bonheur pour les Francs, le Capitan Bacha ne fut venu auec sept Galéres, je ne sçai ce qui fut arrivé. Une si fâcheuse experience fait tout craindre à present qu'ils sont si proches, & d'autant plus qu'on a eu avis de Constantinople, qu'ils y ont encore massacré deux François dans leur maison. Il est vrai que jusques ici les deux Nations Protestantes, n'ont souffert tout au plus que des paroles; mais qui sçait si la fantaisie ne viendra point à ces miserables, de s'en prendre à elles aussi-bien qu'à la Françoise. C'est une chose effroyable que la maniere

dont

Chrétien. D'auſſi loin qu'ils l'apperçoivent, ils mettent la gangiare à la main, & hurlent comme des loups, en criant Alla, Alla, Alla, du même ton que s'ils alloient à l'arambage d'un Vaiſſeau. Alors le meilleur parti qu'on puiſſe prendre, eſt de doubler le pas, & de ſe retirer au plus vîte, car les Turcs n'ont garde de ſe fourrer entre deux, ni de les arrêter, ils les tuëroient eux mêmes.

Voilà, Monſieur, les deſordres inevitables dans un Etat auſſi mal reglé que celui-ci. Le Grand Seigneur à le chagrin & l'affront, de voir trois ou quatre cent coquins, (car il n'y en avoit pas d'avantage,) donner la loi à toute une grande Ville, ſe moquer de ſes grands Commandemens, & lui tuër pour ainſi dire juſques ſur ſa monſtache, des gens qu'il prend en ſa protection d'une maniere particuliere.

Mais laiſſons-là les Barbarois, & diſcourons de quelque autre choſe. J'ai toûjours oublié de vous parler du peu de ſoin que les Turcs prennent de tout ce qui regarde l'utilité & commodité publique; en quoi ils prennent juſtement le contrepied de tous les Etats bien policez. Auſſi ne faut-il pas croire que la poſterité trouve de grands ſujets d'admiration, dans les monumens qu'ils laiſſeront de leur gloire, & de leur puiſſance. Si les Egyptiens, les Grecs, & les Romains, n'avoient pas été plus noblement inſpirez qu'eux, on ne verroit pas aujourd'hui tant de curieux voyager exprès
pour

s, ou decouvrir quelques médailles qui nous en restent. Leurs ruës ne sont pas seulement pavées, & je croi qu'il n'y auroit pas une fontaine dans les Villes, ni un pont sur les Rivieres; si quelqu'un en mourant ne faisoit des legs pour cela. En effet qui est ce qui les feroit construire, ils n'ont ni Communauté, ni Maison de Ville, ni Echevins, ni Bourguemaîtres; & c'est d'où vient que dans toute la Turquie, il n'y a pas un bâtiment public, ni une promenade, & que toutes les Villes sont si mal faites. Chacun bâti comme il l'entend, sans se soucier, si le public en recevra du dommage, parce qu'il n'y a personne pour l'en empêcher. Il n'y a point non plus de postes reglées, ni pour courir, ni pour les lettres. Si vous voulez écrire en quelque endroit un peu éloigné, qui ne soit ni Constantinople, ni Alep, ni le Caire; il faut attendre l'occasion; quelquefois un an, & encore de Smirne à Constantinople, nous n'avons que des Arabes qui vont à pied, & qui sont souvent plus d'un mois sans partir. Jugez par là, combien il y a d'endroits où les nouvelles n'arrivent qu'au bout d'un an. Il y en a même où l'on vit dans une ignorance si entiere de ce qui se passe, qu'il y a tel Turc qui ne sçait pas le nom du Grand Seigneur Regnant, & même dans les lieux de plus grand Commerce, comme à Smirne, on y sçait à peine les évenemens les plus considerables. Cela vient de ce qu'on n'y debite aucun Livre, ni Gazette, ni Memoires

moires sur les affaires du tems. Je ne crois pas même qu'il y ait dans toute la Turquie aucun homme capable d'en faire, non que les Turcs soient d'un esprit naturellement plus grossier que les autres hommes, mais parceque les Lettres ne sont pas à la mode dans leur Païs, & que l'étude de la Magie leur donne du degoût pour toute autre Science:

Je croirois aisément qu'ils ont tiré cette fantaisie des Arabes, qui sont aussi extrémement adonnez à la Magie, & je vous en ai déja dit quelque chose; mais il y a plus d'apparence qu'ils l'ont heritée de leurs prédécesseurs Orientaux, car vous sçavez, Monsieur, que de tout tems l'Orient a été la partie du Monde où la Magie a regné le plus souverainement, & le plus generalement. Les Medes l'honoroient, les Perses la reveroient, & les Grecs l'aimoient, que dis-je, ils en étoient passionnez. Ce furent eux qui l'apporterent à Rome aussi bien que la Medecine & l'on ne sçauroit dire, combien ces deux Arts trompeurs y firent de progrès. La Magie en particulier y fut regardée comme une des plus saintes parties de la Religion, & la superstitieuse fureur des Romains alla jusques à sacrifier les hommes dans leurs Misteres Magiques. Cela dura même pendant plusieurs Siécles, & ce ne fut que l'an 657. de la fondation de Rome sous le Consulat de Cneus Cornelius Lentulus, & de Publius Licinius Crassus que ces Sacrifices horribles furent abolis. Je sçai

çai que dans les Principes où vous êtes, vous hausserez les épaules, & vous écrierez avec admiration, qu'il faut que les hommes aiment bien l'erreur, pour s'abandonner à des excès aussi extravagants, & aussi inhumains que ceux là, & vous aurez peut-être raison. Mais sans avoir dessein d'entrer dans la question, sçavoir si la Magie est absolument fausse & vaine, ou s'il y a quelque chose de solide & de réel en ce qu'elle enseigne, je ne laisserai pas de vous dire que je ne trouve rien que de fort naturel dans la curiosité, & dans l'attachement qu'elle a donné à la plûpart des Nations du Monde. La Magie embrasse justement les trois choses ausquelles les hommes donnent le plus de croyance, & pour lesquelles ils ont naturellement le plus de veneration. La Medecine qui les doit guerir & faire vivre, la Devination qui leur doit apprendre l'avenir, & la Religion qui doit leur attirer la protection de la Divinité. Après cela faut il être surpris de ce qu'elle a été si recherchée, ou pour mieux dire, ne faut-il pas s'étonner de ce qu'elle l'est aujourd'hui si peu? Pour moi, je ne fais point difficulté de dire que cela ne vient que de ce que la plûpart des hommes ne trouvent pas l'occasion de s'en instruire, ou qu'elle est d'une étude plus mal-aisée qu'on ne pense. Combien de Princes également puissans & méchans l'ont tenté sans y pouvoir réüssir? Neron qui l'avoit étudiée avec tant de soin & de confiance sur les leçons de Tiridates Roi
d'Arme-

d'Arménie, fut pourtant enfin contraint de reconnoître qu'il y avoit perdu son tems, & bien d'autres après lui ont fait le même aveu. Il ne manque pas de gens au Monde qui veulent bien se damner, car on en voit tous les jours qui pour une piéce de pain hazardent joyeusement le paquet, que ne feroient ils donc point pour des avantages aussi grands que ceux que la Magie promet ? Mais je ne sçai, il semble que les Esprits immondes n'agréent pas à toutes sortes de gens, & qu'ils fassent choix entre ceux qui veulent pactiser avec eux. Il semble même qu'ils ne traitent plus avec personne que par maniere de mocquerie, la plûpart de ceux qui se disent aujourd'hui Magiciens, ou que l'on croit tels, n'ayant pas le pouvoir de se tirer du miserable métier de Berger, au lieu qu'autrefois c'étoient des hommes redoutables qui commandoient pour ainsi dire à la Nature. Tout cela me surpasse, je l'avouë, mais particulierement ce que l'Ecriture dit en en vingt endroits des Magiciens & de leur Art; car enfin s'il étoit veritablement permis au Diable de changer la forme des Etres, de tuer ce qui seroit vif, & de vivifier ce qui seroit mort, que deviendroit le Monde ? & d'un autre côté, si l'on ne veut pas croire l'Ecriture Sainte, que croira-t-on ?

Ces considerations m'ont souvent inspiré la curiosité de connoître quelqu'un de ces Magiciens dont on raconte tant de merveilles, afin de tâcher à m'instruire

par

conciliations que l'on pourroit recevoir là-dessus, & comme il y en a ici un fort celebre, je n'ai pû m'empêcher de le visiter, mais j'ai été si peu satisfait de son entretien que ce n'est pas la peine de vous en faire la Relation.

J'ai vû aussi en cette Ville un Peintre François, nommé Monsieur le Brun, qui a quitté la Palete & le Pinceau pour le Grimoire. Il s'est mis dans l'esprit de devenir Devin, & cette fantaisie qui l'a porté à dépenser tout ce qu'il pouvoit avoir au monde pour faire traduire des Livres Arabes qui traitent de la Devination, le porte encore à pratiquer journellement cette Science suspecte en faveur de ceux qui le viennent consulter, & voici comment il s'y prend. Il a deux Osselets à huit faces sur chacune desquelles il y a un petit caractere gravé. Quand on l'interroge pour sçavoir quelque chose, il jette ses Osselets & prenant les deux figures qui viennent au gré du hazard sur la surface, il en fait plusieurs combinaisons multipliées par certains nombres, ce qui lui produit ensuite une autre figure ou caractere laquelle il cherche dans son livre, après quoi l'ayant trouvée, il donne pour réponse ce qu'il y trouve écrit ; de sorte que le sort des Dez est le principe de toute sa Devination. Vous jugerez bien par là que ses réponses ne doivent être gueres justes ; aussi ne le sont-elles presque jamais, & je me suis souvent servi de cette raison pour le desabuser

loin de tomber d'accord de ce que j'ai pû lui dire là-deſſus, il m'a toûjours repliqué, que c'eſt à ſon ignorance propre qu'il s'en faut prendre quand il ne devine pas bien, que quant à la Science en elle-même, elle eſt ſolide & veritable, & qu'une preuve de cela, c'eſt qu'encore qu'il ne ſoit pas habile homme, le livre ne lui répond jamais de travers, ni hors de propos, quand il le conſulte ſur quelque choſe. Je doutois au commencement de ce fait, mais il m'en a fait voir la verité tant de fois, en jettant ſes oſſelets devant moi, qu'à la fin j'en ai été convaincu moi-même avec quelque ſorte d'étonnement.

Les Turcs ont encore l'entêtement de la Pierre Philoſophale ou du Grand œuvre, & un Turc de ma connoiſſance m'a ſouvent raconté que deux Dervichs Perſans paſſant il y a quatre ans à Conſtantinople, & ayant logé & mangé pendant quinze jours chez un particulier, convertirent en ſa preſence un plat de cuivre en très-bon argent dont ils retinrent une moitié pour eux, & dont ils lui donnerent l'autre pour ſon payement, avec un petit paquet d'une certaine poudre de laquelle ils s'étoient ſervis pour cette belle operation. Il ajoûte que le Viſir Iſmaël qui vivoit alors en ayant fait l'épreuve, & l'ayant trouvée fort bonne, la mit entre les mains des plus habiles Chimiſtes pour l'analiſer, & en faire de pareille, mais qu'ils ne pûrent jamais en venir à bout. Celui de qui je tiens

homme & je le croi tel, mais avec cela, je ne vous conseillerois pas de faire un fond assûré sur son rapport en cette occasion. Ne vous ai-je pas dit que c'est le foible des Turcs de raconter toûjours & d'admirer toûjours. D'ailleurs, la Pierre Philosophale ou la maniere de faire l'or & l'argent a donné lieu à tant de fausses histoires de la nature de celles que je viens de vous raconter, que l'on ne sçait plus lesquelles on doit croire. Vous sçavez ce que l'on a prétendu prouver il y a long-tems, par le cloud moitié fer, & moitié or, que le Grand Duc de Toscane conserve en son cabinet, cependant il a disparû, je ne sçai comment, & on ne le montre plus. Cardan écrit d'ailleurs qu'environ l'an 1547. un Apotiquaire de Trevise convertit de l'argent en or en presence de la Seigneurie de Venise, & Villamont en ses Voyages assure y avoir vû environ l'an 1590. un Cipriot appellé Athonio Bragadino, qui avoit le secret de faire de l'or, pour ainsi dire autant qu'il vouloit, & qui en effet en avoit fabriqué pour cinq cens mille écus en moins d'un jour devant le Doge & devant quarante Senateurs députez pour être presens à son operation; mais on apprend du Mercure Bello Gallique que tout le fait de Bragadin n'étoit que Magie, & qu'il fut décapité à Munic l'an 1597. Le Jurisconsulte Oldradus dit aussi avoir lû dans un Commmentaire de Jean André au titre *De falsis* que de son tems il avoit vû à Rome

un

faisoit de petits lingots de très-bon or, & qui les vendoit publiquement. Montconis dit la même chose de deux ou trois personnes, & se vante en ses Voyages d'avoir en main quelques pieces d'or factisse frappées par ordre & au coin du Roi de Suede. Vingt autres Historiens ou Philosophes, dont les noms ne se presentent pas à ma memoire en disent autant, & un plus grand nombre encore ont écrit & donné des préceptes pour ce grand œuvre, mais je n'en sçai aucun qui ait dit de l'avoir fait lui-même, ou seulement de l'avoir vû faire. Notez s'il vous plaît au reste que par le mot d'aucun, j'entends aucun veritable Philosophe, car d'ailleurs, je n'ignore pas que de tout tems on a vu des Charlatans assez effrontez pour se vanter de posseder ce rare secret. Messieurs de Geneve pourroient bien nous en dire quelque chose, puis, qu'ils y ont été attrapez par deux fois, mais ils ne sont pas les seuls à qui ce petit malheur soit arrivé, & il n'y a gueres de Souverains au Monde dans l'Histoire de qui l'on ne put bien remarquer quelque chose de semblable. Ce qui vient de ce que l'on se flate aisément sur les choses dont on espere tirer un grand avantage. Tous les Princes ne sont pas aussi avisez que le fut le Pape Leon X. dans une occasion de cette nature. Un nommé Augurel lui ayant presenté un jour un beau livre bien relié, & bien doré qui avoit pour titre *la Chrisopée* ou l'Art de faire l'or, ce Pape lui

…ui …ner …our recompen…e une grande Bourſe de Satin, lui diſant que puis qu'il ſçavoit ſi bien la maniere de faire l'or, il n'avoit plus beſoin que de ſacs pour le mettre. Mais il faut que je vous raconte là-deſſus une choſe qui ſe paſſa il y a quelques années entre un Marquis François que vous connoiſſez bien, & un de ces Philoſophes extraordinaires. Ce Philoſophe, ou ſi vous voulez ce Charlatan s'étoit adreſſé à lui pour lui faire part de ſon merveilleux ſecret lequel, diſoit-il, devoit le rendre le premier Monarque du Monde. Il ne lui faloit ſeulement que huit jours de travail, avec certaines drogues qu'il attendoit de Moſcovie, après quoi le Marquis n'avoit qu'à chercher quelque Royaume à acheter, ou à conquerir. Le Marquis étonné d'une propoſition ſi peu attenduë, conſidera ſon homme depuis la tête juſqu'aux pieds, & ne voyant rien en toute ſa perſonne qui ne repreſentât la miſere même, il ne pût s'empêcher de lui marquer la ſurpriſe où il ſe trouvoit de ce qu'un homme ſi habile, & qui pouvoit faire la fortune à tant de gens, gardoit néanmoins la pauvreté pour lui, & ſe refuſoit un habit qui fut au moins aſſez entier pour couvrir ſa nudité. Mais cette difficulté ne fut point capable d'embaraſſer le Philoſophe. Il ſe tira d'affaire par le raiſonnement ordinaire à ſes Confreres; qu'il faloit que les enfans de la Science marchaſſent ainſi ſur la terre avec humilité, de peur qu'un Roi ou Prince venant à les découvrir

couvrir ne es t en r
teau, & ne les contraignit de leur faire de l'Or qui ferviroit dans la fuite à entretenir des Guerres injuſtes leſquelles rempliroient tout le Monde d'horreur & d'effroi, & que pour lui il ne vouloit point avoir de part à tous ces malheurs. Le réſultat de tout cela fut que ce Seigneur avança pour quelques piſtoles d'or au Philoſophe qui par le moyen de ſa poudre de projection le fit augmenter d'un quart, en vertu de quoi il demanda nouvelles Finances. Mais le Patron qui étoit auſſi fin que le Charlatan s'en défendit, diſant qu'il n'en avoit point pour lors, qu'il en attendoit chaque jour, & que cependant il pouvoit travailler ſur celui qu'il avoit déja. Voilà donc le Philoſophe une ſeconde fois en beſogne, & pour la ſeconde fois il ſe trouva une pareille augmentation. Cela continua ainſi quatre fois au bout deſquelles le Philoſophe voyant que nonobſtant la production viſible de ſon or, il n'y avoit pas moyen de tirer un ſou davantage de l'obſtiné Marquis qu'il avoit choiſi pour Dupe, il ſe retira doucement ſans lui dire adieu, & emporta avec lui tout l'or qu'il avoit travaillé.

Par tout ce que je viens de dire, je ne prétends pas inſinuer que la Chimie, ni même la recherche du grand Oeuvre ſoit folie ou charlatannerie, car je ne veux point juger de ce que je ne connois pas, & qui croiroit, ſi nous ne le voyons, que les cailloux & les Fougeres, puſſent ſe trans-

rans ormer en verre. on but e onc
seulement de faire voir en passant que
beaucoup de cerveaux mal-timbrez & de
Charlatans s'en mêlent. Je vous sou-
haite toute sorte de bonheur, & suis,
Monsieur, &c.

De Smirne le .... Août 1692.

LETTRE X.

Histoire de Mahomet Quatrième Empereur des Turcs. Il perd la Bataille de Herſan. L'Armée ſe revolte contre lui. Il eſt depoſé par les Grands de l'Empire. Soliman ſon frere eſt élû en ſa place. Le Kaïmacam ſe veut ſauver dans un Vaiſſeau François. Il s'enfuit vers la Mer Noire. Sa priſe & ſa mort. Terribles deſordres dans Conſtantinoples. Sedition contre Soliman, qui ſe retire à Andrinople. Belgrade pris. Le Prince de Bade remporte trois ſignalées Victoires ſur le Turc. Le Vizir Iſmaël depoſé. Kopergli Oglou mis à ſa place. Il eſt tué à la Bataille de Salankement. Propoſitions de Paix. Mort de Soliman. Acmeth ſon frere eſt élû. Mort de Muſtafa Aga & ſon Hiſtoire.

Monsieur,

Vous m'avez demandé un abregé de la Vie de Soliman, Empereur des Turcs mort le 23. Juin dernier, auquel à ſuccedé Acmeth ſon frere puiſné, c'eſt a quoi, Monſieur, je vais employer cette Lettre,

mon

tion plus loin.

Acmeth, aujourd'hui regnant, Soliman dernier mort & Mahomet Sultan depofé, étoient freres, & fils de Sultan Ibrahim, qui fut étranglé au Château des fept Tours, par une fedition de Janniffaires, telle qu'il en arrive tous les jours ici. Mahomet qui étoit l'aîné, quoique fort jeune encore, fut declaré Empereur par les foins de la Sultane fa Mere, & du fameux Vizir Kopergli qui lui devoit fa fortune, & qui tant qu'il vécut s'attacha à fon fervice avec une fidélité inviolable. Le regne de ce Prince ne fut pas heureux, car fans parler du grand nombre de terribles feditions, qui le firent trembler tant de fois, & par l'une defquelles il a été enfin detrôné, il perdit plufieurs Batailles confiderables contre les Venitiens, & ne fut pas plus fortuné en Hongrie, d'où le Duc de Lorraine l'avoit prefque entierement chaffé. Les Turcs qui font les gens du monde les moins traitables fur les mauvais fuccès, & qui croyent fort à une certaine prédeftination touchant la perfonne de leurs Empereurs, de laquelle ils prétendent que celle de leur Empire depend, s'étoient mis dans la tête que tandis que Mahomet feroit Sultan, il ne leur arriveroit que du malheur, & les Grands fe fervant de cette opinion pour parvenir au but de leurs deffeins, ne cherchoient depuis long-tems qu'une pretexte favorable pour s'en prevaloir. Les mauvais fuccès de la Campagne de quatre-vingt fept ne leur

ourirent que trop, mais particulierement la perte de la fameuse Bataille de Hersan, où les Imperiaux leur tuerent dix mille hommes, gagnerent la Caisse militaire, avec 90 piéces de canon, & pillerent tout le camp, ce qui joint à ce que le Comte de Dunevalt s'étoit rendu maître du Pont d'Essec, immediatement après la victoire, avoit irrité les esprits au dernier point. Le Grand Visir qui avoit commandé en personne craignant le sort ordinaire aux Vizirs qui perdent une Bataille, en rejetta la faute autant qu'il pût sur les Generaux qui commandoient sous lui, & cherchant à prévenir de bonne heure ses ennemis, il porta le Grand Seigneur à les faire mourir. L'ordre en fut effectivement donné, mais la partie étoit déja faite tant contre le Vizir que contre le Sultan lui-même, de sorte que tous les Grands de l'Armée ayant à leur tête Chiaoux Pacha la firent revolter, & marcherent vers Constantinople, dans le dessein de deposer Mahomet, & d'élire Soliman en sa place. Cette nouvelle porta la frayeur dans l'ame du Sultan, qui ne sachant point d'autre remede, que de ceder à la violence des Rebelles destitua son Grand Vizir; & envoya le cachet Imperial à Chiaoux Pacha, se flatant que son ambition étant satisfaite par là, il rentreroit dans son devoir. Il en arriva pourtant tout autrement, car le Chiaoux declara qu'il ne le recevroit point, qu'auparavant on n'eut fait mourir le Vizir, le Testedar, le Douannier, le Caïmacam, & quelque autres
qu'il

qu'il nommoit, & qui étoient justement les seuls fidéles Serviteurs du Sultan; aussi balança-t-il long-tems sur cette proposition, sachant bien qu'en signant la mort de son Vizir, il signoit la sienne, ou au moins sa deposition. Cependant il s'y resolut à son grand regret, & l'ayant fait étrangler, il envoya sa tête à Chiaoux Pacha, dont l'insolence se trouvant animée par cette condescendance, il se plaignit avec audace de ce qu'au lieu de vingt têtes qu'il demandoit, on ne lui en envoyoit qu'une, disant que c'étoit bien une marque du peu d'envie qu'on avoit de pacifier l'Empire, & renvoya ainsi avec mépris ceux qui étoient venus de la part du Grand Seigneur. Sur cela le Sultan craignant tout, sacrifia tout, & envoya ses plus fidéles Serviteurs prisonniers à Chiaous Bacha, lesquelles fit massacrer inhumainement au milieu de l'Armée. Cette derniere violence fit connoître au Sultan qu'il n'y avoit plus rien à esperer du côté de la douceur, & que sa perte étoit resoluë. Aussi-tôt la frayeur s'emparant de son esprit, il se détermina à faire mourir ses freres, & ses fils. Je vous ai déja dit ailleurs, que la Religion des Turcs leur inspire un certain respect pour le sang Ottoman qui a toûjours prévalu au milieu des plus terribles seditions & qui les anime d'une telle sorte que le dernier d'entr'eux mourroit plûtôt que de souffrir qu'on élevât quelqu'un sur le thrône au prejudice des Princes de cette maison, c'est pourquoi la plûpart des Empereurs

pouvoir Souverain leur a été mis en main, afin de se delivrer par là d'autant de Concurrens à l'Empire, Sultan Amurat Oncle de ces derniers Empereurs ici, traita de cette maniere tous ses parens & ses freres, & si la Sultane Validé ne s'étoit hazardée par une tendresse maternelle, à lui cacher le dernier qui fut Ibrahim, cette race seroit aujourd'hui faillie.

Pour ce qui est de Mahomet Quatriême dont je vous décris le malheur & la disposition, il n'avoit pourtant pû se resoudre à suivre cette cruelle maxime. Il avoit conservé la vie à Soliman & à Achmet ses freres contre le sentiment de la plûpart de ses Conseillers qui lui disoient sans cesse, qu'il ne seroit jamais bien assûré sur le Thrône tandis qu'ils vivroient, & l'événement a fait voir qu'ils ne se trompoient pas, car n'ayant pas voulu les ôter du monde quand il le pouvoit, il ne le pût plus quand il le voulut. Le Bostangi Bachi qui étoit du nombre de ceux qui avoient conspiré contre lui, les avoit fait évader & transferer au vieux Serail sous une bonne garde, qui se moqua du Sultan quand il se présenta pour y entrer avec quelques-uns de ses Serviteurs. Il est vrai qu'il avoit attendu trop tard, car les Troupes étoient déja dans Constantinople & aux environs, lorsqu'il s'avisa d'avoir recours à cet expedient. Toute la nuit les Grands tinrent Conseil dans Ste. Sophie, dont le resultat fut de mettre Soliman sur le Thrône le même jour, il fut declaré Empereur, avec des aclamations extraordinaires. Mahomet fut ainsi deposé, & Soliman qui se trouva n'être pas plus sanguinaire que lui, ordonna qu'il fût puni du même supplice qu'il lui avoit fait souffrir, l'espace de tant d'années. Lorsque le Capigi Bachi fut lui en porter la nouvelle, il le trouva sur le Sofa beuvant le Caffé, avec une tranquilité plus grande qu'on n'auroit pû vrai-semblablement en attendre de lui dans une telle conjoncture. Il se rendit sans faire la moindre resistance, & ne dit autre chose sinon, *qu'il étoit impossible de s'opposer aux decrets du Ciel, & qu'ayant été ainsi predestiné il falloit qu'il arrivât ainsi.*

Cependant le Caïmacam, que Sultan Mahomet aimoit beaucoup, n'ayant pas été du nombre des malheureux qu'il avoit envoyez à Chiaoux Bacha, ne vit pas plûtôt les affaires dans un état à ne pouvoir être redressées, qu'il tâcha de prevenir par la fuite une mort assûrée. Il s'embarqua la nuit sur un Caïque avec un seul Valet, & ne trouvant point de retraite plus sûre pour lui que la Chrêtienté, il vint à bord d'un Vaisseau François de la Ciotat, au Capitaine duquel il offrit vingt mille Sequins d'or, pour le sauver en partant dès la nuit suivante. Une somme si considerable tentoit fort le Capitaine, & j'ai sçû depuis par sa propre bouche qu'il l'auroit volontiers acceptée, si ce n'est que le Caïmacam avoit eu l'imprudence de dire son veritable nom aux Matelots qui avoient la garde, & qui à cause

voulu le laisser aborder du ai cau avant qu'il se fût nommé. Or comme cette declaration avoit donné connoissance de ce qu'il étoit à tout l'Equipage, le Capitaine ne crut pas devoir s'embarasser dans une affaire qui ne pouvoit avoir que des suites funestes pour lui, si elle venoit à être découverte, de maniere que l'infortuné Ministre fut contraint de prendre un autre parti. Il se sauva donc du côté de la Mer Noire, mais il ne tarda guéres à être reconnu par la grande quantité d'argent qu'il avoit avec lui, ainsi il fut ramené à Constantinople où on lui coupa la tête. Cent autres Bachas eurent le même destin que lui, & le Grand Visir faisant rage sous le nouveau gouvernement, remplit tout Constantinople de sang & de carnage. On ne voyoit que meurtres dans les ruës, les Janissaires & les Spahis tuant chacun de leur côté, de maniere que ceux qui se levoient le matin ne sçavoient pas s'ils se coucheroient le soir. Les Francs sur tout trembloient de peur qu'on ne s'en prît à eux, & dans cette crainte les Ambassadeurs faisoient faire une grosse garde chez eux. Tous les Vaisseaux d'une autre part s'étant mis en Mer, se joignirent ensemble, Anglois, François, Hollandois, & Venitiens, bien resolus de se défendre jusques à la derniere extremité, au cas qu'on les vint attaquer; mais heureusement cela n'arriva point, & quoique l'on n'eût jamais vû de sedition aussi sanguinaire que celle-là, elle ne s'étendit pas

jus

appaisée, mais ce ne fut pas pour long-tems, & dès le mois de Mars suivant, il en survint une autre peu moins fâcheuse que la premiere. Celle-ci fut contre le nouveau Sultan, que tout le monde commençoit à regarder comme un Prince fort incapable de regner, & en effet on ne se trompoit pas de beaucoup. Comme il avoit passé toute sa vie dans une étroite prison où il n'avoit eu pour toute conversation que des livres, les affaires lui étoient entierement inconnuës, jusques-là qu'il ignoroit les choses les plus communes. Vous jugez bien par là que la meilleure qualité qu'on pouvoit exiger de lui, étoit de se laisser absolument conduire par ses Ministres. Il est vrai qu'on peut dire qu'il la possedoit parfaitement, car tant qu'il a véçû il n'a rien fait par lui même, hors de conserver la vie à ses freres qu'on lui a plusieurs fois conseillé de leur ôter, particulierement dans cette occasion où les rebelles ne tendoient qu'à remettre Mahomet sur le Thrône. Il s'en fallut même bien peu qu'ils n'y reussissent, car le Visir fut massacré chez lui, par les Jannissaires Auteurs de la revolte. Mais le Sultan ayant fort à propos fait arborer l'Etendart de Mahomet, les Spahis, les Leventis, & le Peuple, vinrent à son secours, & mirent les Jannissaires à la raison. Ainsi le desordre cessa, & le Bacha de Natolie, qui étoit le Chef des Rebelles, fut obligé de demander grace. On pendit aussi ceux qu'on pût

F 6   attra-

attraper des setitieux jusques au nombre de plus de cinq cens, mais cela ne remit pas en état un quart de la Ville, & plus de vingt Galéres ou Sultanes, qu'ils avoient brûlées. Je passe par-dessus tout cela le plus legerement que je puis, parceque je ne doute pas que vos journaux publics ne vous en ayent fait des relations, & que je ne vous donne celle-ci que pour vous instruire de ce qui peut n'être pas venu à vôtre connoissance.

Comme tout étoit alors dans une étrange combustion, & que les Leventis attirez par le pillage, ne cherchoient que des sujets de desordre, il en vint une grosse troupe au Palais de Monsieur l'Ambassadeur de France, qui amenerent avec eux, je ne sçai quel miserable Grec, & qui demanderent fort insolemment à Monsieur de Girardin qu'il le reçût pour Drogueman. Monsieur de Girardin voulut d'abord faire le ferme, & dire qu'il n'avoit point besoin de Drogueman & qu'il n'en vouloit point prendre de leur part ; mais voyant qu'ils commençoient à faire les méchans, il se rendit plus complaisant, & reçut prudemment leur Drogueman, sauf à le chasser après que le tumulte seroit appaisé.

Les troubles finis, Soliman se retira à Andrinople, ne se trouvant pas en sûreté dans une Ville qui devient la prison d'un Sultan à la premiere revolte ; & depuis ce tems-là il n'y a point demeuré. Il donna l'anneau Imperial à un certain Ismaël Pacha homme sans experience des affaires, &
qui

qui n'avoit rien de recommandable en lui que la faveur de son Maître: aussi pendant son administration les choses allerent très mal. Plusieurs Bachas se cantonnerent & formerent chacun son parti. Les uns étoient dans celui de la Sultanne Mere de Mahomet, qui vouloit remettre son Fils sur le Thrône, les autres s'étoient declarez en faveur d'un certain Jeghen Bacha qui se disoit de race Ottomane, quelques-uns ne reconnoissoient ni les uns, ni les autres, ne voulant dependre de personne, & tous en general, refusoient de se soûmettre au gouvernement present.

Pendant ce tems-là l'Empereur fit très-bien ses affaires. Les Duc de Baviere prit Belgrade d'assaut, & le Prince de Bade d'un autre côté, après avoir battu le Bacha de la Bossine se rendit maître de toute cette Province, mais l'année suivante fut signalée par des victoires encore plus glorieuses, car le Prince de Bade qui commandoit cette année en Hongrie, en remporta trois consecutives, comme je pense vous l'avoir déja dit, la premiere auprès de Passarowitz, où les Turcs perdirent sept mille hommes, cent pieces de Canon, toutes leurs Bombes, Carcasses, Mortiers, Poudres, Tentes, &c. La seconde auprès de Nissa, où le Serasquier qui commandoit en personne ne pût empêcher la perte de tout son Canon, de ses Chevaux d'Artillerie & de huit mille hommes. Et la troisiéme auprès de Widin, dans le fort de laquelle on remporta la Ville d'assaut, outre celles

celles de Niſſa, Zwornick, Nowigrath, Arſſowath, & pluſieurs autres que le Prince de Bade avoit priſes, & qui donnoient une libre entrée dans la Bulgarie, dans la Macedoine, & dans la Romanie; de sorte que si les choſes avoient toûjours ainſi continué, il eſt ſûr que les Imperiaux fuſſent bientôt venus à Conſtantinople. Le Bacha de Scio Kopergli Oglou arrêta tous ces Progrez, car ayant été revétu de la Dignité de Vizir à la Place d'Iſmaël, les affaires prirent d'abord un face toute nouvelle entre ſes mains. Je vous ai parlé dans une de mes precedentes Lettres des heureux ſuccès des Armes Ottomanes pendant l'année derniere, c'étoit à ſa valeur & à ſa bonne conduite que l'Empire en étoit redevable, & l'on peut dire que si ce grand homme n'avoit point été tué à la Bataille de Salankement, comme il le fut, les Chrétiens avoient tout ſujet de craindre une fâcheuſe revolution de Fortune à moins toutefois qu'ils n'euſſent fait en ſorte de la prevenir par une bonne Treve; mais cette Treve étoit en ſi bon train lors de ſa mort que personne ne doutoit qu'elle ne ſe fît bientôt. Comme il n'étoit point animé de ce vil amour des richeſſes, qui poſſede tous ceux de cette Nation, & que contre la maxime des autres Viſirs, il faiſoit ſon propre interet de celui de l'Etat, il s'y portoit très volontiers. Il avoit eu ſur ce ſujet beaucoup de converſations avec Monſieur Collier Ambaſſadeur de Hollande, lequel il écoutoit d'autant plus agreablement qu'il étoit informé

formé de son merite, de sa capacité, & de sa suffisance dans les Negociations, & cet habille Ambassadeur avoit sçû le mettre en des dispositions, qui sans doute auroient eu de bonnes suites, si la mort ne l'avoit enlevé du monde comme on étoit sur le point de conclurre. C'est tout vous dire, que les Articles étoient presque tous decidez, ne restant que très peu de chose à resoudre, & que sur cela l'Empereur avoit donné pouvoir au Prince de Bade de signer le Traité, & avoit nommé les Comtes Kinsky, & Stratman pour l'assister. Le Roi de Pologne de son côté avoit envoyé un Plenipotentiaire, & la Republ. de Venise pareillement, enfin nous étions tous les jours dans l'attente des heureuses nouvelles de la paix, mais au lieu de cela nous apprimes la terrible Bataille de Salankemen, dans laquelle le Vizir ayant été tué tout des premiers, & un moment après le Janissaire Aga, le Serasquier, & dix autres Bachas de marque, les Turcs prirent la fuite avec une telle épouvante, que de memoire d'homme il n'en a point été une si pitoyable. Ils perdirent vingt mille d'hommes & plus, tout leur Canon, tout leur bagage, & generalement tout ce qu'ils avoient dans leur camp. Personne ne doute que la perte de cette Bataille ne determine entierement les Turcs à la Paix, & la grande estime où est ici Monsieur Collier, Ambassadeur des Etats contribuë beaucoup à le faire juger ainsi, parce qu'on suppose que toutes ces affaires là lui passeront entre les mains.

Voilà

Voilà ce que l'on croit & ce que l'on dit. J'y ajoûterai qu'on lui rend justice, & qu'en effet c'est peut-être l'homme du monde le plus propre pour la Negociation dont il s'agit. Il connoît pour ainsi dire d'origine tous les Grands de la Porte depuis le premier jusqu'au dernier, leur humeur, leurs brigue, & leurs interêts. D'ailleurs comme il est fils d'Ambassadeur, & né dans l'Ambassade, & dans les affaires, elles lui sont devenuës si naturelles, qu'il les traite avec une facilité & un bonheur qu'on ne sçauroit aquerir que par une longue residence en cette Cour accompagnée d'une assiduité égale à la sienne.

Insensiblement, Monsieur, je me suis éloigné de nôtre sujet; mais j'y reviendrai aisément. Je crois que vous n'exigez pas de moi une histoire dans les formes, ainsi vous me pardonnerez bien les disgressions où je m'écarte quelquefois. Retournons donc à l'Empereur Soliman. Il mourut le vingt-deuxième Juin dernier, les uns disent de mort naturelle, & les autres d'un poison qui lui fut donné par la Sultane mere de Mahomet. Cette derniere opinion est la plus communément reçuë, & je m'y rangerois aussi, si cette mort avoit eû quelques suites en faveur de Mahomet; mais on n'a pas vû que les Grands ayent fait le moindre mouvement pour le remettre sur le Thrône. Acmeth a été élû sans contestation, & avec une certaine tranquilité qui n'est guéres ordinaire en ce païs ici. Les commencemens du Regne de ce Prince

ne

ne lui en promettent pas un fort heureux puisque dès le premier mois il a perdu cette grande & fameuse Bataille de Salankemen dont je vous ai parlé, & s'il faut dire ce que j'en croi, il ne blanchira pas sur le Thrône quoi qu'il ait déja quarante huit ans. Les Turcs l'ont encore en moindre consideretion que Soliman, dont le regne a pourtant été traversé d'une revolte pour ainsi dire perpetuelle, & dont les accès & les redoublemens ont été si terribles.

La mort du Vizir Kopergli a été suivie comme à l'ordinaire de plusieurs changemens dans les Charges, & du meurtre de quantité de Grands, entr'autres de celle d'un certain Mustafa Aga, que j'avois connu à Constantinople. Il étoit de Livorne en Italie, d'une famille Bourgeoise qui n'étoit pas riche. Il avoit été pris par les Turcs au Siege de Candie, & avoit renié la Foi à la sollicitation du Grand Vizir, qui lui ayant reconnu de l'esprit, avoit envie d'en faire quelque chose. Mustafa qui de son côté, ne cherchoit que les occasions de faire fortune, se donna avec bien de la joye au service d'un homme qui pouvoit le rendre Grand Seigneur, & soit par reconnoissance ou par politique, il s'étoit depuis attaché à la fortune de cette Maison. Le Vizir Kopergli Oglou dernier mort étoit encore son Patron, & l'avoit élevé sur le *Tophana*, ou la Fonderie dont il étoit Directeur general, aussi-bien que de la Monnoye, Emploi le plus lucratif de l'Empire, &
dont

dont il avoit trouvé le moyen de groſſir conſiderablement les profits, par la fabrique d'une certaine Monnoye de cuivre dont il étoit l'Inventeur, & de laquelle vous avez ſan doute entendu parler. On appelloit cette Monnoye *Mangour*, & chaque piece en revenoit à la valeur de ſix deniers de France, quoi qu'elle ne fut pas plus grande qu'une dute de Hollande, ou un denier de France, de ſorte qu'en achetant le cuivre à vingt ſols la livre, il y avoit cinq cens pour cent de profit. Ce fut peu après que Kopergli Oglou fut fait Vizir qu'il propoſa ce moyen de remplir les coffres du Grand Seigneur, & il eut ordre d'en faire battre pour quatre mille bourſes, qui font deux millions d'écus. Jugez, Monſieur quel deſordre, une ſi grande quantité de cette méchante Monnoye dût apporter dans le Commerce. Cependant il s'y en eſt gliſſé encore pour plus de deux cens mille écus de fauſſe, & Il en eſt venu des barques chargées de France, & de Teſſalonique, où les Juifs ſe ſont auſſi mêlez d'en faire; mais ces abus ont enfin ſi fort rebuté le peuple, qu'on commençoit il y a trois mois à ne les vouloir prendre que pour la moitié du prix, & preſentement on les refuſe tout-à-fait, malgré les ordres reïterez du Grand Seigneur, deſquels comme je vous l'ai dit precedemment, on ne fait pas grand compte en ce Païs ici. Les troubles que cette Monnoye a cauſez joints avec les grandes richeſſes de Muſtafa Aga, ont été les cauſes de ſa mort. Il y a déja long-

long-tems que ſes ennemis crioient à la Porte ſur ſes volleries, & que l'accuſant d'être Chrêtien dans l'ame, ils diſoient qu'à l'heure qu'on y penſeroit le moins, il ſe ſauveroit en Italie, avec toutes ſes richeſſes. La verité eſt que c'étoit bien le meilleur parti qu'il eût pû prendre, cependant comme l'avidité des richeſſes eſt une ſoif qui s'acroit en beuvant, il ne voulut jamais croire ſes amis qui le lui conſeilloient, & il en prit un tout oppoſé qui fut de faire venir ſa Sœur & ſes Neveux, pour lever par là tous les ſoubçons qu'on auroit pû concevoir de lui à cet égard. Il ſe confioit auſſi entierement ſur le Grand Vizir, & diſoit toûjours que tandis que ſon patron ſeroit en vie, il n'avoit rien à craindre. Mais il étoit mortel ce Patron, ainſi la prudence vouloit qu'il ſe precautionnât de bonne heure. Enfin je viens de recevoir une lettre par laquelle on me mande, qu'il a été étranglé & cruellement tourmenté à la queſtion pour lui faire dire où étoit ſon argent. Je ne ſçaurois trop m'étonner de l'aveuglement de ce malheureux, car il a encore eu huit jours à ſe ſauver depuis la mort du Vizir, & néanmoins au lieu de ſe ſervir de ce tems-là pour s'enfuir, lui & les ſiens, il a été aſſez fou pour attendre la mort de pied ferme chez lui. Le Caïmacam, eſt celui qui l'a arrêté, lui, ſa Femme, ſa Sœur & ſes Neveux.

On parle de Paix plus que jamais, & j'aprens que Monſieur l'Ambaſſadeur en a ſi bien fait comprendre l'utilité au nouveau
Vizir

Vizir Haly, qu'il consent à continuer les Negociations à Andrinople, où Monsieur le Chevalier Huzey Ambassadeur d'Angleterre, & lui se doivent rendre incessamment. L'on croit que quand Monsieur le Comte de Marsilly sera de retour les choses ne tarderont pas à se conclure. Il est allé à Vienne pour sçavoir les dernieres resolutions de l'Empereur, ainsi j'espere avoir quelque chose de bien nouveau à vous mander par ma premiere lettre. Je suis, Monsieur, &c...

De Smirne le .... *Septembre* 1691.

LETTRE XI.

L'Ambassadeur de France vient à Andrinople. Rompt le projet de Paix qui avoit été fait. Mort de l'Ambassadeur d'Angleterre. Le Comte de Marsigli assassiné. Un Italien se fait Mahometan. Ceremonie qui se pratiquent quand un Chrétien renie la foi. Homme de vingt pieds de haut, dont les os ont été trouvez à Tessalonique. L'Auteur se dispose à partir pour Venise.

ONSIEUR.

Il me souvient, que dans ma precedente je vous avois promis quelque chose de nouveau, & je vous tiens parole, mais à la verité d'une maniere bien contraire à ce que j'avois esperé. La Paix est rompuë,

ou

ou plûtôt éloignée pour quelque tems, car le Grand Seigneur à tant d'interêt à la conclure, que je ne sçaurois me persuader qu'il en abandonne entierement le dessein. Cependant voici comment les choses se sont passées. Messieurs les Ambassadeurs d'Angleterre & de Hollande, se rendirent à Andrinople dès le commencement du mois passé, & eurent plusieurs Conferences avec le Grand Vizir, dans lesquelles on étoit convenu de la plûpart des articles. Cependant la peste qui étoit violente à Andrinople avoit obligé Messieurs les Ambassadeurs de se retirer à un Village qui est à deux lieuës en deça, en attendant qu'elle fût un peu appaisée. Le Baron de Châteauneuf qui avoit reçû des instructions nouvelles, accompagnées apparemment de quelques propositions de poids, vint à Andrinople bien qu'il n'y fut ni mandé, ni attendu; & sans aucun ménagement pour sa vie, il fut affronter la mort jusques au milieu de cette Ville, où il sembloit qu'elle eût établi le siege de son empire, vû les ravages terribles que la peste y faisoit, ne se passant point de jour qu'elle n'emportât plus de mille personnes. Quand il passa, Monsieur le Chevalier Huzey étoit sur une Gallerie, & appercevant de loin un gros de gens dans la plaine, il envoya les reconnoître par un Valet, qui vint lui rapporter que c'étoit l'Ambassadeur de France. Cette nouvelle le surprit, car il vit bien que Monsieur de Chateauneuf ne seroit pas ainsi venu s'exposer à un danger évident, &

même

même sans être appellé, s'il n'y avoit quelque chose d'extraordinaire sur le Tapis. On croit que le Roi de France informé du grand acheminement qu'il y avoit à la Paix lui avoit envoyé pouvoir d'offrir au Turc quelque secours secret, ou du moins quelque puissante diversion, & il faut bien qu'il y ait eu quelque chose de pareil, car depuis le Voyage de Monsieur de Chateauneuf, le Vizir n'a plus voulu entendre parler de Paix. Cependant Monsieur de Huzey est mort, & l'on dit que le chagrin qu'il a pris de cette affaire n'a pas peu contribué à lui faire trouver la fin de ses jours. Quelques-uns disent aussi qu'il a été empoisonné, mais il n'y a point d'apparence à cela, car je sçai que son Corps a été ouvert en présence de son Chapelain, de son Secretaire, & de tous ses Domestiques & que l'on n'y a trouvé aucun vestige de venin. Il est donc à supposer qu'il n'y a rien eu que de naturel en sa mort, & que la Politique ni les inimitiez particulieres n'y ont eu aucune part; mais on n'en pourroit pas dire autant avec une égale certitude de l'affaire qui est arrivée au Comte Marsigli. Ce Gentilhomme a été assassiné sur le chemin de Vienne, d'où il revenoit avec la reponse de l'Empereur, & soit que les Auteurs de l'action n'ayent eu pour but en la commettant que de piller son équipage ou qu'ils eussent des vûës plus hautes, il est certain qu'il n'est échapé du peril de la mort que par une grace particuliere de Dieu. Son Chiaoux & deux de ses Valets ont été

été tuez auprés de lui, il a été jetté par terre de plusieurs coups de sabre ou de pistolet, & si le Prince de Moldavie qui par bonheur n'étoit pas loin de là ne fut arrivé à son secours, c'étoit fait de sa vie.

Cet assassinat arrivé presque dans un même tems avec la mort du Chevalier Huzey, avec le Voyage du Baron de Château-Neuf à Andrinople, & avec l'interruption des Négociations de la Paix, a fourni matiere à diverses personnes de faire bien des raisonnemens injurieux à la Couronne de France, mais je ne m'amuserai point à vous les rapporter parce que n'étant fondez pour la plûpart que sur des conjectures indiscretes, ils ne valent pas la peine qu'on y fasse la moindre attention. Les personnes sages & desinteressées comme vous, ne prennent pas plaisir à entendre les recits de ces sortes de criailleries populaires, où la passion, la calomnie & l'irreverence sont ordinairement poussées à l'excès, & puis qu'aussi-bien je n'ai plus rien à vous dire touchant la Paix, nous changerons s'il vous plaît de discours.

La Cavalcade Triomphante d'un Chrétien qui se fait Turc, & que je viens de voir passer tout à cette heure sous mes fenêtres, m'en fournit & l'occasion & le sujet. Ce Renegat est un jeune Garçon, qui bien que Genois étoit venu de son Païs, il y a quelques semaines sur un Vaisseau de Marseille, ce qui a, peu s'en faut, donné lieu à un fâcheux démêlé entre la Nation & les Turcs, que je vous expliquerai

en

en peu de mots. Pour cela il faut sçavoir que l'usage établi dans les Echelles du Levent veut que les Cadis, avant que de recevoir l'abjuration & la profession de Foi d'un Chrétien Renégat, en donnent avis aux Consuls de sa Nation, afin que tout le monde voye & connoisse que ce n'est point par violence qu'un tel homme est porté à embrasser le Mahometisme. Le Cadi de Smirne n'avoit eu garde aussi de manquer à cette formalité, & pour s'en acquiter il avoit envoyé selon la coûtume un Interprête au Consul de France, lequel s'étoit d'abord contenté de répondre, que cet homme n'étant point François, il ne prenoit aucun intérêt en lui, mais ayant sçû depuis que l'on vouloit le promener en Triomphe par la Ruë des Francs, il s'est persuadé que c'étoit faire insulte à sa Nation, & sans trop songer aux conséquences de la chose, il a envoyé déclarer au Cadi, que s'il faisoit cela il le prendroit pour un affront, & feroit donner cinq cens coups de Bâton au Renégat. La menace a surpris tout le monde, & les Nations Hollandoise & Angloise en attendoient les suites avec une curiosité mêlée de crainte, mais j'apprens que Monsieur le Consul ayant été sans doute mieux conseillé, a souffert doucement & prudemment que toute la Cavalcade ait passé par-devant sa Porte aussi-bien que par-devant celles des deux autres Consuls, sans que pour cela il ait fait aucune mine de mécontentement.

Je ne sçai si vous êtes informé des Cérémonies

monies qui se pratiquent à l'abjuration d'un Chrétien qui embrasse la Religion de Mahomet, mais à tout hasard j'en ferai ici un petit article que vous lirez ou ne lirez pas, selon que vous le jugerez à propos.

Quand un Chrétien se presente pour se faire Mahometan, la premiére chose que l'on fait c'est de le mettre entre les mains de personnes qui sachent parler sa langue, afin qu'elles l'instruisent des Elemens du Mahometisme, & cette instruction dure ordinairement un mois ou deux, plus ou moins, selon les dispositions que l'on trouve dans le sujet. Cependant on fait une Queste pour lui chez tous les gens de bien, & on lui amasse cinquante ou soixante écus qui sont pour la plûpart employez à lui faire des habits. Quelquefois même la somme va jusqu'à cent écus, mais rarement plus loin. Tout cela fait, & le Neophite sachant bien son Catechisme, on passe outre à sa profession de Foi, laquelle se fait en cette maniere.

Un Iman ou Prêtre des Mosquées fait prendre le Goul (a) au Neophite, & le prend lui-même aussi pour se purifier de la souilleure qu'il avoit contractée par l'attouchement d'un Chrétien, en suite dequoi s'étant habillez tous deux à la Turque, ils viennent devant le Cadi lequel en presence de plusieurs Effendis & de beaucoup de gens

─────────────

(a) J'ai déja dit que le Goul est la plus grande des Ablutions Mahometanes. Elle se commence & finit par ces mots, *Au nom du Dieu Grand, Gloire à Dieu, le Dieu de la Foi Musulmanne.*

gens assemblez demande au Chrétien, *Veux tu te faire Musulman?* A quoi celui-ci répond oüi. Alors l'Iman prend l'Alcoran avec ses deux mains, & le tenant haut sur la tête du Chrétien, ou pour mieux dire du Renegat, il dit premierement, *Bis Millah*, *au Nom de Dieu*, puis s'adressant à lui, il dit en Arabe, *Dieu est grand*, *Dieu est grand*, *Dieu est grand*. *Rends témoignage à tout le monde qu'il n'y a qu'un seul Dieu, & que Mahomet est son Grand Prophéte*. Surquoi celui qui se fait Mahometan, répond à voix distincte & intelligible, *Illah, Illallah, Mehemet Resoul allah*. *Il n'y a point d'autre Dieu que Dieu, & Mahomet est son Grand Prophéte*. Ces paroles lui servent de Profession de Foi, & aussi-tôt qu'il les a prononcées on lui met le Turban sur la tête, & on lui fait baiser l'Alcoran auquel il ne pouvoit toucher auparavant sans crime. Après cela chacun va l'embrasser & lui faire des caresses, & l'on se prepare pour la Calvacade, pour la pompe da laquelle on a eu soin d'assembler deux ou trois cens hommes armez de fusils, de sabres & de pistolets, comme à une parade de Bourgeoisie. Le Renegat y paroît monté sur un beau Cheval que le Cadi ou le Bacha lui prête pour cette ceremonie, & environné de plusieurs personnes de consideration qui l'accompagnent aussi à cheval, mais particulierement de quelques Drapeaux que l'on porte autour de lui & qui le couvrent presque entierement. On fait ainsi le tour de la Ville au petit pas, & toutes les Ruës retentissent de cris,

cris de joye & de coups de fusil qui se tirent par cette milice ramassée, mais au retour c'est la douleur, car pour terminer la fête & la cérémonie de l'abjuration, le Renegat est mis entre les mains des Chirurgiens pour être circoncis. Je ne vous expliquerai point de quelle maniere cela se fait, parce que d'autres l'ont écrit avant moi, je vous dirai seulement que la circoncision des Turcs ne differe de celle des Juifs que dans l'instrument dont on se sert pour la faire, les Juifs se servant d'un couteau de pierre, & les Turcs d'un couteau de fer, qui est ordinairement un rasoir bien affilé. Il y a encore cette circonstance remarquable dans la circoncision des Turcs, c'est que dans le moment que l'operation se fait, il faut que le Patient dise encore *la Illah, Illablah, Mehomet Resoul allah*. Quand elle est faite, il peut s'aller mettre au lit pour quinze jours, car il n'en faut pas moins pour le guérir. Cependant on lui donne le reste de l'argent de la Queste qui a été faite pour lui, & il prend parti où il veut, soit pour soldat ou pour valet, mais d'ordinaire ces gens-là deviennent si miserables qu'ils font pitié à voir. Cela vient de ce que les Turcs commencent, comme je vous ai dit, à ne plus faire tant d'état des Conversions. J'ai remarqué même que le seul nom de Renegat suffit pour donner une mauvaise Idée d'un homme & pour le rendre un objet de mépris aussi bien aux Turcs qu'aux Chrétiens.

Voilà Monsieur ce qui me restoit à vous dire de ce Païs ici, lequel je me dispose à
quiter

quiter dans peu de jours. Je prends l'occasion de deux Vaisseaux François qui vont à Venise, d'où j'espere m'en aller en Hollande par terre. Ainsi j'aurai encore de nouveaux sujets de vous écrire comme je l'ai fait jusques ici. Je croyois pouvoir passer par Tessalonique, où j'avois envie de voir de mes yeux & toucher de mes mains les ossemens d'un Geant, qu'on a trouvez en creusant les fondemens d'une maison pour le Bacha. Tous les Chirurgiens de ce quartier-là les ont visitez, & ont fait leur raport en forme, que c'étoient les véritables ossemens d'un homme qui selon leur suputation avoit plus de vingt pieds de haut. Mais quelque envie que j'eusse de les voir, je ne pourrai satisfaire ma curiosité, parceque le Vaisseau sur lequel je m'embarque ne passe point par là.

On vient d'apprendre la bonne nouvelle de la guerison du Comte Marsigly, par laquelle je finirai celle-ci. Quoiqu'il eût été dangereusement blessé, son heureuse constitution & le soin avec lequel il a été traité, l'ont heureusement tiré d'affaire. S'il étoit mort dans cette rencontre l'Empereur auroit beaucoup perdu, car c'est un homme très-propre aux grandes Negociations. Il est natif de Pise en Italie, d'une très-bonne maison, mais jusques ici il n'a point eu d'autre qualité que celle de Secretaire de l'Ambassade d'Angleterre, quoi que dans le fond il soit Envoyé secret de l'Empereur. Il ne se couvre de se titre qu'afin

150 VOYAGE

qu'afin de pouvoir travailler aux affaires de son Maître avec plus de sûreté, mais si la Paix se faisoit il est certain qu'il auroit bonne part lui même à l'Ambassade. Je suis Monsieur &c.

De Smirne le ... Nov. 1691.

LETTRE XII.

Histoire & Description de l'Ile du Millo. De celle de l'Argentiere. De celle des Zantes. Description de la Ville de Raguse, & de son Gouvernement. Port de Venise impraticable à ceux qui ne le connoissent pas. Perspective de cette Ville. Quelques remarques sur la Mediterranée. Description du Lazaret Neuf, & de l'Ordre de la Quarantaine. Inquisition d'Etat à Venise.

ONSIEUR,

Je vous écris du Lazaret près *de la Signora Venetia bella* à qui nous faisons tous les jours la Cour de cinq mille loin, quoi que sans esperance de jouïr de ses beautez, qu'après les avoir achetées par une

G 4   de-

detention & des soupirs de quarante jours. Nous y sommes condamnez par Arrêt du Tribunal de la santé qui craint que nous ne lui donnions la Peste, & je suis obligé à me soûmettre à cette dure Loi, quoi que je me porte fort bien. Mais finissons ce jeu de mots, & parlons serieusement de mon Voyage,

Je ne sçaurois dire qu'il a été entierement heureux, car nous avons été presque toûjours tourmentez d'une Tempête qui a plusieurs fois manqué à nous faire perir, mais à cela près nous n'avons sujet que de loüer Dieu qui nous a fait arriver enfin à bon Port. Cependant nous avons été obligez de relâcher en divers endroits, entr'autres dans un Canal qui se trouve formé par le voisinage de deux petites Iles dont je vous dirai autant de nouvelles que le peu de temps que j'ai eu pour les voir m'a permis d'en apprendre. L'une de ces Iles s'appelle le *Millo*, & l'autre *l'Argentiere*.

Le Millo quoique peu considerable par son étenduë, (car il n'a pas plus de quarante miles de circuit) ne laisse pas d'être en quelque estime parmi les Mariniers, à cause de sa situation & de son Port qui le rendent un lieu de raffraichissement & d'enqueste pour les Vaisseaux qui viennent du Golphe de Venise, & des Mers d'Italie en celle de Levant. Plutarque fait mention de cette Ile au Traité des vertueux faits des Femmes, dans l'article des Toscanes, & témoigne que de son temps elle étoit habitée, par certains Peuples vaillans qui l'avoient

voient conquife, & qui étoient parens des Lacedemoniens. Voici comment-il raconte cette Hiftoire.

Quelques Thirreniens & Tofcans ayant autrefois ravi des femmes Atheniennes, & les ayant emmenées avec eux dans les Iles de Lemnos & d'Imbros fe marierent avec elles, en eurent des enfans & peu à peu s'augmenterent confiderablement, mais les Atheniens qui ne vouloient point les reconnoître pour Parens, les chafferent de ces Iles, fi bien qu'ils furent obligez de fe donner aux Spartiates pour fervir dans leurs armées. Ils s'établirent par même moyen dans le Païs de Sparte, & s'y étant mariez, ils y demeurerent un certain temps au bout duquel ils devinrent fufpects au Gouvernement, & fe virent expofez à une nouvelle perfecution. Ils furent même foupçonnez d'avoir tramé une confpiration contre la liberté de l'Etat & fur ce foupçon bien ou mal fondé, les plus accreditez, & les plus puiffans d'entr'eux furent mis en prifon. On les tenoit là fi étroitement refferrez qu'il n'étoit permis à perfonne de les voir non pas même à leurs femmes qui importunerent long-temps les Regents pour obtenir cette permiffion. A la fin elles l'obtinrent pour une feule fois & non plus, mais elles mirent fi bien cette fois-là à profit, qu'elles n'eurent plus befoin dans la fuite de faire de nouvelles prieres pour y revenir. Dès qu'elles furent entrées elles propoferent à leurs maris de fe fervir de l'occafion pour s'échaper, & leur en ayant fait connoître la facilité, elles changerent d'habits

bits avec eux, ce qui donna lieu aux hommes de sortir sans être reconnus par leurs gardes, surquoi il est à remarquer qu'en ce temps-là, les femmes ne paroissoient point autrement dans les Rües que voilées. Aussitôt que les Prisonniers se virent en liberté par la generosité de leurs femmes, ils furent occuper un Poste que Plutarque appelle le Mont Taugeta, & tous ceux de leur Nation s'y étant rendus fort promptement, ils commencèrent à se faire craindre. Là-dessus le Conseil de Sparte considerant qu'il n'étoit pas à propos de pousser à bout ces desesperez, & sachant d'ailleurs que les Ilotes n'attendoient qu'une pareille affaire pour secoüer le joug de la Domination, resolut de prevenir de plus grands maux par des propositions de Paix, lesquelles furent acceptez par les Mutinez, de maniere que les affaires furent presque aussi-tôt pacifiées que brouillées. Les conditions du Traité furent qu'on leur rendroit leurs femmes, leur argent & tous leurs biens, & qu'on leur fourniroit des Vaisseaux pour les transporter en telle partie du monde qu'ils desireroient d'aller, bien entendu qu'en quelque lieu qu'ils prissent leur établissement, ils seroient reputez Colonie, & Parens des Lacedemoniens. Ce Traité ayant été executé de bonne foi, partie de ces gens-là furent s'établir en Candie, & l'autre partie dans l'Ile du Millo, laquelle étoit pour lors appellée *Melos*. Elle fut depuis appellée par les Latins *Melita*, à cause de l'abondance de son Miel, ce qui lui peut-être attribué avec plus de raison qu'à l'Ile de Malthe,

mais

mais aujourd'hui, comme je vous ai dit, les Mariniers la designent par le dom de Millo, que plusieurs François prononcent *Mille*, comme Fille, & Gentille. Avant ces trois noms elle en avoit eu plusieurs autres, & le seul Pline en rapporte cinq ou six differens. Elle a été appellée, dit-il, *Biblis* selon Aristide, *Zephiria* selon Aristote, *Mimalis* selon Calimaque, & *Siphnos* & *Acitos* selon Heraclites. Avec tout cela, elle n'a jamais été fort renommée soit que le petit nombre de ses Habitans ne leur permit pas d'entreprendre rien de considerable, soit qu'elle ait été plus malheureuse que les autres, & je pense que son endroit le plus glorieux, c'est d'avoir été Patrie du sage Socrates, & de l'agreable Aristophane.

Cette Ile est presque toute Montagnes, & Vallées à la reserve d'une agreable & fertile plaine de six on sept milles de long au milieu de laquelle la Ville du Millo est bâtie. Cette Ville est fort petite & ne contient pas plus de vingt Ruës en tout, encore sont elles des plus petites. Les Habitans en général y sont Grecs, mais on y peut compter jusques à trois ou quatre cent Latins qui y professent publiquement la Religion Catholique Romaine, & qui même y ont un Evêque, & une Cathedrale. Elle appartient aux Venitiens, & ils y tiennent aussi un Podestat, qui même exige quelque Tribut des Habitans, mais comme elle n'est point fortifiée, il ne leur est pas possible d'y établir une Domination bien fixe, de sorte que les Turcs y viennent souvent faire des executions fâcheuses. Du reste le

Millo n'est à proprement parler qu'une retraite de Corsaires. On y en trouve toûjours quelqu'un, souvent plusieurs, & ils y sont tellement les Maîtres qu'on les prendroit plûtôt peur les Rois de l'Ile que pour des gens qni y cherchent leur sûreté. Cela fait que la débauche y regne dans toute son étenduë, je veux dire, à l'égard du Jeu, du Vin, des Femmes, & des Garçons. Presque toutes les femmes y sont abandonnées, & le nombre des autres est si petit, qu'une honnête femme ne s'y fait pas moins remarquer par sa bonne conduite, qu'ailleurs une Courtisanne par son déreglément. Cependant c'est encore pis à l'Argentiere, car l'ignorance & la pauvreté y ont introduit la corruption à un tel degré que l'on n'y connoît pas même la vertu.

L'Argentiere est comme je vous ai dit une petite Ile voisine du Millo, laquelle peut avoir vingt mille de circuit ou environ. On n'y trouve en tout que deux méchants villages, dont le plus grand s'attribue le nom de Ville, en vertu de quatre méchantes murailles qui l'enferment, & qui en font un quarré regulier. Les maisons y sont partagées en quatre par deux rües qui se croisent, & qui iroient aboutir en cu de sac aux murailles, si pour la commodité des Habitans, & pour la défense du lieu l'on n'avoit Isolé le tout, de sorte qu'il y a encore quatre autres rües dans cette espece de Ville ou de Village qui vont tout du long des murailles en dedans. Il est aisé de connoître par cette construction que la Place est moderne, car on ne bâtissoit pas autrefois si reguliérement,

ment, & il est à presumer que ce sont les Venitiens qui l'ont bâtie dans la vûë de conserver le Millo. Peut-être aussi que son principal usage étoit de découvrir de loin les Vaisseaux qui passoient, ce que l'on pourroit conjecturer de sa situation qui est dans un lieu extremement élevé. Quoi qu'il en soit elle ne sert presentement à rien qu'a loger une petite Republique de femmes qui sont maîtresses de l'Ile, & qui peuvent aller au nombre de 4 ou cinq cent. Pour d'hommes, je n'y en ai point vû à la reserve de sept ou huit Papas ou Prêtres Grecs, & de quelques vieillards septuagenaires. Ce n'est pas comme je croi qu'elles ne fussent ravies d'en avoir, mais c'est que la vie qu'elles menent ne permet à aucun homme de songer à s'aller établir parmi elles. C'est tout vous dire qu'elles n'ont point d'autre metier pour vivre que celui de Nature. Elles se prostituent à tous venants, & particulierement à tous les Matelots des Vaisseaux qui viennent relâcher-là pour y prendre langue ou pour s'y mettre à l'abri du mauvais temps, & à tous les Corsaires de la Mediterranée, sans en être retenues par aucun sentiment de honte. Pour les enfans qu'elles font si ce sont des filles, elles deviennent grandes & font comme leurs Meres, & si ce sont des Garçons, elles les élevent jusques à l'âge de dix ou douze ans, après quoi elles les embarquent sur le premier Vaisseau qui passe pour y servir de Moussi, ou de petit Garçon de Navire.

Cette Ile me fit souvenir en la voyant de

ce que j'avois lû dans les anciens Geographes, & même dans Thevet de celle d'*Imaugle* autrement dite *l'Isle des Amazones* laquelle est située selon eux auprès de Ceilan. Elle a disent-ils septante deux lieües de circuit & est habitée par trente mille femmes, leurs maris démeurant separez dans une autre Ile nommée *Inebile*, qui n'en est éloignée que de quinze lieües. De vous expliquer les raisons qui les engagent à se tenir ainsi separez, c'est ce qui seroit trop long, il suffira de dire que chaque femme à son mari, & chaque mari sa femme. Que les hommes sont souverains chez eux, comme les femmes le sont chez elles, sans qu'il tâchent en aucune maniere à empieter les uns sur les autres, que l'Adultere est severement défendu entr'eux, & enfin que lorsque la femme se sent quelque envie de proceder à la Génération, elle va trouver son mari, de même que le mari vient trouver sa femme si le besoin vient de lui. Au reste l'Histoire dit, que les femmes gardent les enfans mâles jusques à l'âge de sept ans, après quoi elles les envoyent à leurs peres, mais qu'elles retiennent les filles pour elles.

De l'Argentiere nous vînmes aux *Zantes* qui est une Ile considerable dependante des Venitiens. Elle a bien cent milles de circuit, & est remplie de Vins delicieux dont elle fournit en plusieurs endroits du monde, mais comme son plus grand commerce se fait en Italie, & que l'Italie ne manque pas de bons Vins, les Zantiots
sont

font reduits à mettre la plûpart de leurs Raisins en Passes lesquelles ils envoyent en Hollande, & en Angleterre. Il y a un fort beau Château dans l'Ile lequel commande la Ville & le Port, & ou le Provediteur qui est toûjours un Noble Venitien fait sa residence. Zantes est le premier endroit en venant de l'Archipel où l'on s'habille à la Franque, ce qui n'empêche pas que l'on n'y voye beaucoup de personnes porter la veste Turquesque par-dessus la camisole & les haut de chausses à la Françoise. Les Venitiens y ont bâti plusieurs Eglises Latines, & font tout ce qu'ils peuvent pour y établir la Religion Catholique au prejudice de la Grecque qui est celle des Zantiots naturels. La Ville n'est pas large mais elle est assez longue, c'est tout ce que je sçaurois vous en dire, parce que la pratique ne nous étant pas permise, il ne me fut pas possible d'y mettre pied à terre. Nous n'y séjournâmes aussi qu'autant de temps qu'il en fallut pour faire eau & pour y prendre quelque provision de Vin, après quoi nous remîmes à la voile, & laissant Corfou à main droite, nous entrâmes dans le Golphe.

Deux jours après nous fûmes à la hauteur de *Raguze*, Ville située sur le bord de la Mer, & fortifiée de ce même côté-là d'une très-bonne Citadelle. Sa figure est presque ronde, & son circuit peut-être de deux milles ou environ. Les maisons y sont generalement assez bien Bâties, mais il n'y en a pas une de marque. Raguze se Gouverne en Republique Aristocratique, à peu prés

de

de la même maniere que Venise, à la reserve que comme elle est bien plus foible, elle prend aussi des mesures bien plus exactes pour conserver sa liberté. Du reste elle a comme Venise un Senat composé de Gentilshommes, & même un Doge, mais qui ne porte que le titre de Recteur. Cette Dignité n'est pas non plus à vie comme à Venise, Elle ne dure qu'un mois, après quoi on fait un autre Recteur, sans beaucoup de Brigues, & souvent un Gentilhomme se promenant sur la Place est tout étonné qu'on le vient saluer en cette qualité. Pendant tout le mois que dure le Rectorat, celui qui le possede est défrayé au dépens de la Republique, & dés que le terme est fini, il retourne chez lui comme auparavant. Il y a encore une Charge fort considerable à Raguze, qui est celle de Castellan ou de Gouverneur de la Citadelle, mais comme elle seroit beaucoup plus dangereuse entre les mains d'un homme mal intentionné que celle de Recteur, elle dure aussi beaucoup moins. Tous les soirs on fait un nouveau Castellan, lequel est obligé entr'autres choses de ne point sortir de la Citadelle jusques à ce qu'il soit relevé, de sorte que la plûpart des Gentilshommes tiennent cette commission pour une peine plûtôt que pour un avantage, & seroient aussi contents qu'on les en dispensât qu'un Capitaine le seroit si on l'exemploit de monter la Garde.

Le Senat de Raguze est composé de soixante Gentilshommes, dont le privilege &

le Droit de Régence est hereditaire comme à Venise, & desquels il faut qu'il y en ait toûjours quarante d'assemblez, pour décider des affaires. C'est du Corps de ces soixante, que l'on tire tous les principaux Officiers, & Ministres de la République, & particulierement dix huit Sujets, qui forment trois Colleges, chacun de six Conseillers. Le premier College, est le Conseil d'Etat, auquel préside le Recteur, c'est à ses soins que le détail des affaires politiques est confié. Le second, est appellé Chambre Souveraine de Justice, & juge en dernier ressort de toutes les causes juriques, tant civiles que criminelles. Et le troisième enfin, forme la Chambre inferieure de Justice, & ne sçauroit juger définitivement au dessus de cinq cens écus. Ces conseils sont stables, & permanens sans jamais changer quand au Corps, mais quand aux Membres qui les composent, ils changent tous les ans, la Commission de Conseiller ne durant pas davantage. La Ville entretient deux cens hommes de garnison dans la Citadelle, & outre cela les Bourgeois sont obligez à y monter tous les jours la Garde. Pour les Gentilshommes ils en sont exempts, mais en récompense, il ne leur est pas permis de coucher hors de la Ville sans permission. S. Blaise est le Patron de Raguze, & on le voit peint en cette qualité dans les Drapeaux, dans les Bannieres; & en un mot, par tout où l'on a coûtume de peindre les Saints Protecteurs. Il sert aussi d'Armoiries à la Ville de Raguze, ze, & l'Image de S. Blaise est employée par tout pour armoirie.

A un mille de la Ville, vers l'embouchure du Golphe, est l'ancienne Raguze, appellée encore aujourd'hui *Raguze Vecchia*. Pline dit que ce fut autrefois une Isle environnée d'eau de tous côtez, mais plus je considere sa situation, plus j'ai de peine à me persuader que cela puisse être. Raguze Vecchia est bâtie au pied, & sur le penchant d'une grosse Montagne qui continuë le long de la Côte, il n'y a gueres d'apparence que ce lieu ait jamais été Isle. Ce n'est pas que je ne sçache bien que les tremblemens de terre peuvent faire de plus grandes merveilles encore que cela, mais pour prouver qu'une chose est, il ne suffit pas de montrer qu'elle est possible.

Toute la Domination de Raguze ne s'étend pas trente milles à la ronde dans les Terres, si on excepte la petite Isle d'*Augusta*, qui en dépend, de sorte, que son territoire, & sa puissance sont fort peu de chose. Ce n'est pas aussi par cette raison-là, que les Raguzois cherissent leur Gouvernement, c'est à cause d'un certain exterieur de liberté, dont ils se repaissent tous, quoi que dans le fonds, ils ne soient pas les maîtres chez eux. Les Venitiens y commandent presque absolument, l'Empereur & le Turc ne se mêlent pas tout à fait tant de leurs affaires, ils se contentent d'un tribut raisonnable, mais pour peu qu'il tardât à venir, ils seroient exposez à beaucoup de fâcheux accidens. Le Roi de France, & celui

celui d'Espagne, quoi que plus éloignez ne laissent pas de s'y faire reconnoître d'une maniere qui est quelquefois incommode, & en un mot, il n'y a guéres de puissance un peu distinguée à laquelle ils ne soient obligez à quelque sorte d'hommage en consideration de leur commerce, ce qui a donné lieu aux Italiens de les appeller par dérision, les *Sette Bandiere*.

Le bon vent nous étant venu, nous laissâmes Raguze derriere, & fûmes le lendemain moüiller dans le Port d'une petite Ville d'Istrie appellée *Parenzo*, & dans laquelle nous prîmes un Pilote, conformément aux ordres de la République de Venise qui en tient toûjours là un certain nombre, pour conduire les Vaisseaux en sûreté jusques à Malamoque. Cet ordre est si précis, que si un Capitaine par un motif d'épargne, ou par quelqu'autre que ce pût être, avoit manqué de prendre un Pilote en ce lieu là en venant à Venise, & qu'il vînt à se perdre, il seroit responsable à ses Marchands, & du Vaisseau, & de la Marchandise, sur tous ses biens, & sur sa vie même. La raison de cela est, que le fond du Golphe est plein de Bancs de sable, lesquels deviennent mouvans par le dégorgement du Pau, & de la Brente, ce qui le rend très dangereux à la Navigation. Effectivement, quoi que les Pilotes de la République connoissent cet espace de mer, pour ainsi dire, par coeur, jusques aux moindres endroits, ils sont néanmoins obligez d'avoir toûjours la sonde à la main de peur d'être trompez, &
ils

ils ne feroient pas un mille sans la jetter plusieurs fois, tant ils craignent que depuis qu'ils ont fait ce chemin, il s'y soit formé quelque nouveau Banc de Sable. Aussi n'y va-t-il pas moins que de leur vie, si un Vaisseau venoit à se perdre par leur faute ou par leur ignorance. Ce fâcheux abord est extrêmement incommode & dommageable au Commerce, mais d'un autre côté, il fait la sûreté de Venise laquelle il seroit absolument impossible de prendre par Mer, car supposé même que l'on eût pû trouver des Pilotes Venitiens qui eussent conduit l'armée saine & sauve jusqu'à Malamoque, elle ne seroit pas en sûreté pour cela, & il y auroit toûjours lieu de craindre que les frequentes Bourasques qui arrivent en ce lieu-là ne la jettassent à travers.

Je vai sortir de la Mediterannée, après quoi je ne vous en parlerai non plus, que si elle n'étoit pas au monde, mais il faut qu'auparavant, je vous fasse part de deux remarques qui n'ont pû trouver leur place dans la suite de mon discours, & qui me semblent valoir bien la peine de n'être pas oubliées.

La premiere est, que cette Mer produit une très-grande quantité de pierres ponces, jusques-là qu'en quelques endroits on en trouve des flottes de cent pas de diametre qui font paroître la Mer toute blanche, sur tout vers les Rivages; ou bien au confluent de quelques courants, & la seconde, que l'eau de cette Mer petrifie presque toute la terre argilleuse qu'elle peut laver de ses eaux, ce que j'ai remarqué en divers lieux

lieux de l'Archipel & du Golphe de Venise, où j'ai distingué très-clairement de la terre déja entierement petrifiée, d'autre, qui l'étoit à demi, & d'autre qui ne faisoit encore que commencer à se petrifier. Ces pierres ne sont pas toutes d'une même consistance, ni d'une même couleur. Il y en a de jaunes, de grises & de couleur de Rocher, & ces dernieres sont appellées pierres de Savon, parce qu'en effet, on s'en sert au lieu de Savon pour le blanchissage du linge. Au reste, je ne fais point difficulté de croire que le Soleil contribue beaucoup de sa part à ces petrifications, en attirant par son activité toutes les parties aqueuses, & en calcinant les autres avec les Sels qui s'y étoient insinuez. C'est apparemment ainsi qu'il durcit & affermit le Moilon & le Tuffeau au point ou l'un & l'autre se trouvent quelque temps après qu'ils ont été mis à l'air. Il est vrai que le vulgaire l'attribuë à la Lune, mais cette opinion est sans aucun fondement. Je reviens à mon Voyage.

Après la Perspective de Constantinople, je ne pense pas qu'il y en ait une si belle au Monde, que celle de Venise, du côté de la Mer. On apperçoit les Tours des Eglises de trente milles loin, & à mesure que l'on approche on en découvre un peu davantage, de maniere que l'on croit voir naître peu à peu une grande Ville du sein de l'eau, & jusqu'à ce que l'on soit dedans, on ne sçauroit perdre cette Idée, toutes les Maisons exterieures de la Ville étant fondées en pleine eau sur des pilotis. Je ne crois pas

qu'il

qu'il soit necessaire de faire ici la description du Port de Venise. Vous êtes informé que ce n'est à proprement parler qu'un grand terrain inondé dans lequel s'étant trouvé quelques hauteurs, dont la superficie étoit demeurée seche à fleur d'eau, les Habitans d'alentour leur donnerent le nom de *Lacune*, que les François ont corrompu en celui de *Lagunes*. C'est sur la plus grande de ces hauteurs, que les Venitiens fugitifs bâtirent Venise. La plûpart des autres l'ont aussi été depuis, & font de petites Villes particulieres, mais toutes gouvernées par un même ressort de Jurisdiction & de Magistrature. La plus considerable est la Judeca, ainsi nommée parce que c'est le quartier des Juifs. On dit qu'il y a plus de quarante mille ames; les maisons en sont fort belles, & il y a de grands jardins où l'on va se divertir en Eté, on y trouve bien à manger, à boire frais, & souvent de la compagnie fort agreable.

L'Ile qu'on appelle Mouran merite aussi d'être vûë, c'est là que se font les belles glaces de miroir, qui sont si estimées par tout, & quantité d'autres ouvrages de verre & de cristal tout-à-fait curieux.

Il y a aussi plusieurs de ces Lagunes qui ne sont point habitées, parce qu'elles sont trop mal saines, & le Senat en a destiné deux des moins incommodes pour faire faire la quarantaine à ceux qui viennent du Levant. C'est pourquoi, il y a fait bâtir de grandes Maladreries que l'on appelle *Lazareti*. La premiere qui est le *Lazaretto Vecchio*

Vecchio n'est éloigné de la Ville que d'un mille, & la seconde où l'on nous a mis, en est distante de cinq. C'est un bâtiment à deux étages, long de trois cens pas, tout d'une piece, & divisé en six demeures par de hautes murailles, à chacune desquelles on entre par une porte exprès, qui conduit dans une Cour quarrée où il y a un Puits pour la commodité de ceux qui font quarantaine, mais dont l'eau est si mauvaise, que nous sommes obligez de faire venir la nôtre de Venise. Dans chaque demeure il y a vingt chambres, dix dessus & dix dessous, séparées les unes des autres comme des cellules & à chacune sa cheminée. C'est là-dedans que demeurent ceux qui font quarantaine, & ils y sont toûjours accompagnez d'un Garde qui veille sur toutes leurs actions, & sur toutes leurs démarches afin qu'ils ne puissent communiquer avec personne. Le temps de la Quarantaine est ici de quarante jours entiers, sans compter celui de l'entrée, ni celui de la sortie, ce qui fait en tout quarante-deux jours, & il seroit inutile de demander quelque diminution sur ce long terme, sous prétexte que le Passeport du Consul du lieu d'où l'on est parti est net, car il n'y en a point à esperer. Il y a seulement cette distinction entre ceux qui viennent de la Turquie, & ceux qui viennent de la Morée, c'est qu'au lieu que les premiers sont indispensablement obligez à quarante jours de sequestre, les autres n'en font que vingt, & quelquefois quatorze selon les lieux d'où ils sont partis.

Du

Du reste, si pendant le cours du Sequestre quelqu'un des Sequestrez devient malade, quoique ce ne soit que d'une simple fiévre, on prolonge le temps de quinze jours, & au bout de ce temps là de quinze autres, si quelque autre maladie survenoit de nouveau.

A Livourne, les Magistrats ne sont pas si rigides qu'ici sur l'article de la Santé, car ils n'obligent pas les Passagers à plus de vingt jours de retraite, & ceux de Marseille se contentent même de dix, mais ils n'ont pas aussi tant de sujet de crainte que les Venitiens parce que la situation de leurs Villes est fort differente de celle de Venise, & beaucoup moins sujette à la contagion. Venise est peut-être une des Villes du monde qui a le plus de sujet de craindre la Peste à cause des eaux salées & corrompuës, dans lesquelles la plûpart de ses Lagunes se trouvent situées, ainsi l'on ne doit point trouver étrange que le Senat se montre si rigide sur l'article de la quarantaine, & il ne le faut point faire tirer l'oreille sur une chose de laquelle personne n'est exempt, non pas même le Doge. Du reste, tout est en fort bon ordre dans le Lazaret, mais il y manque un Medecin, ou deux, qui visitassent & examinassent avec application les indispositions qui surviennent quelquefois aux Passagers, car on les oblige souvent à une prolongation de quarantaine pour des maux qui n'approchent nullement de la Peste, ce qui fait que lors que par malheur on se sent attaqué de quelque

que mal leger, on le diſſimule le plus qu'on peut, car non ſeulement il n'a garde de permettre que nous communiquions avec ceux qui viennent nous voir, mais il nous fait tenir toûjours éloignez de dix pas & ſur le vent d'eux.

Quoi que nous ne puiſſions nullement communiquer avec ceux de dehors, il y a cependant certaines choſes qu'ils peuvent recevoir de nous, comme du pain, du vin, de la vaiſſelle, du tabac, de l'argent, du bois, & generalement parlant tout ce qui ne fait point fil. Mais la communication de tout le reſte nous eſt défenduë, ſur peine de la quarantaine pour ceux du dehors, lors qu'elle ſe fait ouvertement, & de la vie pour ceux qui voudroient pratiquer en ſecret. Cette Loi eſt ſi neceſſaire toute rigoureuſe qu'elle paroît, que l'on ne ſçauroit s'en relâcher ſans mettre le ſalut de la République, dans le dernier peril. Il ne faut que la moindre piece d'étoffe, pour donner la peſte à un homme, & un ſeul homme peut infecter toute une grande Ville, quoique le Mal ne ſe fût point manifeſté, ni pendant le Voyage, ni pendant les premiers jours de la Quarantaine. Les corpuſcules peſtilentiels qui ſembloient s'être diſſipez, ou avoir changé de conſiſtance par la longueur du tems, & par leur mélange avec pluſieurs airs differens, demeurent fort ſouvent nichez dans des replis de hardes, & s'y conſervent pendant un fort long tems avec toute leur force & vertu ſans recevoir aucune alteration ni changement,

Tome IV.   H

ment, si bien qu'au bout de plusieurs mois lors que l'on vient à développer la laine ou l'étoffe dans laquelle ils étoient enfermez, ils agissent avec autant de force qu'ils auroient pû faire le premier jour. C'est dequoi on a vû cent tristes exemples, dont je pourrois faire un long dénombrement si cela étoit nécessaire. *Trincavellus lib. 3. conf.* 17. dit qu'une peste qui fit mourir dix mille personnes, prit son origine de cordes desquelles on s'étoit servi fort long-temps auparavant à descendre dans le tombeau des corps pestiferez, & M. Bayle qui s'est rendu si illustre dans la République des Lettres, rapporte en son Traité *de mira subtilit. effluv.* qu'un homme contracta une espece de peste avec un charbon au pied, pour avoir seulement touché un peu de paille, sur laquelle un valet pestiferé avoit été couché huit mois auparavant, quoique depuis ce temps-là elle eût toûjours été exposée à l'air, & au vent. C'est aussi pour cela que nos Gardiens ont ordre exprès de ne laisser dans les coffres des passagers aucun linge, ni aucunes hardes, qui ne soient plusieurs fois déployées, & exposées à l'air. Ils sont aussi obligez d'ouvrir les lettres, & si quelque Voyageur en faisoit difficulté, on en donneroit avis au Magistrat de la Santé qui l'y obligeroit, & de plus sa Quarantaine ne seroit censée commencer que du jour de l'ouverture.

On ne trouve dans ces Lazarets que les quatre murailles, si bien qu'il faut acheter un ménage tout entier quand on y vient.

Moyen-

Moyennant cela on ne manque de rien, car quant aux vivres il y a des *Barcarioli* qui apportent tout ce qu'on veut avoir, en leur donnant un tiers de profit qui est la taxe ordinaire. Après cela il faut faire boüillir son pot soi-même, si l'on veut manger la soupe. Il est vrai que cela fait moins de peine ici qu'ailleurs, car le temps y est si long, & l'on s'y ennuye si fort que ce soin devient un passetemps.

Le Lazaret est gouverné par un Prieur que Messieurs de la Santé y mettent, & qui a mille Ducats Venitiens d'appointement. Cet Officier n'est pas ordinairement Gentilhomme, on le tire de la Citadinance, ou Bourgeoisie, mais sa Charge ne laisse pas d'être assez considerable, & sur tout fort lucrative à cause des presens qu'il reçoit toûjours des personnes de qualité qui sont obligées de faire quarantaine en son Lazaret. Il a les Clefs des six demeures, dont je vous ai parlé, & il les fait fermer tous les jours depuis midi jusques à deux heures, selon nôtre maniere de compter, & depuis le Soleil couchant jusques au lendemain huit heures. C'est à lui que les Gardes de la Santé sont obligez de rendre compte de leurs actions, & enfin, c'est sur lui que roule tout le soin, & tout le détail de ce qui se fait dans le Lazaret. Pour les Gardes de la Santé, qui sont six-vingt en nombre, ils servent à tour de Rôle à mesure qu'il vient des Vaisseaux du Levant. La République ne leur donne aucuns gages, mais ils ne laissent pas de tirer de leur emploi dequoi vivre aſſez commodément, parce que leur tour revient pluſieurs fois l'année, & que les Paſſagers ou la Marchandiſe, à la garde de qui ils ſont commis, doivent les payer à demi Ducat par jour, outre la nourriture, ce qui joint aux preſens, & autres petits émolumens ne leur rapporte guéres moins de cent cinquante Ducats par an, leur nourriture à part.

Voilà, Monſieur, en peu de mots l'ordre que l'on tient ici pour faire faire la Quarantaine aux perſonnes, à quoi j'ajoûterai touchant la Marchandiſe qui la doit faire auſſi, qu'après qu'elle eſt débarquée du Vaiſſeau, ce qui tarde ordinairement dix ou douze jours, & ce qui n'eſt point compté ſur le temps du Sequeſtre; elle eſt miſe dans un grand enclos ſéparé de tout autre lieu, & où l'on a bâti tout exprès des manieres de Halles qui ſont ouvertes de tous côtez, n'étant ſoûtenuës que ſur des piliers. C'eſt là-deſſous que l'on met la Marchandiſe ſujette à quarantaine, de quelque nature qu'elle ſoit, & elle y eſt gardée par des *Faquini* ou Portefaix qui ont ſoin de la remuer, & qui prennent garde qu'elle ne déperiſſe, ou ne reçoive quelque dommage.

Vous avez entendu parler des Eſpions que le Senat entretient en ſi grand nombre, pour être averti de tout ce qui ſe dit contre le Gouvernement. Ces gens-là ſont le Fleau des Sujets de la République, autant Venitiens naturels que Grecs, &
l'on

l'on ne vous en a point fait accroire quand on vous a dit que pour très-peu de chose, ils font mettre un homme à l'Inquisition d'Etat. Ce qu'il y a de pis, c'est que l'on ne sçait ici de qui se garder : tel qui paroît le plus honnête homme du monde, étant du nombre des Espions de l'Inquisition, de sorte qu'il n'y a point de meilleur parti à prendre que d'être fort retenu en ses discours. Effectivement, il y a des Espions de tous Ordres, des Valets, des Artisans, des Marchands, des Officiers, des Citadins, & même des Nobles. On sçait cela, mais c'est tout, car pour ce qui est de les discerner d'avec les autres hommes, cela est impossible. Ils ne se déclarent pas même à leurs femmes, ni à leurs enfans, cela leur étant défendu très-sévérement, & le métier, étant d'ailleurs si odieux, & si décrié à Venise, que celui de Boureau ne l'est guéres davantage. Cela fait que chacun prend garde à ses paroles dans la crainte de parler devant un Espion, mais on se retient particulierement devant certains personnages qui sont plus soupçonnez que les autres, comme par exemple, les Prêtres, les Moines, & sur tout les Gardes de la Santé desquels on prétend qu'il n'y en a pas un qui ne soit Espion. C'est un avis que j'ai bien voulu vous donner sur la fin de ma lettre, afin qu'il en fasse plus d'impression sur vôtre esprit, & que vos amis qui pourroient avoir dessein de voyager à Venise puissent être prévenus par vous sur un dan-

174 VOYAGE

ger qui semble menacer les Etrangers plus particulierement que les naturels du Païs, & dans lequel il ne faut pas douter aussi qu'il n'en soit tombé beaucoup. Je suis, Monsieur, Vôtre &c.

Du Lazaret de Venise ce ... Nov. 1691.

LET-

LETTRE XIII.

De la Grandeur de Venise. De sa force. Si elle est imprenable ou non. La raison pourquoi les Venitiens n'ont point fait fortifier leur Capitale. Observation sur les Canaux de Venise. Des Ruës de cette Ville. De la Place St. Marc. De l'Eglise de St. Marc. Des Procuraties. Du Palais St. Marc. De l'Arsenal. Des Palais de Venise. Des Ridotti.

ONSIEUR,

Je suis enfin hors du Lazaret, & en pleine liberté de me promener par tout où ma curiosité me guidera. J'en ai déja fait un assez bon usage, & je pourrois dès à present vous dire bien des choses de la Ville de Venise, de son étenduë, de sa situation, de sa force, de ses Bâtimens remarquables, & de la forme du Gouvernement, mais quoique je sois toûjours dans la disposition de continuer jusqu'à la fin de mes Voyages à vous communiquer les remarques que j'y aurai faites, il ne faut pas vous attendre ici à une description exacte. La matiere est trop vaste, & vous jugez bien qu'il ne me seroit pas possible de renfermer dans la petite étenduë de quelques lettres, un sujet auquel Messieurs Amelot & Saint Didier ont employé plusieurs Volumes. Ce ne sera donc qu'en passant que je vous en parlerai, & plûtôt par forme d'entretien selon que les choses se presenteront à mon esprit, que par aucun choix déterminé de matieres.

Il en est de Venise, comme de Constantinople, du Caire, & de toutes les autres Capitales du monde. On ne s'accorde point ni sur son étenduë, ni sur le nombre de ses Habitans; & en effet, ce ne sont pas des choses aussi aisées à décider que l'on penseroit bien. Il n'y a guéres de Voyageurs qui entreprennent de compter eux-mêmes toutes les Ruës d'une Ville. C'est tout ce qu'on peut faire que de mesurer la grandeur d'une Place & celle d'un Temple, mais quand au nombre des Maisons, & à celui des personnes qui les habitent, on ne sçauroit guéres en parler que par estimation, & par conséquent avec peu de certitude. J'en dis autant de la grandeur
d'une

d'une Ville, elle dépend plûtôt de la figure que du circuit, & cette figure est bien difficile à tirer au juste, à moins que de l'entreprendre géométriquement, ce que peu de Voyageurs ont la curiosité de faire. Du reste, il est si vrai que la veritable grandeur & la figure d'une Ville sont des choses peu connuës, que les Bourgeois même les ignorent. Combien de différens jugemens n'avez-vous point entendu faire sur la comparaison des Villes de Londres & de Paris. Cependant chacun croit être bien fondé dans le sien. Il en est de même de toutes les autres. Je n'entreprendrai donc point une décision que je croi si difficile: tout ce que je vous en dirai, sera, que Venise est une Ville qui selon mon avis peut être comparée en grandeur à Rome, que les ruës en sont étroites, le terrain extrémement ménagé, & les maisons remplies de gens jusques sous les toits. Elle n'a ni portes, ni murailles, ni Citadelle, & toutefois elle n'est pas foible ; beaucoup de gens la disent même imprenable, & ce discours est si bien tourné en proverbe, que l'on n'entend presque jamais parler ici de Venise sans qu'on y mette cela au bout. Les Venitiens à force de le dire, se le sont persuadez tout de bon, & voudroient bien le persuader aux Etrangers. Ils ont leurs raisons pour cela, mais on n'est pas aveugle. Pour moi, qui ne puis me résoudre à croire des choses toutes opposées à ce qui saute aux yeux, je suis d'un autre sentiment.

Venise est une Ville imprenable du côté de la mer, j'en demeure d'accord, je vous en ai ci devant dit les raisons. Qu'elle le soit du côté de la terre, c'est ce que je nie, à moins qu'on n'ait des armées assez fortes pour faire lever le siege ; car en ce cas-là je n'ai rien à dire, mais si l'on veut raisonner de cette maniere il faudra convenir que toutes les Villes du monde le sont aussi. Quand on parle d'une Place imprenable, il faut qu'elle soit assez forte pour soutenir un siege de deux ou trois ans sans secours, & qu'enfin elle ne puisse être forcée que par la famine, qui nécessairement vient avec le temps. Que si l'on me demande où l'on en trouvera de cette nature, j'alléguerai Malthe. Pourquoi seroit elle unique dans l'Europe ? ne peut-il pas y en avoir encore d'autres ? Quoi qu'il en soit, toutes celles qui seront moindres que celle-là, je les pourrai bien dire fortes, mais non pas imprenables. C'est pourtant une épithete qu'on prostitue souvent, rien de plus ordinaire que celles qu'on en honore, & rien de plus rare que celles qui la meritent.

Voilà l'idée que j'ai conçûë d'une Ville imprenable. Venise à dire vrai n'est pas de celles là, je ne voi pas grande difficulté à se saisir du *Lido*, ni de *Malamoque*, deux Iles inhabitées, presque sans défense, & par le moyen desquelles on empêcheroit pourtant la communication avec la mer, & on couperoit le chemin à toute sorte de secours. Il n'y en auroit pas davantage à s'emparer de plusieurs petites Lagunes desertes fertes qui font autour de Venife, d'où l'on pourroit battre la Ville & la bombarder fort facilement, & Dieu fçait quel ravage les bombes feroient dans une Ville auffi ferrée que celle-là. D'ailleurs la multitude du monde qu'elle renferme l'affameroit auffi-tôt. J'avouë bien que par le moyen de l'Arfenal on pourroit armer tous les Bourgeois en vingt quatre heures, mais dequoi ferviroient ils dans cette prifon. Il n'y a point de chemin couvert à la faveur duquel on puiffe faire de fortie, & quand on en pourroit faire, ce font de pauvres foldats, que les Citadins Venitiens. Je fais moins état de cent mille Bourgeois armez, que de dix mille hommes de troupes reglées. N'a t'on pas vû Paris affamé par quatorze mille hommes, quoi qu'il y eut dedans cent cinquante mille Bourgeois qui pouvoient fortir en campagne toutes les fois qu'ils le vouloient. Que feroit-ce donc à Venife, qui n'a ni porte de derriere, ni porte de devant. Peut-être me rendrai-je ridicule, quand je viendrai jufques à dire que cette Place merveilleufe, cet écueil des armées triomphantes, eft une Ville à brûler la torche à la main. Cependant je voudrois bien qu'on me dît, ce qui pourroit empêcher cent mille hommes de faire cette expedition. Ce ne feront pas les murailles de la Ville, car il n'y en a point, elle eft ouverte en plus de quatre-vingt endroits, & tout le refte des maifons qui l'environnent font percées de portes & de boutiques; Il y en a même beaucoup qui font bâties de bois.

bois. Peut-être feroit-ce la difficulté de les embarquer, & je confeffe qu'il faudroit bien des Bateaux pour cela ; mais auffi quand je dis cent mille hommes, je n'entens pas qu'il fallût les y employer tous, il ne feroit pas feulement befoin de vingt mille, & je réponds que les feuls petits Ports qui font autour fourniroient affez de barques, pour cela fans qu'il fût befoin d'en faire de neuves.

Je prévois une objection que vous me ferez fans doute, vous direz que vous n'avez point vû la place, & qu'ainfi il m'eft bien aifé de vous en faire accroire là-deffus ; mais qu'il refte toûjours pour conftant, que l'opinion vulgaire eft contraire à la mienne, & de plus qu'il n'eft guéres croyable que les Venitiens l'euffent laiffée fans fortification, fi la nature ne lui en avoit donné de meilleures que toutes celles qu'on auroit pû y faire par artifice. C'eft à quoi je vais vous répondre tout à l'heure. Premiérement quand à l'opinion commune, je vous ai déja dit que je n'en fais jamais la regle de la mienne, le vulgaire eft trop fujet à l'erreur. Ce qui eft generalement crû blanc en un Païs, eft tenu pour noir dans un autre, rien de fi diffemblable que les fentimens des hommes, c'eft une chofe dont vous ne doutez pas.

Pour ce qui eft du peu de foin que le Senat de Venife a pris jufques ici de fortifier fa Capitale, la raifon en femble affez cachée, mais pourvû qu'on y reflechiffe un

peu

peu, on la trouvera facilement. Le gouvernement de Venise est purement Aristocratique, vous le sçavez bien, vous n'ignorez pas non plus que ces sortes d'Etats n'ont d'ordinaire aucun autre changement à craindre, que celui qui pourroit arriver par la trop grande élevation de l'un des Membres de la Seigneurie, lequel étant devenu trop puissant, pourroit bâtir sa grandeur propre sur la ruïne de celle de sa patrie, & faire une Monarchie d'une Republique. Cent exemples fameux prouvent cette verité, sans qu'il soit besoin de les citer. Le Senat de Venise, qui sans contredit est le plus politique de l'Univers, profitant sagement des malheurs de ceux qui l'ont precedé, & connoissant parfaitement cet endroit foible de son gouvernement, a tâché d'y remedier par des loix & des constitutions, les plus belles & les plus prudentes qui jamais ayent été, & lesquelles l'ont affermi, d'une maniere qu'il subsiste encore aujourd'hui sur les mêmes fondemens sur lesquels il a été bâti. C'est pour cela qu'il a tellement dépouillé son Doge de tout pouvoir, qu'il n'est proprement qu'un Fantôme de grandeur, qu'il l'a assujetti à la jurisdiction des Inquisiteurs, qui sont toûjours en droit de lui demander compte de sa conduite, qu'il lui a défendu de converser familierement avec le public, ni de paroître jamais dans la Ville qu'aux jours de Cérémonie, & qu'il a pareillement défendu à ses Nobles, toute sorte de communication avec les Princes Etrangers ni leurs Ministres. C'est dans ceste vûë que le port des armes, l'or, l'argent, & le grand nombre des Domestiques, leur a été interdit; que le Broglio a été mis en vogue, afin d'empécher les assemblées particulieres & afin que l'on eut connoissance de toutes les brigues qui se feroient. C'est encore pour la même raison, qu'on a érigé une Inquisition d'Etat, & qu'on entretient à grand frais plus de mille espions, & enfin que le Senat quelque superbe & somptueux qu'il soit d'ailleurs, n'a pourtant aucune Compagnie de Gardes ni à pied ni à cheval, & ne tient point de garnison dans la Ville, sachant bien que ceux qui voudroient remuër, ne manqueroient pas de s'en assûrer auparavant, & de les faire servir au renversement de l'Etat.

Outre ces beaux reglemens, la Seigneurie en a fait plusieurs autres tendans à la même fin, & lesquels il seroit ennuyeux & inutile de particulariser, ce que j'en ai dit suffisant pour faire connoître que son principal but est de prevenir les desordres interieurs, & d'ôter à ses Nobles toute sorte de moyens d'entreprendre contre la liberté publique.

Tout cela consideré, s'étonnera-t-on de ce que le Senat n'a fait bâtir ni Fort ni Citadelle à Venise? Ne seroit ce pas visiblement détruire d'une part tout ce qu'il a fait de l'autre, & forger lui même les instrumens de sa perte? Aussi est il trop prudent pour faire une bevuë de cette nature, il vaut bien mieux être en quelque façon exposé aux insultes des ennemis de dehors, que de se li-

vrer

vrer pieds & mains liez à ceux de dedans. Au reste cette Republique n'a rien à craindre de ses Voisins, il est de l'intérêt commun de toute l'Italie qu'elle subsiste dans l'état où elle est, pour être de ce côté-là le boulevart de la Chrétienté, & pour balancer la puissance de la Maison d'Autriche; & quant aux Turcs, Venise en est trop éloignée pour qu'ils puissent en approcher.

Vous voyez bien, Monsieur, par tout ce que ie viens de vous dire, que le Senat a ses motifs pour laisser sa Capitale dans l'état où elle est, mais il n'en a pas de moindres pour entretenir le peuple dans l'imagination de sa pretenduë imprenabilité.

Quelques-uns ont écrit que cette Ville étoit bâtie sur soixante douze petites Iles, où Lagunes, si bien ramassées les uns auprès des autres, qu'elles sembloient ne former qu'un seul continent, & d'autres ont rejetté cette opinion. Je ne veux pas entreprendre de décider la question, seulement vous dirai-je ce que j'ai vû, & puis vous en jugerez vous même.

Que Venise soit bâti sur un terrain qui s'éleve pour le moins à fleur d'eau, c'est une chose hors de conteste, ce terrain paroît dans les ruës, les quais, les places, & les maisons. Il est bien vrai qu'on se sert de pilots pour bâtir, parce que le terrain n'est pas assez ferme pour soutenir le fardeau d'un grand Palais, sans s'affaisser ou couler, mais cela ne fait rien contre ce que l'on voit sensiblement. La même chose se pratique tiqué dans tous les lieux marécageux, & particulierement en Hollande. On ne doute pas non plus que ce terrain ne soit presentement isolé presque par tout, c'est un fait dont tout le monde convient. Il reste donc de sçavoir, si toutes ces petites Iles ont été faites naturellement ou par artifice, en creusant les canaux qui les separent; & c'est ce qu'il n'est pas aisé de dire bien asfûrément, il y a du pour & du contre. Il est probable que les Venitiens ont pû les creuser pour se faciliter le transport des danrées & des marchandises; qui viennent jusques à leur porte en bateau, & pour l'embelissement de leur Ville, qui est presque seule au monde de cette situation (*a*); mais il y a tant d'autres raisons aux contraire, que peu s'en faut que je ne m'y rende tout-à-fait. Premierement il est visible, que les Venitiens en bâtissant leur Ville ont employé le terrain avec le dernier ménagement, c'est d'où vient qu'ils ont fait les ruës si petites, que dans la plûpart trois personnes ne sçauroient passer de front, & que dans quelques-unes, deux hommes se rencon-

---

(*a*) Je dis presque seule, car on sçait bien que si l'on vouloit faire une perquisition generale, il s'en pourroit bien encore trouver quelques-unes, comme par exemple Quincy Capitale du Royaume de Quincy dans la Chine. Cette Ville est situeé au milieu d'un Lac, à l'embouchûre de la Riviere de Pulnisangu ou Batata qui l'environne de tous côtez, & forme même une grande quantité de Canaux dans la Ville, sur lesquels il y a comme à Venise une infinité de Ponts, mais avec une bien plus grande commodité, car on peut aller par toute la Ville à Cheval & en Chariot, & non pas ici. *Thevet. Cosmog. univ. Tom. 2, lib. 12.*

contrant font obligez de prêter le côté pour passer. C'est d'où vient encore qu'ils n'ont point laissé de Quais au long des maisons, sur le bord des canaux, mais que de ce côté ils les ont fondées en pleine eau. Est-il croyable qu'avec tant d'épargne d'une part, ils eussent volontairement prodigué de l'autre, un terrain dont ils sont si jaloux, qu'on ne voit que bornes par tout, pour empêcher les Proprietaires d'empiéter sur les ruës? D'ailleurs quelle raison auroient-ils eu pour laisser en plusieurs endroits des espaces si considerables, sans les entrecouper comme dans les autres, car bien que l'on vous ait dit, qu'il n'y a point de maison à Venise dans laquelle on ne puisse descendre en bateau, il ne faut pas prendre cela au pied de la Lettre, ce n'est qu'une maniere de parler, pour vous faire entendre qu'il y en a beaucoup, & en effet je puis vous assûrer que la maison où je suis logé, est éloignée des canaux de plus de cent (*a*) pas à la ronde, & qu'il y a vingt quartiers semblables

(*a*). Dans ma premiere Edition on a mis *cinq cent pas à la ronde*, ce qui est une faute provenuë de ce qu'en ma Copie le mot de cent étoit par hazard écrit deux fois, & que l'Imprimeur avoit lû cinq cent. Il ne faut donc point s'arrêter à cette premiere Edition ou lire comme en celle-ci *cent pas*. Notez encore que par des pas je n'entends jamais des pas Geometriques, mais de simples pas de promenade. Sur ce pied là je soutiens ma proposition, & pour ne vous laisser aucune difficulté là-dessus, je vous envoye une vuë de Venise, afin que vous puissiez examiner par vous-même s'il n'y a pas en cette Ville plusieurs continents de deux cens pas de diametre, & si la disposition des ruës ne peut pas rendre une maison encore plus éloignée

bles dans la Ville. J'ajoûterai à cela que presque tous les canaux de Venise sont tournoyans, & d'une longeur & largeur generalement inégale, ce que je tiens pour une preuve convaincante qu'ils n'ont pas été faits exprès.

Je vous ai dit que toutes les ruës sont étroites & tortuës, cela est sans exception, mais en recompense elles sont si nettes qu'on pourroit y marcher tout un an sans se croter. Elles sont pavées de grands quarreaux de pierre qui après la pluye deviennent blancs comme du marbre. De quartier en quartier on trouve de petites Places appellées *Campi*, qu'on avoit apparemment ménagées pour s'y retrancher, au cas que les ennemis entrassent dans la Ville, car elles n'y sont d'aucun ornement. La seule considerable qu'il y ait à Venise, est celle de St. Marc; elle a deux cens cinquante pas de longueur, & quatrevingt de largeur. L'Eglise de St. Marc fait face à l'un des bouts, & celle de St. Geminien à l'autre. Aux deux côtez sont les deux superbes bâtimens des Procuraties, vieille & nouvelle, qui la rendent sans contredit une des plus belles qui soit au monde. Deux grands Portiques, larges de dix pas, soutiennent les façades des Procuraties, & tout au long il y a de doubles arcades, dont les unes étant ménagées dans le corps du bâtiment, servent

gnée des Canaux qu'elle ne seroit si on pouvoit y aller en ligne droite. Je m'explique ainsi particulierement pour répondre à ceux qui ont repris cet endroit de mon Livre.

vent de boutiques à des parfumeurs, limonadiers & vendeurs pe Caffé, qui les loüent de la Seigneurie. Les Procurateurs de St. Marc demeurent chacun séparément dans ces beaux Palais, & c'est à cause de cela qu'on les appelle Procuraties, mais quand il vient quelque Prince Etranger, ou que l'on fait quelque fête extraordinaire, on les ouvre par tout, de sorte qu'on peut aller d'un bout à l'autre, & que ce qui paroissoit auparavant des demeures particulieres, n'est plus qu'une seul maison. La Procuratie neuve est celle qui est à main droite en allant vers l'Eglise St. Marc, & la vieille est à la gauche. Cette premiere a deux façades principales, l'une qui donne sur la place de St. Marc, & l'autre sur celle du Broglio, vis à vis du Palais de St. Marc, qui est un ancien & magnifique bâtiment, quoique d'Architecture Gothique. C'est-là que s'assemble le grand Conseil, celui des Finances qu'on appelle *la Zecca* celui de la Marine, & tous les autres. La Zecca est un lieu separé dans le Palais de St. Marc, & quoi qu'il soit bâti avec la même Architecture, & la même pierre, néanmoins les grosses grilles & les doubles Portes de fer dont il est fermé de toutes parts, lui donnent plûtôt l'air d'une prison que d'une Maison Royale. D'ailleurs la fumée qui sort des fourneaux de la Monnoye, a tellement penetré les murailles & les pierres qu'elles sont noires jusques dans les chambres. C'est-là qu'on bat la Monnoye, & qu'on garde le tresor de la Republique dans

de

de grands coffres de fer à trois serrures, dont les clefs sont confiées à trois Procurateurs, qui sur peine de la vie n'oseroient faire aucun effort pour les ouvrir qu'ils ne soient tous ensemble. La chambre se tient deux jours de la semaine, qui sont les seuls auquels on fait des payemens.

Le petit Arcenal des Nobles, dont les armes sont toûjours chargées & en état, est dans le même Palais de St. Marc, & le Doge y a aussi son logement C'est dans l'aîle droite qu'il demeure, & comme cette aîle a communication avec l'Eglise, il peut quand il lui plaît y aller entendre la Messe sans s'exposer à la pluye, & même incognito. On y a pratiqué tout exprès une Tribune qui est si élevée, & si enfoncée dans le Mur que difficilement ceux d'embas pourroient découvrir ceux qui s'y seroient mis, & qui ne voudroient pas être vûs ; mais avec tout cela le Doge se sert rarement de cette commodité, & d'ordinaire il se fait dire la Messe dans une petite Chapelle qu'il a chez lui.

L'Eglise de St. Marc est un grand Temple d'Architecture Orientale, a deux étages, & sans aucune Tour ni Clocher, Il est couvert de cinq Dômes dont celui du milieu est le plus grand, & environné au premier étage d'un Balçon de Pierre à hauteur d'homme. On y entre par un Porche composé de cinq arcades qui en soûtiennent cinq autres, & desquelles les deux du milieu sont plus exhaussées que celles des côtez On y voit quantité de figures de pierre, &
en

entr'autres celles d'un petit vieillard qui a le doigt en la bouche. On pretend que c'est l'Architecte qui a fait l'Eglise, & l'on en raconte cette Histoire. Il s'étoit engagé à faire le plus beau Bâtiment qui fût au monde, à condition que sa Statuë seroit érigée dans le plus honorable endroit de l'Eglise en mémoire perpetuelle. Or il arriva qu'un jour ayant reçû quelque déplaisir des Procurateurs qui presidoient à la conduite & aux dépenses du dessein, & le Bâtiment étant déja fort avancé, il dit au Doge en parlant à lui-même, que si on en avoit bien usé avec lui, il auroit pû faire tout autre chose encore, surquoi le Doge prenant la parole lui répondit que puisque cela étoit ainsi, on ne lui feroit pas non plus l'honneur qu'on lui avoit promis. L'Architecte connut aussi-tôt sa faute, mais trop tard, & non-seulement on refusa de le placer au plus bel endroit de l'Eglise selon les premieres conventions, mais on lui fit de plus le chagrin de le mettre où il est, en vûë de tout le monde, & en se mordant les doits, c'est à-dire en posture d'un homme qui se répent d'avoir fait on dit une sotise. Toutes ces circonstances ont bien l'air d'être autant de fables ajustées ensembles pour donner une explication extraordinaire à la petite Statuë, & je ne sçai si l'on n'en pourroit point dire de même des magnifiques Portes d'airain qui sont aujourd'hui à l'Eglise St. Marc. On pretend que ce sont les mêmes qui furent autrefois à Ste. Sophie de Constantinople, & qu'elles en furent apportées

avec

avec la precieuse table d'Autel dont je vous ai parlé ailleurs, & avec quantité d'autres belles choses dont les Venitiens depouillerent cette Capitale pour en enrichir la leur. Quoi qu'il en soit, elles sont fort belles, & bien dignes sans doute du magnifique Temple à l'usage duquel elles ont été appropriées. Pour ce qui est de la Table d'Autel, quoi qu'elle ne corresponde pas, toute riche qu'elle est, à ce qu'on a dit & écrit de celle de Ste. Sophie, surquoi vous trouverez bon que je vous renvoye à mes precedentes Lettres, on ne laisse pas de croire communément que c'est la même qui étoit à Ste. Sophie. On prétend qu'elle en fut apportée en 1105. par le Doge *Ordelafo Faliero*, que depuis elle fut embellie & enrichie de nouveau de quantité de pierreries en 1209. sous le Doge *Pietro Ziani* par le Procurateur *Angelo Faliero*, & depuis encore renouvellee, ornée & enrichie de plusieurs nouveaux bijoux sous le Regne du Doge *André Dandolo*; *Marco Loredano*, & *Fresco Quirini* étant Procurateurs de St. Marc. C'est ce que l'on tient, & ce que l'on croit pouvoir prouver par les vers suivans, qui sont gravez sur ladite Table.

Premiere Inscription.

Anno milleno centeno jungito quinto,
Tunc Ordelafus Faledrus in Urbe Ducabat,

Hac

Hac nova facta fuit te Petre ducante
   Ziane,
Et procurabat tunc Angelus acta Fa-
   ledrus,
Anno milleno bis centenoque noveno.

Seconde Inscription.

Post quadragento-quinto, post mille tre-
   centos,
Dandulus Andreas preclarus honore du-
   cabat,
Nobilibusque juris tunc procurantibus
   almam,
Ecclesiam Marci venerandam jure
   Beati,
De Lauredanis Marco. Frescoque Qui-
   rino,
Tunc vetus hæc pala gemmis preciosa
   novatur.

   Tout cela néanmoins ne parle point de Constantinople, mais la tradition supplée à l'écriture. C'est ce qui est encore arrivé à l'égard des quatre beaux Chevaux de Bronze doré qui sont sur le Porche de St. Marc au premier étage. Faute de sçavoir bien certainement d'où ils sont venus on leur a cherché une origine la plus ancienne, & la plus illustre que l'on a pû. Vous en sçavez l'Histoire car elle n'est ignorée de personne, ne, ainsi je me contenterai de vous dire que c'est dommage qu'ils n'ayent pas été bien conservez, car la figure en est si belle que la nature même n'auroit pû mieux faire. Il est vrai qu'on les a rapiécez du mieux que l'on a pû, mais cela ne les remet pas dans leur premiere beauté.

L'Eglise au dedans est faite en croix Grecque. Elle est voutée partout, & enrichie d'une très-belle Mosaïque pareille à celle de Ste. Sophie, mais il s'enfaut bien qu'elle soit si bonne, car celle ci tombe de tous les côtez, & l'on est obligé de gager des gens tout exprès pour la reparer, au lieu que l'autre subsiste depuis plusieurs siecles sans qu'on y fasse jamais rien. Celle de Ste Sophie differe encore de celle de St. Marc en ce que la premiere est toute unie, & que celle-ci est pleine de figures. C'est la troisième de cette espece que j'aye vûë dans mes Voyages, celle de Ste. Sophie, une autre à Scio, & celle-ci. Le pavé de l'Eglise est encore embelli d'une autre sorte de Mosaïque, qui n'est pas moins pretieuse que la premiere. Ce sont de petites pieces raportées, de marbre de differentes couleurs, de Porphire, de Jaspe, & de Serpentin, qui font à peu près le même effet que celui de l'ébéne, de l'écaille, & de la nacre, sur les tables & les cabinets de marqueterie.

Les armoiries de tous les Doges que la Republique à eus jusques-ici, sont placées tout autour des murailles. Elles sont generalement magnifiques, & mêmes il y en a quelques-unes toutes d'argent & d'un beau traravail. Surquoi il eſt à remarquer que les Doges ont accoûtumé de laiſſer trois choſes à la Republique en memoire de leur Regne, ſçavoir leur Portrait au naturel; un Tableau où ils ſont peints à genoux devant la Vierge, & l'Ecuſſon de leurs Armoiries. Le Portrait eſt pour mettre dans la Salle du Conſeil, avec ceux de tous les Doges precedens; le Tableau pour celle du College ou du Pregadi, ou pour quelqu'autre lieu où la Seigneurie juge à propos de le placer, & l'Ecuſſon des Armoiries pour l'Egliſe St. Marc.

Cette Egliſe eſt fort exhauſſée en dedans, ce qui a donné lieu à l'Architecte d'y pouvoir ménager une Galerie haute qui regne tout autour de l'Edifice avec une Baluſtrade à hauteur d'appui, & dans laquelle les perſonnes curieuſes ont accoûtumé de ſe placer les jours de Fête pour mieux obſerver les Cérémonies. Cela fait une belle ordonnance, & donne en général un fort bon air à tout le Bâtiment, qui du reſte eſt enrichi de tous les ornemens de Sculpture, de Peinture, & d'Orphevrerie que la Sainteté du lieu pouvoit y admettre. On y voit auſſi quantité de Corps Saints, de Reliques, & d'autres curioſitez pieuſes, entre leſquelles on me fit particulierement remarquer trois figures de pierre maçonnées dans le mur. On les appelle communément *I tre Santi*, & l'on pretend qu'elles furent faites du temps de l'Empereur Diocletian par un Saint homme Sculpteur de profeſſion, à qui cet Empereur ayant ordonné de lui faire un

Jupiter, une Junon, & un Mercure, il lui fit au contraire un Christ, une Vierge Marie, & un Jean Baptiste, & le lui presenta en lui disant que c'estoit ceux-là qu'il devoit adorer, & non pas les faux Dieux : liberté qui dit on lui coûta la vie.

Dans la Chapelle ditte le Baptistaire on montre la pierre sur laquelle Jesus-Christ étoit assis, lors qu'il prêchoit au Peuple entre Tir & Sidon, à quoi quelques uns ajoûtent que c'est la même sur laquelle Abraham voulut sacrifier son fils Isaac, & sur laquelle aussi Moïse étoit quand il reçût la Loi de Dieu. Cette Pierre est en grande veneration à Venise, aussi bien qu'une autre qui se voit dans la même Chapelle, & sur laquelle on croit que St. Jean Baptiste eu la tête coupée. Je ne sçaurois dire d'où celle-ci est venuë, mais pour l'autre, elle fut apportée en 1125. par le Doge Dominique Michaëli lui étant encore Capitaine dans la Guerre de la Terre Sainte. La Chaire Episcopale du bon Evangeliste St. Marc est gardée au même lieu, mais il y a une dispute entre les Devots à son occasion, car les uns croyent que ce soit celle où il tenoit son siege en Alexandrie, & quelques autres que ce soit la même où il seyoit en Aquilée. Quoiqu'il en soit tous s'accordent, comme j'ai dit, à croire que c'est la vraye chaire de ce Saint. Il en est de même de son propre Corps. Tous les Venitiens sont unanimement persuadez qu'ils le possedent dans leur Eglise, mais tous ne sont pas d'accord du lieu. Les uns croyent qu'il est dans un

des

des pilliers de l'Eglife, les autres qu'il eſt ſous le grand Autel, & ils en alleguent pour raiſon qu'on voit encore aujourd'hui une petite porte au derriere dudit Autel, dans laquelle ceux qui étoient malades avoient accoûtumé de mettre la tête en faiſant leurs prieres pour obtenir gueriſon par le moyen du Saint. Mais les autres au contraire ſoûtiennent que le lieu où repoſe ce depoſt ſacré eſt abſolument inconnu, & leur parti eſt d'autant plus fort qu'ils ont pour eux le témoignage du Doge Dandole, lequel s'en explique en ces termes dans la la Vie du Doge Falier dont il décrit le Regne, *Alli 8. di Otiobre fu Sacrata la Chieſa, & in quella poſto il corpo di San Merco, ſenza ſaputa di altri, che di eſſa Principe, del Primiciero, & del Procuratore, & pero e incognito fuor che alli detti, & alli Cor ſucceſſori il loco ove ſia poſto. Ne per queſto devono quei, che non lo ſanno, dubitare, eſſendo che jo che hora parlo, mentre, che prima ero nell' oficio di Procuratore, & hora che per la Dio gratia ſon creato Doge, poſſo dire quelle parole, che ſan Giouanni nel cap. 19. Et colui che eio vide, ne ha reſo teſtimonio, & è ver la ſua relatione & s'a egli, che dice, la verità, accioche, voi anco crediate.*

Ce ſeroit ci le lieu de faire l'Hiſtoire de l'Invention, & de la tranſlation de ce Corps Saint, mais outre quelle a déja été écrite par d'autres, c'eſt un détail dans lequel je ne puis pas entrer ici fans ſortir des bornes que je me ſuis preſcriptes.

Après l'Egliſe de St. Marc, le Palais, &

les Procuraties, l'Arcenal est ce qu'il y a de plus superbe dans Venise. C'est assûrément le premier des Arcenaux du monde. Il a plus de deux milles de tour, & encore est-ce tout ce qu'on peut faire, que d'y renfermer le prodigieux amas de Canons, de Bombes, Grenades, Mousquets, Sabres, Poudres, Cordes, Voiles, Ancres & Metaux, dont il est pourvû. On pretend qu'il y a toûjours de quoi armer quinze Galeres, quatre Galeasses, autant de Vaisseaux & cent mille hommes, tout aussi-tôt qu'il en seroit besoin. Trois Nobles ont le Gouvernement de cet Arcenal, & sous eux le Pilote de la Republique appellé communément l'Amiral. Cet Officier a l'inspection de tout ce qui se passe dans l'Arcenal, & a soin de faire travailler deux ou trois cens hommes qu'on y entretient toûjours, mais il ne va sur Mer qu'une fois l'an, sçavoir le jour de l'Ascension pour conduire le Bucentaure, lors que le Doge accompagné de toute la Seigneurie va épouser la Mer.

Vous sçavez quelle est cette Cérémonie. C'est pourquoi je ne vous en dirai rien autre chose sinon que l'Amiral est obligé sur peine de la vie, par le dû de sa Charge à ramener le Bucentaure en sauvement, ce qui le rend d'ordinaire si craintif que pour peu de vent ou de nuages qu'il fasse, il fait remettre le Voyage au Dimanche suivant.

Quelqu'un a dit, que Venise renfermoit quatre cens Palais dignes de recevoir un Roi. Je confesse que c'est dire beaucoup, mais je ne sçai si c'est dire trop. Il y en a

tant

tant & de si magnifiques, que sans exageration, il y auroit dequoi embellir dix autres Villes. Qui veut avoir tout d'un coup la vûë des plus considerables, n'a qu'à s'aller promener sur le grand Canal, il y en trouvera pour le moins deux cens, qui se disputent les uns aux autres la hardiesse du dessein, & la beauté de la structure. On ne sçait lequel admirer d'avantage, ni auquel on doit donner le prix, tant ils étalent de differentes beautez Si l'on sort de la Ville, & qu'on aille faire un tour en terre ferme, particulierement du côté de Padouë, on en trouve une si grande quantité, qu'il semble que ce Païs ne soit habité que par des Dieux, chaque Palais ayant la veritable apparence d'un Temple, tant ils sont enrichis de tout ce que l'Architecture offre de plus agreable. Je sçai que ce discours ne plaira pas à des François accoûtumez à ne rien trouver beau en comparaison de ce qui est en leur Païs, mais je ne sçaurois qu'y faire, ce n'est pas pour eux seuls que j'écris. Vôtre ami en particulier a déja declaré son sentiment là dessus, & pour couper tout d'un coup le nœud de la question, il vous a donné avis que je n'entends pas l'Architecture, & qu'ainsi vous ne deviez faire aucun fond sur mon rapport. J'avouë que je ne suis pas maître en cet Art, & que même j'en suis fort éloigné, mais il y a eu des Maîtres qui m'ont voulu persuader que je ne suis pas aussi absolument dépourvû de la connoissance, & du goût que l'on en peut acquerir par la lecture & par

les

les Voyages, & vôtre ami ne sçauroit nier sans se faire tort à lui-même que l'on peut bien parler en général de Bâtimens sans être du Métier. Cela est si vrai que l'on trouve par tout païs des Princes, des Courtisans & des Officiers qui ont souvent un goût plus exquis pour l'Architecture que beaucoup d'Architectes qu'il y a dans le monde, & sur cela je citerai hardiment pour exemple Monsieur de Chambrai Auteur de l'excellent Traité qui porte pour titre, *Parallelle de l'Architecture ancienne & moderne.* Ce sera lui qui répondra pour moi à vôtre ami, sur le sujet des Architectes & des Palais d'Italie. Il est assez critique en son Ouvrage, & il réprend fort hardiment tout ce qu'il croit avoir lieu de reprendre, mais avec tout cela, il n'a pas laissé de rendre à l'Italie & aux Maîtres quelle à produits, toute la justice qui leur est dûë, en quoi à dire vrai, il n'est pas favorable au sentiment de vôtre ami.

Ne croyez pas au reste que j'aye jamais pretendu approuver les licences de quantité d'Architectes Italiens qui ont rempli leur païs des effets de leurs caprices, Je sçai que pour bien reüssir en Architecture, il faut suivre les Anciens, & que l'habileté d'un Maître ne consiste pas tant à inventer, qu'à suivre avec choix & discernement ce qui a déja été inventé. En cela je suis d'accord avec vôtre ami, (supposé néanmoins que ce soit sa pensée comme je le veux croire) mais non pas dans le mépris qu'il fait de l'Architecture Italienne en général, & des

Palais

Palais de Venise en particulier. On ne sçauroit entreprendre de condamner ces Palais sans faire le procès en même temps à Michel Ange, à Raphael, à André Palladio, & à Vincent Scamozzi, qui ont pour ainsi dire, ressucité l'Architecture morte avec l'Empire Romain, qui l'ont deterrée des ruïnes de l'Antiquité où elle étoit ensevelie, depuis tant de Siecles, & qui l'ont renduë triomphante de l'injure des temps dans toute l'Italie, & particulierement à Venise par les somptueux Edifices qu'ils y ont bâtis. C'est à ces Genies élevez que l'on doit le rétablissement de l'Architecture, & si l'Italie ne les avoit produits, il y a bien de l'apparence que la France en seroit reduite encore aujourd'hui à Gotiser comme elle faisoit il n'y a pas cent cinquante ans.

François I. que l'on appelle avec justice, le Pere & le Restaurateur des beaux Arts, fut non-seulement le premier du nom, mais aussi le premier entre les Rois de France qui entreprit de l'introduire en son Royaume. Pour cela il eut recours à l'Italie, & en fit venir le célébre Sebastien Serlio, qui lui bâtit Fontainebleau. Ce grand homme duquel la principale ambition étoit de publier, & de communiquer ses lumieres à tout le monde, en donna d'abord des leçons à ceux qui voulurent les recevoir, & le fit avec tant de fruit que peu d'années après il se vit des Eléves, capables d'entreprendre & d'executer eux-mêmes les plus belles choses que l'on puisse faire en Architecture. Le vieux Louvre en est une preuve, car bien que Monsieur Perraut remarque à l'honneur de la Nation Françoise qu'il fut bâti sur un dessein lequel ayant été fourni par un Architecte François, fut preferé à celui que Serlio lui même en avoit fait, il ne laisse pas de reconnoître aussi que ce François n'avoit tiré ses connoissances que de lui, & des aux Maîtres Italiens qui l'avoient precedé, la France n'ayant possedé, ni produit jusqu'alors aucun Atchitecte que l'on pût dire habile. Monsieur de Chambrai va plus loin encore, car dans l'énumeration qu'il fait des plus Illustres Architectes Modernes, il ne fait mention que de deux, Philibert de Lorme, & Jean Bullant, au lieu qu'il en nomme un trés grand nombre d'autres qui sont Italiens, comme André Palladio Vincentin, Vincent Scamozzi aussi Vincentin, Sebastien Serlio, Jaques Barrozzio surnommé Vignole, Daniel Barbaro Patriarche d'Aquilée, fameux Commentateur de Vitruve & surnommé par le même Chambrai le Vitruve de nôtre temps. Pierre Cataneo, Leon Baptiste Alberti, Viola, & plusieurs autres.

Presque tous ceux qui ont écrit sçavamment de l'Architecture à l'exception néanmoins de Monsieur Perraut, en ont parlé de la même maniere, & Monsieur Blondel en son Cours d'Architecture Liv. V. Chap. IX. ne fait point difficulté de dire qu'entre plusieurs choses que les François ont tirées des Italiens, on doit compter la distribution & disposition des Appartemens. De-sorte, dit-il, *qu'au lieu de se contenter d'un petit*

petit nombre de Pieces qui suffisoient auparavant, on y pratique aujourd'hui une Antisale, une Sale, un Salon ceintré à l'Italienne, une Antichambre, une Chambre, Anti-Cabinet, Cabinet, & Galerie, & diverses autres pieces.

Il en a été de même de la disposition & situation de l'Escalier, qui est un des endroits en quoi l'on peut dire que les Modernes ont surpassé les Anciens, car c'est aux Italiens que l'on doit toutes les connoissances que l'on a maintenant là-dessus, & particulierement à Scamozzi qui en a donné plusieurs modelles également beaux. Monsieur Blondel n'en disconvient pas aussi, car il ajoûte au même endroit que je viens de citer que cette distribution nouvelle de Pieces, a obligé les Architectes à changer la Place ordinaire des Escaliers en les transportant du milieu des Bâtiments à l'un des bouts. De tout cela vous conclurez aisément je croi, que ce n'a pas été tout à fait en l'air que je vous ai vanté les Palais d'Italie, & que vôtre ami s'est trompé quand il a crû que je m'etrois laissé surprendre, à ce qu'il appelle le masque des Bâtimens. Mais comme je crains qu'à faute de me bien expliquer, vous n'alliez vous imaginer d'ailleurs que je n'estime pas autant que je le dois les Architectes François & les Bâtimens de France, je suis bien aise de vous dire ici que ce n'est là nullement mon sentiment. Je suis bien éloigné de vouloir dégrader le vieux & le nouveau Louvre, le Palais de Luxembourg, celui des Thuileries, celui de Versailles, & le Château de

Riche-

Richelieu en les mettant au-deſſous des Bâtimens d'Italie. Je ſçai que ce ſont des monumens glorieux du genie, & de l'habileté
des François dans l'Architecture. Je n'i-
gnore pas non plus qu'outre ces Bâtimens cé-
lébres & ſuperbes, on peut trouver à Paris
& ailleurs grand nombre de maiſons dans
leſquelles on eſt obligé d'admirer la commodité, la regularité, & la belle diſtribu-
tion, comme par exemple à l'Hôtel de Tubœuf, à l'Hôtel d'Avaux, à l'Hôtel de
Liancourt, à l'Hôtel d'Aumont, à l'Hôtel de Sulli, au Commandeur de Gert, au
Château de Pons, à celui de Maiſon, à celui de Meudon, à celui de Thoüars, à celui de Colombieres, à celui de Rinci, &
à quelques autres, mais je ne croi pas que
l'on puiſſe ſoûtenir avec fondement que Paris tout grand qu'il eſt puiſſe fournir autant
de Bâtimens d'une belle Architecture que
Veniſe, quoique beaucoup plus petit, ni la
France entiere autant que l'Italie, & c'eſt
là-deſſus que rouloit tout mon raiſonnement quand je vous écrivis la derniere
fois.

Je ne ſçaurois dire pourquoi la Nobleſſe
Venitienne fait tant de dépenſe en Bâtimens, ſi ce n'eſt peut-être la privation où
elle ſe trouve par les Conſtitutions fonda-
mentales du Gouvernement de tout autre
moyen déclater, & de faire paroître ſa
magnificence. Car comme vous ſçavez, il ne
lui eſt pas permis de mettre ſon argent en
grands Equipages, ni en habits dorez. C'eſt
apparamment auſſi par cette raiſon qu'elle

en

en dissipe tant à l'entretien des Courtisannes, & au jeu. Vous ne sçauriez croire les sommes immenses que la Bassette absorbe ici tous les ans, particulierement dans le temps du Carnaval, que les *Ridotti* sont ouverts.

Les Ridotti, que quelques-uns de nos François traduisent par le mot de Reduits, sont des Academies de Jeu publiques, mais dans lesquelles on ne sçauroit entrer que masqué. On a fait ce reglement afin de donner à tout le monde la liberté d'y venir, & de se mêler indifferemment sans être obligé à aucune distinction, desorte qu'on y voit des Nobles, des Citadins, des Dames, & des Courtisannes. Chacun y est bien venu pour son argent, & l'on est censé masqué, pour vû qu'on ait seulement un faux nez, ou une fausse moustache. Ce sont des Nobles qui tiennent la banque, & qui se relevent les uns les autres, du matin jusques au soir. On ne peut pas mieux joüer son argent qu'ils font le leur. Qu'ils perdent, qu'ils gagnent, c'est toûjours un visage égal ; & de la même tranquilité, avec laquelle ils gagnent un sequin sur une carte, ils en perdent mille sur une autre. J'ai vû deux ou trois fois le Tailleur debanqué, sans qu'il en marquât le moindre chagrin, & ce qui m'a semblé plus extraordinaire, j'ai vû des Nobles lui joüer après cela jusques à dix mille ducats sur sa parole, qui ne manquoient pas d'être payez ponctuellement le lendemain matin. Il est vrai que ce n'étoit pas lui seul qui supportoit cette perte, ils font quelquefois cent Associez ensemble, ce qui ne contribuë pas peu à tant de sens froid. D'ailleurs il n'est pas ordinaire que la Banque perde, au contraire elle fait presque toûjours fortune, & les *Ridotti* sont quelquefois si pleins d'argent, qu'on ne sçait où le mettre.

Je repondrai par ma premiere Lettre à ce que vous me demandez touchant la Noblesse Venitiennes. Je suis, Monsieur, &c.

De Venise, ce... Febr. 1692.

LETTRE XIV.

Distinction entre la Noblesse Venitienne. Avantage des pauvres Nobles. Histoire sur ce sujet. Civilité outrée des Venitiens, dans les Reverences, dans les Conversations, & dans les Lettres. Titres & qualitez que l'on donne à chacun selon sa Condition. Pompeux Esclavage dans lequel on tient le Doge. Histoire de François Morosini Doge. Entrée du Procurateur Morosini. Ceremonie de cette entrée. Reglement contre le Luxe. Chevaliers de St. Marc. Distinction entre ces Chevaliers. Forces des Venitiens. Honnêteté des Nobles pour les Etrangers. Braves de Venise. Habit des Nobles. Les Venitiens representent St. Marc sous la figure d'un Lion.

MONSIEUR,

Je me souviens de vous avoir dit dans une de mes Lettres, que la Chevalerie de Malthe pouvoit être divisée en quatre Classes differentes, je vous en dis tout autant de la

Noblesse Venitienne. Ce n'est qu'un corps, mais tous les Nobles n'ont pas une naissance également illustre. Je comprend sous la premiere Classe les Familles Fondatrices de la Republique, & qui étoient Nobles avant ce temps-là; dans la seconde celles qui s'anoblirent en entrant dans le Conseil jusques à ce qu'il fût fermé, ce que l'on appelle, *il Serrar del Consiglio*; dans la troisième ceux qui depuis ont obtenu la Noblesse pour recompense des services rendus par eux à l'Etat, ceux là sont appellez Gentilshommes par merite; & dans la quatrième enfin les Citadins ou Bourgeois Venitiens qui ont achepté *Nobili per Soldi*. Une Origine si differente met entr'eux beaucoup de distinction, mais on peut dire quelle est entierement bornée à l'estime de ceux qui font cas de la Noblesse originelle, car d'ailleurs ils n'ont pas plus de Voix ni de Privileges les uns que les autres. Tous les Nobles, quels qu'ils soient, entrent au grand Conseil, & se traitent reciproquement d'Excellence, depuis les plus grands jusques aux plus petits. Il arrive même souvent que les plus Nobles ne sont pas les plus respectez. Rien n'est si ordinaire que de voir un Gentilhomme de trois jours élevé à la Procuratie, tandis que les Anciens & les Fondateurs sont miserables. Enfin c'est comme par tout ailleurs, on encense à la Fortune, en quelque sujet qu'elle se trouve, & les plus riches sont toûjours les plus grands Seigneurs & ceux qui reçoivent les honneurs. J'y trouve seulement

cette

cette difference réelle, c'est que comme toutes les Charges & les Dignitez se donnent par suffrage au grand Conseil, les riches Gentilshommes sont obligez malgré qu'ils en ayent à conserver toûjours beaucoup de ménagement pour ceux qui sont pauvres. La raison en est qu'il ne faut qu'une voix de moins pour manquer la Procuratie, & même la Corne Ducalle, surquoi les Venitiens font une Histoire assez plaisante. Ils disent qu'une pauvre Gentilhomme ayant été obligé d'aller à la Campagne pour quelque affaire, fut chez un Noble fort grand Seigneur qui étoit son Voisin, & le pria de lui prêter un manteau, ce que l'autre lui refusa disant qu'il n'en avoit point ; le Gentilhomme se retira fort piqué d'avoir été ainsi rebuté, & fut en chercher un en quelqu'autre endroit, cependant le Doge mourut, & le riche Noble fut mis sur les rangs pour être élû. On vint à la Balotation, & il ne lui manquoit qu'une voix, lorsque celui à qui il avoit refusé le manteau entra dans le Conseil, aussi-tôt il fut à lui avec de profondes reverences, le Suppliant de lui donner la sienne qui alloit l'élever à la souveraine Dignité ; mais celui-ci se ressouvenant de son refus mal-honnête, le renvoya fiérement en lui disant *Signor non, jo staro senza fariol & lei senza corno*. Ce besoin qu'ils ont les uns des autres, fait qu'ils se traitent toûjours avec beaucoup de civilité, mais c'est trop peu dire, car ils outrent les demonstrations d'une maniere qui par tout ailleurs passeroit pour ridicule. C'est ce qu'on qu'on remarque facilement au Broglio, toutes les fois qu'ils y font. J'y ai vû fouvent des Nobles qui briguoient les premiers emplois, fe profterner devant un pauvre Gentilhomme, dont la vefte ne valoit pas quatre fous, comme s'il avoit été un Roi. Les reverences à la Venitienne different des nôtres de tout, ils les font lentement pour marquer plus de modeftie & de refpect, & fe baiffant jufques aux genoux, ils demeurent ainfi quelquefois une minute, à faire des proteftations de fervice, & d'un entier devouëment, après quoi ils fe relevent pour en recommencer deux ou trois autres de la même longueur; & fi quelque Noble s'avifoit d'abreger un peu fes reverences, & de leur donner quelque air François, il pafferoit pour un *vilano chi non ha creanza neffiuna.*

Les Etrangers qui vont fervir dans les Troupes de Venife, doivent auffi fe faire d'abord à cette maniere, autrement ils feroient haïs de tous, au lieu qu'à force de profternations ils peuvent efperer quelque avancement. J'avouë pourtant que ces excès de refpect font de difficile pratique. Je vis l'autre jour l'entrée d'un Procurateur, dont je vous decrirai dans un moment la ceremonie, il y avoit quelques Officiers & quelques Collonels qui marchoient devant le Senat, jufques à la porte de l'Eglife où ils s'arrêtent en dedans. Ils regalerent de là chaque Noble qui paffoit d'une reverence telle que je vous les ai depeintes, fi bien que pendant un gros quart d'heure ils ne firent que fe baiffer & fe relever. L'excès de

la

la civilité Venitienne ne se borne pas aux reverences, mille égards & mille flatteries en sont des suites necessaires. Il faut sur tout bien prendre garde à la maniere de parler & d'écrire. Car il ne suffit pas de dire jamais *voi*, qui seroit un terme choquant, & de s'exprimer toûjours par *lei* ou *ella* : il faut de plus observer une soumission extraordinaire dans le discours, le remplir de *si la commanda, si piace al mio padrone*, dire toûjours que *il mio Padrone* a fait ceci ou dit cela, & si on le louë de quelque belle qualité, ne manquer jamais de mettre *l'Issimo* au bout, ne suffisant pas qu'il soit *nobile* ni *dotto* ni *galanto*, il faut qu'il soit *nobilissimo, dottissimo & galantissimo*. C'est la même chose en écrivant, on outre les civilitez, & l'on en fait ici à ses inferieurs que bien des gens auroient de la peine à rendre ailleurs, à ceux-mêmes qu'ils reconnoissent pour être au dessus d'eux. J'ai vû des lettres des Capitaines Généraux Cornaro, & Mocenigo, écrites à un Marchand Grec, au haut desquelles il y avoit *molto illustre Signor*, puis quatre doigts de blanc, après quoi la lettre commençoit ainsi, *ho ricevuto de Vostra Signoria molto illustre &c.* continuant du même stile jusques à la fin, qui étoit de *Vostra Signoria molto illustre, devotissimo servitor* ; avec six doigts d'espace entre la fin de la lettre & le seing. J'avouë que cela me surprit vû la qualité de ceux qui écrivoient, & celle de celui à qui on écrivoit. Je veux croire que s'ils en usoient ainsi, c'est qu'ils le vouloient bien, & qu'ils

en avoient leurs raisons, mais enfin ils le faisoient, & vous pourrez juger par cet échantillon de ce qui se peut pratiquer. Jugez ce qu'on doit faire entre personnes d'une égale condition. Au regard des Nobles quand on leur écrit on met toûjours sur la lettre, *al'Illustrissimo, & Excellentissimo Signor & mio Padrone Collendissimo, il Signor &c.* & dans la lettre ce sont des humiliations qui répondent à cette suscription. Au reste il y a certains titres & qualitez affectées à la condition des gens. On dit à un artisan *Sr. Pietro*, ou *Sr. Paolo*, à un Citadin ou à un Marchand *Vostra Signoria*, & dans les lettres *Vostra Signoria molt. illustre*. Les Avocats, Medecins, Notaires, & Gentilshommes sujets, ont *la Signoria Illustrissima*, les Nobles Venitiens *l'Eccellenza*, & le Doge *la Serenita*, c'est la qualité par laquelle on le designe ordinairement, car on dit rarement *il Dogio*, on dit plûtôt *il Serenissimo*, cela signifie le Doge ; mais quand on dit *il Principe*, c'est de la République qu'on veut parler, on ne l'entend jamais autrement. Ainsi l'on met au commencement de toutes les ordonnances & des publications, *il Serenissimo Principe fa sapere*, & dans les conversations familieres, *il Principe ha prohibito pompe*, *il Principe a fatto fare un bell' vascello*. Voilà comment on s'explique quoi qu'on ne pense pas seulement au Doge, car ce n'est pas lui qui fait tout cela, il n'ordonne de rien, & bien loin d'avoir quelque autorité, il n'oseroit pas faire une de-
ma

marche sans ordre. François Morosini lequel en consideration de ses longs services avoit été élû Doge au mois d'Avril 1688. lui étant à l'Armée, souhaita en vain de pouvoir venir se reposer à Venise, il ne pût en obtenir la permission que l'année derniere, & après des sollicitations de trois ans. Cependant, c'étoit un homme usé de fatigues & de vieillesse, & de la vigueur de qui il n'y avoit presque plus rien à esperer. Je croi même qu'il ne souhaitoit son retour avec tant de passion que dans la crainte de perdre à la fin une partie de la gloire qu'il s'étoit acquise par le passé, ce qui en effet lui arriva, car après avoir manqué l'entreprise de Negrepont, il eut le déplaisir de demeurer deux ans devant Napoli de Malvasie, & de laisser enfin à un autre l'honneur de cette conquête.

La longueur de ce siege me fait souvenir de celui de Candie qui fut si long-tems opiniâtré de part & d'autre. C'étoit le même Morosini qui la défendoit, & comme le Senat ne voyoit pas d'esperance de conserver cette place, & qu'elle ne faisoit que lui couter beaucoup d'hommes & d'argent, il lui avoit envoyé ordre de la rendre aux meilleures conditions qu'il pourroit ; mais lui qui ne cherchoit qu'à acquerir de la gloire, & qui méprisoit fort le Turc, supplia le Senat de continuer de lui envoyer les secours necessaires, & promit qu'il la sauveroit, ou qu'il s'enseveliroit sous ses ruines. Cette promesse un peu legerement hazardée, faillit à être cause de sa perte, car

n'ayant

n'ayant pû l'executer, il tomba tout d'u[n]
coup dans la mauvaife grace du Peuple, c[e]
qui donna lieu aux ennemis qu'il avoit ent[re]
les Nobles à fe déclarer en fuite contre lu[i.]
Il fouffrit d'abord mille reproches, & dan[s]
les ruës de la part du Peuple, & dans l[e]
Broglio de la part des Gentilshomme[s.]
Les uns difoient tout à fon nez; *n'eſt-ce pa[s]
là Moroſini?* & les autres répondoient, *no[n,]
ce ne peut pas être lui, car il avoit promis d[e]
s'enfevelir fous les murailles de Candie, s'[il]
ne la pouvoit fauver.* Mais la perfécution n[e]
fut pas bornée là. L'Advogador Antoin[e]
Coraro harangua contre lui en plein Sena[t]
avec une animofité extraordinaire, repre[-]
fentant qu'il avoit abufé la République e[n]
promettant des chofes qu'il n'avoit pas te[-]
nuës, & qu'il avoit fait *una Pace moſtruoſa,
una Pace ſentita con amarezza*, & plu[-]
fieurs autres chofes, de maniere que fi l[e]
Chevalier Sagredo, & le Senateur Mi[-]
chel Foſcarini n'euſſent employé tout l[e]
feu de leur éloquence, & tout leur credi[t]
dans la République en fa faveur, il couroi[t]
grand rifque de perdre & la vie & l'hon[-]
neur. A la fin pourtant le credit de fe[s]
amis, & le befoin que la République avoi[t]
de lui prévalurent fur la haine de fes enne[-]
mis. Il fortit heureufement de cette mau[-]
vaife affaire, & aujourd'hui le voilà Doge[.]
C'eſt un homme de moyenne taille affe[z]
fec, & qui a les cheveux & la barbe tout[e]
blanche. Il porte la mouſtache, & un pe[-]
tit floquet de barbe au menton, comme o[n]
faifoit en France du temps du Roi Henr[i]
IV.

IV. Je l'ai vû en diverses fonctions publiques, mais particulierement à l'Entrée du Procurateur Morosini son Parent. C'est de cette entrée, que je vous ai promis la description, & je vais vous la donner ici, mais auparavant il faut dire comment on avoit préparé l'Eglise S. Marc.

Depuis la porte de la Nef, jusques à celle du Chœur, on avoit rangé bout à bout des bancs, qui formoient une longue allée, par laquelle le Doge & les Procurateurs devoient passer, & l'on y avoit étendu des tapis de Turquie, qui couvroient le pavé & les bancs. Le Chœur en étoit aussi rempli, sans distinction des uns aux autres, hors la place du Doge, qui étoit couverte d'un tapis de velours rouge. Il avoit un careau du même velours à ses pieds, & un autre sur son prié-Dieu, l'Autel étoit aussi paré de tout ce qu'il y a de plus riche, tant en reliques & pierreries, qu'en chandeliers & autres ornemens; & le grand Vicaire du Patriarche, qui devoit officier, attendoit sur son Siege que le Doge fut venu pour commencer. Il étoit revêtu d'une Chasuble en broderie de perles, de la valeur de plus de six mille ducats, & le parement de l'Autel étoit de la même richesse.

Tout étant ainsi disposé, la Seigneurie sortit de la salle du grand Conseil au Palais de S. Marc, où elle s'étoit assemblée, & fut précedée premierement par les valets du Doge, en long manteau de livrée; puis par les corps des Métiers, dont quelques particuliers s'étoient rendus volontairement

ment au Palais pour faire honneur au nouveau Procurateur, car il n'y avoit aucun ordre pour cela, aussi marchoient-ils confusément. Ceux-là étoient suivis d'une centaine de Soldats Esclavons, que les Officiers avoient rassemblez dans la Ville, entre ceux qui avoient eu congé pour venir de l'Armée à Venise. Ils n'avoient que leurs sabres pour toutes armes. Douze ou quinze Officiers marchoient à leur tête, & entr'autres un Sergent Major de bataille ; il y en avoit aussi quelques uns en queüe sans armes non plus que les autres, parce qu'ils n'étoient point là par commandement, mais seulement de leur franche & libre volonté, la coûtume étant telle à Venise que tous ceux qui se veulent trouver aux ceremonies, y sont bien venus, quoi qu'on ne les ait pas demandez. Les huit étendards de la République venoient ensuite, deux rouges, deux blancs, deux bleus, & deux violets : les deux rouges étoient portez les premiers parce qu'ils marquent la guerre. Ces étendards précédoient immédiatement la Seigneurie, qui marchoit deux à deux, en robes de drap rouge fourées d'hermine, toutes faites comme les noires, hors que les manches en étoient ouvertes. Il y avoit bien trois cens Nobles y compris les Senateurs, & les Procurateurs, qui étoient les derniers & les plus près du Doge. Celui qui faisoit son entrée, n'étoit nullement distingué, ni par son habit ni par son rang, & si l'on ne me l'avoit pas montré, je n'aurois pû le con-

connoître d'avec les autres. Les robes de Procurateurs, ne differoient en rien non plus de celle des Nobles : on me dit que c'étoit pour marquer qu'ils ne sont pas plus grands Seigneurs les uns que les autres. Après eux marchoit le Doge qui represente le Souverain ; il avoit une veste de brocard rouge à fleurs d'or, & par dessus un manteau Ducal d'une étoffe d'or très-riche ; sa Corne étoit de même, toute unie au reste sans aucune perles ni pierreries. Celle qu'on garde dans le Tresor & qui est si magnifique, ne lui sert jamais que le jour de son couronnement. Quand à celle-ci, ce n'est qu'un bonnet de carton, sur lequel on applique l'étoffe fort proprement avec quelques galons ; la pointe qui fait qu'on l'appelle Corne est au derriere, & revient un peu en devant. Il avoit à ses côtez le Nonce du Pape, & Monsieur de la Haye Ambassadeur de France ; le Nonce tenoit la droite, il étoit en Camail & en Rochet, & Monsieur de la Haye en manteau noir. Deux Citadins portoient la queuë du manteau du Doge, qui sans cela auroit traîné plus de quatre pieds. Et toute cette procession étoit fermée par cinquante ou soixante Nobles, qui suivoient dans le même ordre que les premiers. A mesure que la Seigneurie passoit il y avoit des femmes jeunes & vieilles, qui jettoient par tout des fleurs & de la verdure, & particulierement au devant du Doge ; cependant le Canon de l'Arsenal tiroit, & les trompettes & les timbales du Prince sonnoient, étant postez

tez pour cet effet sur le haut du Porche de l'Eglise, entre les chevaux de bronze, d'où ils se faisoient assez entendre, parce qu'il n'y a pas trois cens pas de là à la Salle du grand Conseil.

Le Doge étant entré il s'en alla tout droit à l'Autel, sur les degrez duquel il se mit à genoux, sans qu'on lui presentât aucun coussin, & après qu'il eût achevé sa priere il se retourna pour s'en aller à sa place. Or comme par ce mouvement le Nonce du Pape se trouvoit à la gauche du Doge, & l'Ambassadeur de France à sa droite, les deux Ministres s'arrêterent un peu pour laisser avancer le Doge, après quoi le Nonce retourna prendre la droite en passant par dessus l'Ambassadeur qui revint aussi à la gauche, si bien que chacun reprit son rang, jusques à ce que le Doge étant arrivé à sa place, & s'étant assis, Monsieur le Nonce se mit à sa droite, & Monsieur de la Haye à la droite du Nonce, qui se trouvoit ainsi entre le Doge & lui. Cette singuliere disposition de place, vous surprendra peut-être, car il semble que selon les regles ordinaires, le Doge devoit être au milieu ; mais il faut sçavoir ce que j'avois oublié à vous dire, que le Doge n'avoit aucune place particuliere, ni tribune, ni parquet, ni fauteüil, il étoit assis à la premiere place du Chœur en entrant du côté de la main droite, & tout joignant la Porte, c'est à dire, au même lieu où les Doyens des Chanoines ont accoûtumé de se mettre dans les Cathédrales ordinaires. Le reste des sieges du même rang, étoit occupé par des Procurateurs & des Senateurs, de sorte qu'il avoit seulement la premiere place entre les Senateurs, sans autre distinction d'ailleurs qu'un tapis de velours rouge.

La maniere dont le Doge entendit la Messe ne fut pas fort édifiante, car pendant qu'elle dura, il ne fit que causer avec le Nonce & l'Ambassadeur de France, & même avec beaucoup d'action. Je remarquai même que Monsieur de la Haye ne croyant pas se faire assez bien entendre au Doge, se leva de sa place & fut auprès de lui, où il l'entretint plus d'un gros quart d'heure, aimant mieux se tenir debout, tandis que le Nonce étoit assis, & tourner le dos à l'Autel que de manquer l'occasion de s'expliquer de ce qu'il vouloit dire. Quand la Messe fut finie, le Doge & la Seigneurie retournerent au Palais de S. Marc, dans le même ordre qu'ils étoient venus, & ils y trouverent un superbe festin. J'eûs la curiosité de le voir, & je remarquai avec quelque sorte d'étonnement que la plûpart des viandes étoient contrefaites en cire, sur tout, les fruits, & qu'il n'y avoit que trois ou quatre endroits de la table où l'on servit des Mets veritables. Les Venitiens appellent ces Viandes contrefaites, des Trophées, & pour en justifier la coûtume, ils disent qu'outre l'ornement & le bel effet qu'elles font, on évite encore l'embarras de couvrir plusieurs fois une grande Table, ce qui ne se peut faire sans embarras, & sans confusion.

Toute cette journée, & les suivantes se passerent en réjoüissances, les Masques coururent, & les Marchands étalerent tout ce qu'ils avoient de plus beau. On ne voyoit dans les Boutiques que Brocards d'or & d'argent, galons, franges, & rubans. Des Sonnets à l'honneur du Procurateur, furent semez à milliers, ses portraits en taille-douce exposez par tout, & il y eut les soirs grande illumination au Palais de S. Marc & au sien. Enfin toute la Ville étoit en joye, cependant ce n'étoit rien au prix de ce qui eût été, si les Magistrats des pompes n'avoient pas donné un reglement trois jours auparavant pour moderer la dépense, car sans cela toute la Ville auroit été illuminée, les Dames auroient pris leurs perles & pierreries, tous les valets eussent été vétus de livrée, & le Canal auroit été couvert de magnifiques Peotes, ornées de flames & de banderolles, & remplies de concerts. D'ailleurs chaque ami du Procurateur, se seroit efforcé de témoigner particulierement sa joye par des festins, des illuminations, & des feux d'artifice ; mais l'ordonnance du Tribunal des pompes empêcha tout cela : On en publia en même temps une autre qui regarde le public, & laquelle n'est proprement qu'une réitération de toutes celles qui ont été précédemment données sur le même sujet ; elle défend à tous Venitiens, Nobles, Citadins, ou autres, de porter aucune étoffe, broderie, frange, ou galon d'or ou d'argent ; non pas même d'acier,

cier, de geais, ou d'autre chose luisante, quelle qu'elle soit ; elle défend encore les dentelles blanches, la nouvelle mode des habits, les livrées, la peinture ou l'ornement des gondoles, & aux femmes les rubans d'or & d'argent, & de porter plus de trois rangs de frange ou de dentelle à leurs jupes ; encore ne leur est-il pas permis d'en mettre tout autour, il faut qu'il n'y en ait que par devant, à la moitié de la largeur de la jupe. Il est seulement accordé par grace aux Novices d'avoir pendant les deux années de leur noviciat un fil de perles, & une frange d'or au bas de la jupe. Les Novices sont les nouvelles mariées.

Tous les Etrangers sont dispensez de se conformer à l'ordonnance pendant six mois, à compter du jour de leur arrivée dans la Ville, après quoi il faut qu'ils s'y soûmettent comme les autres, à moins qu'ils ne soient Domestiques d'un Ambassadeur, mais on ne s'avise guéres de les rechercher là dessus.

Je ne sçai à quoi attribuer les brigues & l'empressement de tous les Nobles Venitiens, pour parvenir à la Dignité Dogale, si ce n'est à la foiblesse humaine, qui se laisse toûjours prendre à l'éclat & à l'apparence de la grandeur, quelque prévenu qu'on soit du peu de solidité qu'elle renferme : car enfin je trouve la condition d'un simple Senateur cent fois plus heureuse que celle d'un Doge, il a du moins la liberté de se promener, d'aller voir ses amis, de se trouver aux Opera, & aux Ridotti. Il n'est point sans cesse observé par des Conseillers fâcheux, ou plûtôt des espions qui ne le quitent pour ainsi dire ni jour ni nuit; & enfin il n'est point obligé de rendre compte de ses actions à personne; au lieu qu'un Doge est un veritable esclave chargé de fers, dorez à la verité, mais qui n'en sont pas moins pesans. C'est ce qui a fait dire à Monsieur Burnet qu'il ne trouve point de difference entre un Doge, & un prisonnier d'Etat, & à quelques autres qu'il étoit *Rex in purpura, Senator in Curia, in Urbe Captivus.* Monsieur de S. Didier rapporte là dessus une Histoire assez remarquable. Il dit que le Cardinal Bazadone dit un jour en plein College au Doge Dominique Contarini du temps qu'il étoit Senateur. *Vostra Serenita parla da Principe Sovrano, ma la si ricordi que non sci mancheranno li mezzi di mortificarla quando trascorrera dal douere.* Cependant ce rude compliment n'avoit point d'autre sujet que quelques paroles un peu trop absoluës qu'il avoit laissé échaper en parlant à un Ambassadeur à l'Audience. Tout cela, sans doute, est bien fâcheux pour un Doge, mais dans le fond necessaire, du moins en certains temps, & à quelques égards pour le maintien de l'Autorité du Senat. Les Anciens Arabes, dont le Gouvernement me revient presque toûjours à l'esprit, lors que je fais reflexion sur celui de Venise, n'étoient pas moins sur leurs gardes par rapport à leurs Rois. Ils les obligeoient à rendre compte de leur conduite chaque année.

Ils

Ils ne leur permettoient pas même de sortir de leurs Palais, & bien qu'ils eussent d'ailleurs un grand respect pour eux, ils les lapidoient s'ils les trouvoient dehors. Quelques Auteurs ont écrit la même chose du Doge de Venise, mais ils se sont trompez: ce qu'il y a de vrai, c'est que hors les Cérémonies publiques, il ne peut sortir qu'incognito. Au reste, les seuls privileges qu'il a, sont de faire au College ou au Senat, telles propositions qu'il lui plaît sans en rien communiquer aux Sages Grands; De nommer quelques Officiers du Palais, & de créer quelques Chevaliers de Saint Marc.

Cette Chevalerie dont vous n'avez peutêtre pas une entiere connoissance est de trois Ordres. Le premier est celui des Chevaliers de l'Etole d'or, tous Nobles Vénitiens, qui l'ont obtenuë par merite, & ceux-là portent l'Etole bordée d'un galon d'or. Le second Ordre est celui des Chevaliers de S. Marc, qu'on appelle Chevaliers du Senat; c'est la récompense ordinaire de quelque bravoure d'éclat, ou de quelque service important, rendu par un Collonel, ou même un Capitaine. Le Capitaine Général l'écrit au Senat, qui sur sa recommandation ballote pour celui qui est recommandé, & s'il a le nombre de voix suffisantes, on envoye l'Ordre, qui ne va jamais sans une pension de deux mille ducats par an au moins. Ces Chevaliers portent une Médaille à la boutonniere, sur laquelle Saint Marc est representé d'un côté, & sur le revers une Devise que le Senat y fait mettre. Ils ont la qualité *d'Illustrissimo*, & sont fort considerez, mais tout le monde peut prétendre à cette sorte de Chevalerie, Etrangers & Venitiens, Gentilshommes ou non. Le troisiéme Ordre de Chevaliers, est celui qu'on remet à la disposition du Doge, qui le donne à qui bon lui semble, & souvent à des gens qui n'ont jamais porté l'épée, il en retire aussi quelque profit ; je pense qu'il en coûte cent sequins pour se faire recevoir, moyennant quoi on est *Illustrissimo* comme les autres. Ce dernier Ordre n'est pourtant pas fort nombreux, les Italiens ne faisant pas grand cas d'une Dignité qui n'apporte point de profit. La plus grande partie de ceux qui la recherchent sont des Officiers étrangers à qui elle est de quelque utilité parce qu'outre qu'elle leur attire quelque respect, elle empêche qu'on ne les casse aussi tôt qu'on feroit peut être sans cela.

Puisque je suis insensiblement tombé sur le chapitre des gens de guerre, il faut que je vous en dise quelque chose. Les Venitiens n'ont pas vingt & quatre mille hommes en toutes troupes, tant sur terre que sur mer, de ces vingt & quatre mille, ils en mettent ordinairement douze ou quinze en campagne, & voilà toutes leurs forces. Le Capitaine Général qui les commande est toûjours un Noble Venitien, & il a sous lui un Général du débarquement, des Lieutenans Généraux, & des Sergens Majors

Majors de Bataille, qui sont presque tous Etrangers, parce que les Nobles Venitiens ne vont pas volontiers à la guerre. Ce n'est pas qu'ils n'ayent du cœur, mais c'est un métier qu'il faut apprendre sous le mousquet pour le bien sçavoir, & bien loin de se résoudre à cela, il n'y en a guéres qui voulussent être simple Capitaine. Si les Généraux sont étrangers la plûpart des troupes le sont aussi, ils n'ont que trois ou quatre petits Régimens Italiens, dont ils ne font pas grand état, le reste sont Allemands ou François, qu'on appelle *Tramontani*, & ceux là ont presque double paye des Italiens, mais s'il se trouve un seul homme dans une Compagnie qui ne soit pas de la Nation, le Capitaine est cassé sans remission. Il n'en est pas de même dans les Italiens, on peut y prendre des soldats de tout Païs. En récompense, les Capitaines Ultramontains ont l'avantage qu'on leur envoye de Venise leurs recrües toutes faites, sans qu'ils s'en mettent en peine. Tout ce qu'il y a à craindre c'est la desertion, car si la Compagnie se trouve trop affoiblie, on réforme le Capitaine, & ses soldats servent de recrüe pour le Régiment. J'en connois beaucoup qui ont été attrapez de cette maniere là, & c'est un malheur qu'on ne peut empêcher, sur tout parmi les François, qui ne desertent pas moins que par centaines ; A cela près, je trouverois le service de Venise assez bon. Un Capitaine Ultramontain n'a pas moins de cent ducats par mois, qui font deux cens

K 4 cin-

cinquante livres monnoye de France ; un Lieutenant en a trente, & un Enseigne vingt-cinq. D'ailleurs il n'y a pas de lieu au monde où il y ait moins de difficulté à l'avancement. Comme l'armée est petite, & que les Nobles Venitiens ne font aucun obstacle aux Etrangers, il faut qu'un Capitaine soit bien malheureux, si en faisant bien son devoir, il ne devient pas Colonel, & même s'il ne va pas plus loin. Ces troupes-là ne sont pleines que de Sergens-Majors de Bataille qui ne doivent leur fortune qu'à la justice qu'on leur a renduë, & dès qu'on est brave homme il n'y a point de Charge dans l'armée à quoi on ne puisse prétendre. Cela encourage fort un jeune homme, qui voit tous les jours devant ses yeux des exemples qui le flatent, & lui donnent de l'émulation. Outre cela on n'est point obligé à faire d'équipage, les trajets se faisant toûjours par Mer, & c'est un grand point pour des gens qui n'ont pas la bource bien garnie ; joignez à cela une liberté à la Venitienne, & vous m'avoüerez qu'on pourroit trouver pis. Je sçai bien que le service de Venise n'est pas en bonne réputation, & que même il n'y vient guéres que des gens qui ne sçavent où donner de la tête, je n'ignore pas non plus que les Officiers ne sont pas ici sur le pied qu'ils sont en France, & qu'on y reçoit quantité de valetaille, mais au fond le service en lui-même n'en est pas plus méchant pour cela. A l'égard des simples soldats, c'est une autre affaire, il n'y a pas de plus misérable

rable métier au monde, que le leur l'est à Venise, on ne leur donne seulement pas des habits, & toute leur subsistance se termine à huit sols Venitiens par jour, c'est à dire, environ à trois sols de France ; jugez combien ils peuvent faire bonne chere avec cela. C'est la raison qui les fait deserter, comme ils font ; & franchement je n'en suis pas surpris, car enfin il est naturel à tout le monde de chercher à se tirer de la misere. Ceux qui servent sur Mer sont encore pis, on les habille à la verité assez réglément, mais au reste le Prince ne leur donne que le pain & l'eau, c'est à eux à faire provision, aux dépens de leurs huit sols, s'ils veulent manger quelque chose. La République n'a qu'onze Vaisseaux, qui sont commandez par le Capitaine Général, car elle n'a point d'Amiral. Ce sont bien les plus pauvres Bâtimens, & les plus mal entretenus, qui soient dans toutes les Mers du monde. Il y a dans chacun de ces Vaisseaux un Noble Venitien, que l'on appelle le Commandeur. C'est d'ordinaire un homme qui n'a jamais vû ni mâts, ni cordaages quand il y vient, mais il a au dessous de lui un Capitaine, dont il prend les conseils, ou pour mieux dire sur les soins de qui il se repose de toutes choses. Ce Capitaine est pour l'ordinaire quelque Pilote experimenté, à qui l'on donne cet emploi ; ses gages sont de trente ducats par mois, avec la nourriture ; il n'a rien au delà, mais quand il a bien servi quelque temps, il peut parvenir à être Capitaine d'un Vaisseau Marchand.

Je m'apperçois qu'il seroit bien temps de finir, cependant je ne sçaurois remettre à une autre fois ce que j'ai à vous dire encore sur l'article des Nobles ; on m'en avoit donné une idée si extraordinaire, que je les croyois les hommes du monde les plus orgueilleux, & les plus brutaux. Un Auteur a même écrit, que ces Messieurs se faisoient un divertissement d'affronter impunément les Etrangers qui marquoient le plus de distinction, par leurs habits & par leur air, poussant les uns dans le Canal en passant dans les ruës, crachant sur eux à l'Opera, faisant voler des bougies allumées sur leurs plumes, & faisant assassiner les autres par des braves de fer. Cependant j'ai trouvé tout le contraire de cela ; rien de plus civil que les Nobles Venitiens, rien de plus obligeant : j'ai l'honneur d'en voir deux ou trois, & j'y reconnois tous les jours tant d'honnêteté, & un caractére si éloigné de celui qu'on leur a voulu attribuer que rien n'est si dissemblable. Il est vrai qu'ils gardent assez leur rang avec la Citadinance, & avec le reste de leurs sujets, mais sans insulte, & sans tirannie, au contraire il n'y a point de Noble qui ne soit bien aise d'accorder sa protection à toutes les honnêtes gens qu'il connoît ; & pour ce qui est des Etrangers, il n'y a pas de Ville au monde, où ils soient mieux traitez qu'ici, personne ne glose sur leur conduite, ils y font tout ce qu'ils veulent ; & quand ils se rencontrent avec des Nobles ils en reçoivent plus d'honneur & de civilité qu'on qu'on ne le sçauroit croire. C'est ce qu'on peut éprouver dès les premiers jours qu'on arrive à Venise. Il y a comme je vous l'ai dit sous les Procuraties, plusieurs boutiques de caffé ouvertes, dont quelques-unes sont réservées pour la Noblesse, dans lesquelles les Citadins n'entrent jamais. Qu'il y aille un Etranger de quelque apparence, chaque Gentilhomme s'empresse à lui faire caresse, & pas un d'entr'eux ne refusera de faire habitude avec lui, pourvû qu'il ne soit point de la Maison d'un Ambassadeur, parce que cela leur est étroitement défendu par les loix de l'Etat.

A l'égard des braves, tout ce qu'on en a dit, a pû être autrefois, c'est ce que je ne veux pas contester; il est vrai qu'on a vû des Nobles qui en entretenoient jusques à quinze ou vingt, qu'outre ceux-là il y en avoit encore de Volontaires, avec lesquels chacun pouvoit faire marché, à tant de Sequins pour tuer un homme, ou tant de ducats pour lui rompre les bras, & que le Senat a toleré ces abus assez long-temps. Mais les choses ont bien changé depuis, & l'on en a tant pendu, & tant mis aux Galeres, que la race en est perie, & qu'on n'en connoît plus que le nom. Les chemises de maille qui valoient de ce temps là jusques à cinquante pistoles, se donnent presentement pour trente sols aux pêcheurs, qui s'en servent pour prendre des huîtres, tant elles sont regardées comme un meuble inutile. Effectivement on peut aller de nuit & de jour, & pendant le Carnaval

com-

comme en Carême, sans craindre aucune chose, du moins n'ai-je pas entendu dire jusques ici qu'il soit arrivé de desordre. Au contraire, je ne trouve rien de si pacifique que les Italiens ; & si l'on avoit à se plaindre de quelques-uns, ce seroit plûtôt des François, qui se donnent ici tous les airs qu'on leur voit prendre ailleurs, & par lesquels ils affectent de se distinguer des autres Nations. Ce n'est pas que je voulusse conseiller à personne de chasser trop ouvertement sur les terres d'un Noble ; il est sûr qu'il n'y en a point d'humeur assez complaisante pour voir cajoler sa femme sans rien dire, & sans doute que dans une pareille occasion, quelques détruits que soient les braves, il en renaîtroit dix pour un. C'est l'article sur lequel ils sont le moins traitables que la jalousie, ils se perdroient plûtôt eux-mêmes, que de ne pas perdre celui qui seroit l'Amant de leur femme ; & après qu'ils l'auroient sacrifié à leur vengeance, ils acheveroient de la satisfaire par la mort de l'Infidéle qui les auroit trahis. Ces sortes d'accidens ne sont pas sans exemple, & l'on n'a jamais vû que le Senat en ait dit la moindre chose ; un Noble étant toûjours en droit d'empoisonner sa femme pour adultere, & de faire poignarder son Galant, sans qu'il en soit recherché ; parce qu'on suppose que quand un homme se porte à ces extrêmitez, il faut qu'il soit bien sûr de son deshonneur.

Je ne sçai si je dois m'amuser à vous dépeindre ici l'habit des Nobles, vous ne sçau-

sçauriez ignorer comment il est fait ; toutefois comme cela ne demande pas beaucoup de paroles, je veux bien vous le dire à tout hazard. Vous avez vû des Religieux Minimes, & vous sçavez comment ils sont vétus ; imaginez vous une robe noire toute semblable à la leur, à la reserve qu'elle est plus longue & plus large, & qu'elle est ouverte par le devant ; les manches n'en sont point faites autrement, elles ne different que par leur énorme grandeur, dont le sac tombe presque jusques à terre. L'hiver elles sont fourrées de petit gris d'une maniére que la fourrure deborde tout le long des devans de la largeur de la main, & ils se ceignent par-dessus avec un ceinture de cuir, qui la tient fermée. Cette ceinture est enrichie de quelques bossettes & boucles d'argent, mais l'Eté ils ne s'en servent point, parce qu'ils portent la veste flotante à cause de la chaleur ; ils ôtent aussi alors les fourrures & ne doublent que d'un petit taffetas fort leger, encore ont ils chaud de reste, la robe étant toûjours de drap & de la même grandeur. Outre cela ils portent sur l'épaule une maniére de sac du même drap, large de dix-huit à vingt pouces, & deux fois aussi long, qui les incommode beaucoup ; c'est ce qu'ils appellent l'Etole. Par dessous ils n'ont qu'un petit pourpoint sur la chemise fort fine, & fort blanche, ils le couvrent presque tout de dantelle noire, & les manches sont chargées de rubans sur le retroussis. Leurs haut de chausses sont ouverts & très larges, à la

ma-

maniere dont les Bourgeois de France les portoient il y a cinquante ans ; ils y mettent aussi force dantelles & force rubans. Cet habit n'a pas été mal inventé ; il est majestueux & ne coûte pas cher, chaque robe pouvant fort bien durer trois ou quatre ans. Tout le défaut que j'y trouve, c'est qu'ils n'ont point de colet ni de cravate. Autrefois il ne leur étoit pas permis de porter la perruque, mais presentement ils en ont des plus belles & des plus longues, & veritablement elle leur étoit fort necessaire ; car le petit bonnet qu'ils avoient auparavant pour toute coiffure, est si mal imaginé qu'il n'y a rien qui defigure d'avantage ; aussi ne le portent-ils plus sur la tête, ils le tiennent à la main, & il leur sert de contenance.

Ces Messieurs avec toute leur Noblesse, ne se font point une affaire d'aller au marché eux-mêmes, ni d'y acheter toutes les menuës provisions qui sont necessaires pour le ménage. Mais je pense qu'on leur fait tort, de dire qu'ils se servent de la manche de leur veste comme d'un sac pour les porter à la maison. Il y a des Castarioli qui n'ont point d'autre gagne pain que le métier de porter toutes ces danrées, ce qu'ils font pour si peu de chose, qu'il n'y a pas un petit artisan qui ne se serve d'eux. Cela soit dit sans contredire en rien vôtre ami. Il peut bien avoir vû quelques pauvres Gentilshommes cachant leur petite emplete domestique sous l'ample & profonde Draperie de leur manche. Il y a comme il dit fort
bien

bien des Nobles de toutes Cathegories. Il y en a même d'assez miserables pour être obligez à demander l'aûmone dans les ruës pendant la nuit ; mais il conviendra bien que ceux-là sont en petit nombre, & qu'encore font-ils tout ce qu'ils peuvent pour dérober au public la connoissance du mauvais état de leurs affaires. Voilà comment à faute de s'entendre on paroît être souvent dans des sentimens opposez, quoique dans le fond on sache, & l'on croye les mêmes choses. Lorsque cela arrive, il me semble que le mieux que l'on puisse faire, c'est de s'expliquer au plûtôt, comme je le fais ici avec plaisir. Il est vrai que la diversité des esprits est si grande que souvent aussi l'on differe en des choses de fait, ce que j'ai remarqué cent fois dans le cours de mes Voyages, d'où il s'ensuit qu'à plus forte raison, on peut differer dans les matiéres problematiques, mais encore en ce cas-là on ne doit pas negliger d'alleguer ses raisons. C'est ce qui va m'engager dans une petite Dissertation au sujet du Lion de St. Marc, dont je vous disois dans mes precedentes Lettres, que je ne le croyois pas vraye armoirie. Vôtre ami n'a pû entrer dans mon sentiment, il en a même pris occasion d'exercer sa critique, & il est à propos de lui répondre. Je le ferai le plus brievement qu'il me sera possible, mais comme il s'agit ici d'une question de Blason qui doit être decidée par les Loix Heraldiques & non pas par opinion, je n'ai pû me dispenser d'entrer en quelque détail sur ces

Loix,

Loix, & sur ce qui les concerne. Cependant si cette matiére ne vous plaît pas, il vous sera aisé de passer à une autre, & c'est pour cela même qu'au lieu de l'inserer, comme j'aurois pû faire dans ma Lettre, je l'ai renfermée toute entiere dans un Discours particulier. Je suis, Monsieur, Vôtre &c.

De Venise, ce.... Mars 1692.

DU LION
DE
Sᵗ. MARC
ET DE
l'Essence des Armoiries.

DISSERTATION.

POur resoudre les difficultez formées par vôtre ami, au sujet de la Proposition qu'il m'accuse d'avoir avancée trop hardiment touchant le Lion de St. Marc; & pour répondre avec ordre à ses objections, je croi qu'il est à propos de rappeller ici les tes termes desquels nous nous sommes servis l'un & l'autre, moi dans ma Proposition, & lui dans sa Critique.

Je disois donc, *que beaucoup de gens prennent le Lion que les Venitiens mettent* tens dans leurs Bannieres pour les Armoiries de la Republique, mais qu'ils se trompent, parce qu'à proprement parler elle n'en a point, & que ce Lion est un emblême de St. Marc, où pour mieux dire St. Marc, lui-même representé sous la figure du Lion. Pour apuyer cette opinion qui ne m'est point venuë dans l'esprit par caprice, ni par envie de dire des choses extraordinaires, mais par une consequence tirée naturellement de ce que j'ai oüi dire là-dessus à plusieurs Venitiens de toutes conditions, je vous faisois le recit d'une petite Histoire, qu'une credulité pieuse à consacrée parmi eux, & qui à leur avis a donné lieu à representer leur Saint Patron sous la figure d'un Lion. Vous vous souvenez bien sans doute de cette Histoire, mais comme la repetition n'en sera pas longuë, & qu'elle me paroit necessaire, du moins à ceux qui n'ont point vû ma premiere Edition, vous me permettrez de la rapporter ici.

Saint Marc étoit un jeune homme d'une parfaite beauté. Dieu permit pour l'éprouver qu'une Sœur unique, qu'il avoit, devint amoureuse de lui, & sa passion vint à un tel point qu'elle ne lui donnoit aucun repos ni jour ni nuit. En vain le St. Evangeliste mettoit tour à tour en usage, & le couroux, & les prieres, & les remontrances, elle le suivoit par tout & le sollicitoit sans cesse au crime. Voyant donc que les plus ferventes exhortations avoient été inutiles, &
qu'il

qu'il n'y avoit pas moyen de reprimer les mouvemens defordonnez de fa Sœur, il s'adreffa à Dieu un jour qu'elle le perfecutoit plus qu'à l'ordinaire, & qu'elle s'étoit, dit-on, enfermée avec lui dans une chambre particuliere. Là, penetré de douleur, & tranfporté d'un zele femblable à celui de Moïfe ou d'Elie, il pria Dieu de le changer dans la plus affreufe Bête qui fût au monde. Dieu l'exauça, & dans un inftant fa figure humaine fut tranfmüée en celle d'un Lion, dont la gueule béante, & les rugiffemens horribles effrayerent tellement la Sœur, quelle en perdit tout d'un coup la criminelle envie, fe jetta à genoux, demanda pardon à Dieu, & fe convertit.

Voilà en peu de mots, furquoi fe fondent ceux qui croyent avec moi, que le Lion des Venitiens eft la veritable reprefentation de St. Marc. On y ajoûte, que le livre ouvert qui eft ordinairement peint entre les griffes de ce Lion eft l'Evangile, & que les paroles qu'on y voit écrites font les mêmes dont Jefus-Chrift falüa le Saint, lorfqu'il le vifita dans fa prifon, fçavoir PAX TIBI MARCE EVANGELISTA MEUS. Vôtre ami fe raille de tout cela, & pour me convaincre d'erreur fur ce que j'ai ofé avancer qu'à proprement parler on ne pouvoit pas dire du Lion de Saint Marc que c'eft l'Armoirie de Venife: il dit,

1. *Que le Lion eft à Venife par tout ou doivent être les Armes de l'Etat, & que dire qu'il en tient lieu fans l'être en effet,*

c'eft

c'est dire, que les Venitiens ne portent point de Chemises, mais qu'ils se servent de certains morceaux de Toiles justement taillez, cousus, & ajustez comme nos chemises & que cela leur en tient lieu.

II. Que le Respect qu'ils ont pour ce Lion ne les doit point empêcher d'en faire leurs Armes, puisque des Saints & des Crucifix sont des pieces reçûës dans le Blason.

III. Que vous sçavez ce que l'on dit qu'un Empereur ayant demandé à un Ambassadeur de Venise, en quel endroit du Monde on trouvoit les Lions ailez de la Republique. L'Ambassadeur répondit, que c'étoit dans le même païs ou se trouvoient les Aigles à deux Têtes.

IV. Au reste, dit-il, ce Lion a pour origine la vision d'Ezechiel, dont je vous ai parlé, & non pas le petit conte qu'on vous a fait de la Metamorphose de St. Marc en Lion, pour éteindre l'amour incestueux de sa Sœur.

Pour toute réponse à ces raisons il suffiroit peut-être de dire.

I. Que s'il est vrai que des morceaux de toile coupez & cousus comme nos chemises, fassent une veritable chemise ; il n'en est pas de même d'une autre Etoffe qu'on auroit coupée & cousuë differemment de nos chemises, ce qui se rencontre ici d'o d'où il resulte qu'encore que le Lion de St. Marc soit par tout où doivent être les Armes de l'Etat, & qu'il en tienne lieu, il ne s'ensuit pas pour cela qu'il soit veritable Armoirie.

II. Que si les Saints & les Crucifix sont des pieces que le temps a fait recevoir dans le Blason, cela n'empêche pas qu'il n'y ait encore aujourd'hui bien des gens qui feroient scrupule de les y employer, & que les Venitiens pourroient être de ceux là.

III. Que je suis fort éloigné d'alleguer *le petit Conte que l'on m'a fait* de la Metamorphose de St. Marc en Lion, comme une Histoire veritable, sur laquelle on puisse faire aucun fondement solide, mais que puis qu'elle se trouve aujourd'hui canonisée par la tradition populaire, & qu'elle est reçûë pour constante par la plûpart des Venitiens, je n'ai pas eu tort de la rapporter telle qu'on me l'a dite, & Conte pour Conte, je ne croi pas que la repartie de l'Ambassadeur de Venise à l'Empereur, soit assez autentique pour détruire les consequences qui resultent naturellement de la Metamorphose de St. Marc.

IV. Que s'il est vrai comme je n'en doute point que la Vision d'Ezechiel soit la veritable Origine du Lion de St. Marc, au lieu que le petit conte que l'on m'a fait en est une supposée & chimerique. Il reste donc pour incontestable que ce Lion est St. Marc lui-même ainsi figuré, & non pas un simple Lion d'Armoirie, puisque tout le monde convient que les quatre Animaux que ce St. Prophete eut en vision, étoient les quatre Evangelistes.

V. Et enfin que la maniere dont il est representé sur quelques especes de Monnoye, sur le Frontispice du Palais de St. Marc & autres endroits principaux de Venise, où on le voit sans Ecusson, ayant des Rayons autour de la tête, & le Doge à genous devant lui, fait assez connoître que ce Lion est un Lion Mistique. Ce seroit faire tort à sa Serenité que de croire qu'elle voulût se mettre à genoux devant une Bête.

Mais comme pour l'entiere justification de ce que j'ai avancé dans ma premiere Ediditon, il ne suffit pas d'avoir clairement prouvé que le Lion des Venitiens est la propre representation de St. Marc, parce que la principale question qui est de sçavoir si l'on peut qualifier ce Lion du Titre d'Armoiries ne seroit pas encore bien decidée, je ne sçaurois me dispenser d'entrer dans l'examen de la Nature des Armoiries, & des conditions qui les Constituent telles. Car ainsi que la très-bien remarqué Geliot dans son Indice Armorial, *de prendre des Devises ou Hierogliphes pour Armoiries ce seroit abuser de la vraye signification. Non*, dit-il, *que je ne sache que quelques-unes ont commencé par des devises, qui depuis ont été vrayement qualifiées Armes, mais je ne veux pas être de ceux qui veulent rendre les Armoiries plus Anciennes que l'Arche de Noé, &*

qui

qui donnent à Osiris un Sceptre surmonté d'un Oeil, au lieu que c'est le Simbole ou la marque de la Royauté. Ce n'est pas qu'entre ceux qui ont écrit du Blason, il ne s'en soit trouvé plusieurs entêtez de l'ancienneté des Armoiries. Boisseau est un de ceux-là, & il ne fait point difficulté de donner à chaque Amazone, & à chaque femme Illustre des premiers Siecles du Monde des Armoiries regulieres, quoiqu'elles n'ayant jamais eu d'être que dans son imagination. Il y en a eu même qui ont poussé l'extravagance jusques à donner un Ecusson & des Armes aux trois personnes de la Divinité, & quelques autres se sont contentez d'en attribuer aux premiers Patriarches & aux Rois d'Israël. *Mais à ce Conte*, dit encore très-bien Geliot, *il fraudroit prendre pour Armoiries les enseignes qui firent distinguer les Familles particulieres des Enfans de Noé, lesquelles ainsi que le ramarque Zoneras, leur furent données par leur Pere, augmentées depuis par Jacob, à cause des douze Tributs, & conservées dans la Republique d'Israël par Moïse*, qui suivoit en cela l'exprès Commandement de Dieu. *Locutus est Dominus cum Mose & Aarone dicens: Singuli juxta vexillum suum & sub signis Domûs Patrum suorum castra ponant.* En effet cette coûtume fut depuis exactement

ment suivie, même du temps de Saül & d[e]
David.

Vicit Leo de Tribu Juda.

A l'égard des Payens nous trouvons par[-]
mi eux une infinité de ces sortes d'Enseig[-]
nes. Les Perses (*a*) avoient pour Hiero[-]
gliphes un Aigle d'or dans un Drapea[u]
blanc. Depuis ils eurent par marque tan[-]
tôt un Archer (*b*) & tantôt le Soleil. L[e]
Drapeau (*c*) blanc fut retenu par Alexan[-]
dre après qu'il eut transferé la Monarchi[e]
des Perses & des Medes chez les Grecs
mais au lieu de l'Aigle qu'ils avoient alors
il prit le Lion de Gueules outre la devise d[u]
Serpent, à cause de son Pere Philippes qu[i]
songea la premiere nuit de ses Noces qu'[il]
appliquoit sur sa Femme un cachet, q[ui]
avoit un Lion pour empreinte. Les Lacé[-]
demoniens (*d*) portoient dans leurs ensei[-]
gnes la Lettre Δ. Les Messeniens la Lettr[e]
M. Les Atheniens une Choüete. Les Co[-]
rinthiens le Cheval Pegase. Les Romai[ns]
sous Romulus avoient une Poignée d[e]
Foin, de laquelle vint le mot *Manipulu[s]*
pour signifier une Compagnie de Soldats
& on dit encore aujourd'hui une poignée [de]
Gens. Depuis ils prirent la Louve (*e*) No[ur]rice de leur Fondateur, & encore le M[i]notaure, le Cheval, le Sanglier; & la [se]conde année du Consulat de Marius, i[ls]
s'arrêterent à l'Aigle auquel on a don[né]

(*a*) Xenophon.
(*b*) Mathæus de Nobilitate de Principibus de D[e]cibus.
(*c*) Plutarque. (*d*) Casaubon. (*e*) Pline.

ensuite deux Têtes. Depuis que l'Empire fut transferé en Orient, les Grecs prirent de nouvelles marques Militaires & Royales, à leur choix. Je vous ai déja dit ailleurs que leurs Empereurs portoient quatre B dans leurs Enseignes. Constantin (a) le Jeune, & Crispus y mettoient ces Lettres VOT. XX. qui signifioient *Votta Vincennalia*, comme il se voit par plusieurs Medailles frappées sous leur Regne. Constantin le Grand chargeoit les siens d'un Dragon traversé du Labarum sur le Ventre, & l'on voit encore des Medailles de lui marquées de ces deux Lettres Grecques qui denotent le nom de Christ ☧ Les Gots prirent aussi le Dragon pour Enseigne, & les Bourguignons la Lance de Saint Maurice. Les François (b) ont eu dans leurs Drapeaux des Abeilles, des Crapauts, des Fleurs de Lis sans nombre, puis une, puis trois. Il n'y a rien eu de fixe à cet égard, & depuis que l'Empire leur fut échû par les glorieuses Conquêtes de Pepin & de Charlemagne, les Aigles Romaines furent tellement negligées qu'elles n'étoient plus connuës que dans les Histoires. On fait voir dit Mathæus par des Sceaux de l'Empire apposez à divers Actes, que dans le treiziéme Siecle les Empereurs n'avoient point encore d'Aigle dans leurs Cachets. Cela n'empêche pas que l'usage des Ecussons ne soit fort ancien, car dès le temps de Pline (c) les Familles Nobles s'en servoient

(a) Geliot.   (b) Mathæus.   (c) Lib. 35.

voient pour peindre leurs Enseignes & les Titres de leur Genealogie, qui étoient pour l'ordinaire les Images de leurs Predecesseurs en Argent ou en Or,

. . . . Scutis impacta gerebant,
Fortia facta patrum, quo talia visa
virorum,
Incendant animos solius laudis avaros.

dit un Poëte anonime en parlant des Saxons. Si donc vôtre ami veut appeller indifferemment toutes ces marques Armoiries, parce qu'on les mettoit par tout où l'on mettroit en ce temps ici les Armes de l'Etat, & qu'elles en tenoient lieu, je demeure d'accord qu'en ce sens-là le Lion de St. Marc sera aussi les veritables Armoiries de Venise. Mais si au contraire, de toutes les Devises, Sentences, Dictons, Lettres, Hierogliphes, Simboles, Emblêmes, & marques d'Honneur des Anciens, nous ne pouvons comprendre sous le titre d'Armoiries que celles qui étant passées jusques à nous, ont été entierement assujetties & reglées par les Loix Heraldiques que les six derniers Siecles ont determinées, je nie que le Lion de St. Marc y puisse être compris, parce que cette marque n'a pas toutes les parties necessaires pour cela.

Ces parties sont de deux sortes, les unes essentielles, & les autres simplement integrantes; les essentielles sont les émaux, &

la figure premiere & fondamentale qui sert de soûtien à toutes les autres, ou du moins à laquelle toutes les autres ont rapport, & cette figure est toûjours un Ecu. Les Integrantes sont les Partitions, les Figures qui ferment les pieces dont l'Ecu est chargé, les Supports, le Timbre, la Couronne, le Cimier, la Devise, le Cri de Guerre, les Brisures, les Marques des Dignitez, les Banieres, les Ordres, & les autres Ornemens de l'Ecu. Les parties Integrantes sont fort utiles pour l'ornement & la beauté des Armoiries, & je n'en connois point où il n'en entre quelqu'une, néanmoins comme elles ne sont pas absolument necessaires; & que pourvû qu'un Hierogliphe ou autre marque Militaire ou Souveraine ait les parties essentielles, elle n'en sera pas moins Armoirie. Je n'insisterai pas sur ce que les pretenduës Armes de Venise n'ont aucune des parties Integrantes determinées. (*a*)

Or ces essentielles sont ainsi que je vous ai dit les Emaux & leur Ecu, mais comme pour établir incontestablement cette verité, il faut la prouver, je dis premierement que l'absoluë determination de l'émail est necessaire dans le Blason, parce que sans cela les Armoiries changeroient journellement, & que bien loin de servir à la distinction des Familles, ce qui est un de leurs premiers usages, elles ne feroient que les jetter dans

une

(*a* Je dis determinées, parceque le Lion de St. Marc n'ayant point de figure determinée, il ne peut être consideré comme partie Integrante d'Armoirie.

une confusion & dans un cahos inévitable. D'ailleurs il seroit impossible de Blasonner au juste les Armes d'une Maison, puisque ce qui auroit été hier de Gueules, seroit aujourd'hui d'Or, & peut-être demain de Sinople. C'est ainsi que l'ont défini les meilleurs Auteurs, & tout nouvellement le Pere Menestrier dans son Traité de la Sience de la Noblesse p. 4. Enfin c'est une verité si connuë & si commune qu'il seroit entierement inutile d'y insister. Il faut que les Emaux soient determinez dans les marques Royales, Souveraines, Militaires, & Honorables, autrement elles ne sont point Armoiries. C'est la premiere leçon que l'on donne aux Enfans à qui l'on enseigne le Blason.

Que l'Ecu soit la seconde partie essentielle des Armoiries, le nom même le dit. En effet comment pourroit on appeller Armes ce qui seroit indeterminément, une simple toile de Tableau, un Pan de muraille, ou enfin tout ce que l'on auroit voulu choisir indifféremment pour y peindre la marque d'honneur que l'on auroit obtenuë du Prince. Vous voyez bien Monsieur que ce seroit parler fort improprement, cependant Boisseau nous assûre, & il est en effet très certain, que tous les termes du Blason qui nous paroissent aujourd'hui si Barbares sont ceux mêmes desquels on se servoit familierement dans les Conversations lors de son établissement. Et comme l'Ecu étoit presque toûjours la piece de l'Armeure d'un Chevalier, sur laquelle il

faisoit

Tom. 4 Pag. 247

isoit peindre sa Devise son Emblême ou sa Marque, de quelque nature qu'elle fût, ainsi que je l'ai prouvé ci-devant, & qu'après sa mort ses Enfans & ceux de sa Famille avoient accoûtumé de garder ces Ecus & de les suspendre dans les Eglises, dans les Sales de leurs Châteaux, & même au Frontispice de leurs Maisons, comme une marque honorable de la Vertu de leurs Ancêtres; de là est venuë la coûtume de les mettre toûjours sur de pareilles Armes. Ainsi Geliot parlant des (a) Ecussons, Cuirasses & autres Armes défensives, dit que c'est de là que les Armoiries ont tiré leur dénomination, *lesquelles sont de certaines figures & lineamens tirez & gouvernez à fantaisie, peints, gravez, ciselez, ou relevez sur les Ecus, Corcelets ou Cottes d'Armes. Mais,* dit-il en un autre endroit, *de les Confondre avec les anciennes Enseignes & marques d'Honneur, il ne faut pas être si hardi, parce que les véritables Armories revêtuës de leurs Emaux sont venuës depuis.* Le Pere Menestrier est aussi assez clair là-dessus. *Elles sont,* dit-il, parlant des Armoiries, (b) *Emaux & Figures déterminées,* (Remarquez cette expression,) *Ce qui les distingue des Simboles, des Devises, des Emblêmes & de toutes les autres Peintures*

L 3

(a) Indice Arm.
(b) Science de la Noblesse.

tures sçavantes dont les Couleurs sont vagues & arbitraires. Je leur donne, continuë-t-il, *Emaux & Figures, ce qui convient même aux Blasons de purs Emaux à qui l'Ecu sert de Figure, la seule Couleur n'étant point Armoirie.* Et afin qu'on ne puisse former aucune difficulté, sur ce qu'il entend par le mot de Figures, ni sur les differentes Armoiries qui se rencontrent ensemble dans un Ecu parti, il explique l'un & l'autre en disant plus bas, *que dans les Blasons de partition les traits tiennent lieu de Figures, comme l'Ecu le fait à ceux des simples Emaux selon ce principe de Geometrie que la Figure est ce qui est fermé de tous côtez, & compris dans ses extremitez.* Figura est, quæ sub uno vel pluribus terminis continetur. Euclid. Element. Lib. 1.

Après une explication si claire, ce seroit inutilement brouiller du papier que d'alleguer d'autres Citations. Le sentiment du Pere Meneftrier est d'un assez grand poids pour terminer cette question. Il dit, *que les Emaux & les Figures determinées font ensemble l'Essence des Armoiries, & les distinguent des Simboles, des Devises, des Emblêmes & de toutes les autres Peintures Sçavantes.* Je m'en tiens donc là comme à ma premiere Proposition. Ma seconde est que *la Marque & l'Enseigne des Venitiens*

n'a ni *Emaux* ni *Figurs déterminées.*
D'où je conclus en forme, *qu'elle ne peut-être appellée Armoirie.* Mais comme il ne suffit pas d'avoir établi ma premiere Proposition, je vai prouver la seconde en peu de mots.

A l'égard du Lion de St. Marc en lui-même, je demeure d'accord, que le plus souvent les Venitiens le font d'Or, ce qui semble en avoir déterminé l'Email, quoique je me souvienne imparfaitement de l'avoir vû quelque part en Carnation. Mais quant au reste ni la situation, ni le champ ne sont point du tout fixez. Les Venitiens font l'un & l'autre selon le lieu & le temps, ainsi que vous le verrez aux Estampes que je vous envoye, & fort souvent le Peintre ou le Sculpteur suit en cela son caprice. Quelquefois c'est un Leopold aîlé, comme par exemple sur l'une des Colomnes de la Place du Broglio. Quelquefois un veritable Lion ayant des Aîles, comme dans la plus grande partie des Banieres de Mer, & quelque-fois enfin c'est un Lion a mi corps qui montre les deux yeux, & qui tient dans ces Grifes l'Evangile Ouvert de St. Marc; mais tantôt avec la Corne Ducale sur la Tête, tantôt avec des Rayons autour de la Tête, & tantôt sans Rayons. Voilà ce que j'ai vû ; examinons à present ce qu'en ont écrit les Auteurs. Oronce Phinée fait les Armoiries de Venise, *d'Azur au Lion de St. Marc naissant.* Boisseau en parlant par occasion à cause des

Chevaliers de St. Marc, dit, que *la Republique de Venise porte dans ses Armes, Bannieres, ou Drapeaux* ; car il n'ose pas decider que ce soient de veritables Armoiries, *d'argent au Lion aillé de Gueules qui a pour Legende ou Devise, Pax tibi Marce Evangelista meus.* Le Pere Menestrier fait le Lion de St. Marc *accroupi.* Baron blasonne seulement la Banniere dont il dit que le Drap est d'argent, & moi qui l'ai vûë plus de mille fois, je puis vous assûrer qu'elle est presentement de Gueules avec un Lion d'Or. Ce n'est pas qu'il n'y en ait jamais d'autres couleurs. Mais le Lion de St. Marc est indifféremment sur les unes & sur les autres, tant il est vrai que la Banniere des Venitiens n'a point d'émail fixé.

Pour ce qui est de l'Ecu, je persiste à vous dire que je n'en ai vû aucun à Venise chargé du Lion de St. Marc dans les formes, du moins que l'on puisse croire avoir été érigé ou peint par ordre de la Republique, car je ne veux pas nier qu'il n'y en ait d'ailleurs beaucoup. J'ai eu même fort long-temps le Sceau de Venise imprimé sur les Lettres qui m'avoient été ouvertes au Lazaret, & que j'avois fait recacheter au Tribunal de la santé, mais il n'y avoit pour toute marque que le Lion ordinaire sans aucune apparence d'Ecusson.

Il faut donc convenir que l'on ne peut pas dire que les Venitiens ont des d'Armoiries veritables. La Raison pourquoi ils n'en ont point fixé, je ne la sçai pas. Tout ce que pourrois en conjecturer seroit, que les Tournois

nois & les Carousels n'ayant jamais été en vogue chez eux autant que chez les Etrangers, ils ne se sont pas tant mis en peine de déterminer les Armoiries suivant l'usage du tems. Quoiqu'il en soit, il est certain que le Lion de S. Marc n'est point mis sur un Ecusson du moins necessairement. Que l'Email du Champ n'est point déterminé, & que sa situation & disposition propre ne l'est point non plus; enfin il n'a comme je l'avois avancé ni les parties Essentielles, ni les Integrantes des Armoiries; donc je demeure en ma These. *Il n'est point Armoirie.*

Qu'est-il donc, me direz-vous sans doute, car enfin il faut qu'il soit quelque chose? Je vous l'ai déja dit; lors qu'il est seul sans Sol ni Champ de couleur ni d'émail, comme par exemple sur la Collomne de la Place du Broglio, sur le Frontispice du Palais Saint Marc, ou sur certaines especes de Monnoye Venitiennes, il represente le Patron de la Republique lui-même. C'est en cette qualité qu'il est mis sur la Collomne en égalité d'honneur & de rang avec St. Theodore qui est sur l'autre, & que sur le Frontispice du Palais St. Marc aussi-bien que sur la Monnoye, le Doge est dépeint à genoux devant lui. Quand il est dans le Cachet ou Sceau public de la Seigneurie, il est un Hieroglighe de la force & du zéle de cette Republique qui semble avoir eté particulierement destinée de Dieu pour le maintien de la Foi, d'où vient qu'il est peint afronté pour exprimer qu'ils sont toûjours preparez à repousser avec vigueur les efforts des Ennemis

nemis du nom Chrétien, & à combattre pour la défense de l'Evangile que le Lion tient entre ses Grifes. Enfin quand il se trouve sur un Drap de quelque couleur qu'il soit, alors il est la Banniere de l'Etat, & tient lieu d'Armoirie, sans être pourtant Armoirie. C'est pourquoi les Venitiens la mettent en parade, non-seulement sur la Poupe de leurs Vaisseaux, comme le font toutes les autres Nations, mais encore sur leurs Eglises, dans des places publiques, sur des pieds d'Estaux dressez exprès pour cela, & même sur des Drapeaux particuliers que la Seigneurie fait porter devant Elle dans les Ceremonies.

Au reste l'usage de ces sortes de Bannieres est fort ancien, & à même continué en France jusques au quatorzième Siecle. Il y avoit la Banniere de France & la Banniere de St. Denis. La Banniere de France étoit quarrée, de Velours ou de Damas Violet ou Bleu celeste, à deux endroits, semée de fleurs de Lis d'Or, plus plein que vuide, à peu près de la même maniere qu'on le voit encore aujourd'hui dans les flammes & banderolles des Vaisseaux & Galéres. La Banniere de St. Denis Vulgairement appellée *Oriflambe*, ou *Oriflamme* à cause des flames dont elle étoit semée par tout, étoit de soye rouge, & attachée au bout d'une Lance, comme pourroit être un Guidon à deux queües ayant à l'entour des houpes de soye vertes.

Cet Oriflamme avoit quelque rapport au *Labarum* des Empereurs Romains qui étoit

étoit leur Banniere Imperiale, quoique de Figure differente, car le Labarum étoit quarré, & se portoit au bout d'un Bâton comme un Gonfanon, ou une Banniere d'Eglise, telles qu'on en voit tous les jours dans les Processions de l'Eglise Romaine. L'Etoffe en étoit de Soye ou de fin Lin suivant ce que dit Tertulien. (a) *Syppara illa vexillorum & Labarorum stolæ : Sypparum quippe seu Supparum teste Festo, omne velum dicitur quod ex lino est.* Il y a plusieurs Medailles frapées du temps d'Auguste sur le revers desquelles on voit la Victoire qui tient ce *Labarum* bordé de franges avec cette Inscription. *Imp. Cæsar. & Pannonia.* Cette enseigne étoit appellée *Labarum* suivant Cujas pour *Laborum*, parce, dit il, qu'on ne s'en servoit sinon, *cum quæque pars in acie laborabat, in eam quasi auxilii & liberationis vim inferebant*, où il semble vouloir faire allusion du mot *Labarum* avec *Laborabat*; En effet, dit-il, *erat Laborum Solutio*. Cependant Grethserus ne sçauroit approuver cette explication, parce, dit-il, que ce Drapeau appelloit au travail plûtôt que d'en promettre la fin, de sorte que si *à Labore deductum est*, c'est parce que le Soldat s'écrioit toûjours en le voyant, *Labor, Labor, & hinc Labarum quasi* λαβυρι Effectivement l'usage ordinaire de ces sortes de Bannieres étoit pour convier les Sujets à prendre les Armes pour la défense de l'Etat.

L 6

_____

(a) Discours sur la Religion des Anciens Romains par du Choul.

l'Etat. En France on expofoit autrefois la Banniere de Saint Denis, lorfque le Roi fe trouvoit engagé en quelque importante guerre. On en voit plufieurs exemples dans la Vie de Louis VII. par l'Abbé Suger. Philipes Augufte en ufa ainfi, lorfqu'il entreprit fon Voyage d'Outre Mer en 1190. Charles VI. la fit porter dans fon Armée contre les Flamands revoltez, & la même chofe fe pratique encore aujourd'hui en Turquie où le Grand Seigneur expofe la Banniere de Mahomet toutes les fois, qu'il fe trouve trop preffé des ennemis du dedans ou de ceux du dehors, comme un fignal auquel tout bon Mufulman doit accourir.

A l'égard de celle des Venitiens, comme elle n'a point de couleur fixe, celle qu'ils lui donnent en détermine l'Emblême & le Symbole. C'eft pourquoi en temps de Guerre ils la font rouge, qui eft la couleur du fang & du feu. *On l'appolle Gueules en Blafon*, dit un Auteur Moderne, *parce que toutes les Bêtes Carnacieres, & qui vivent de proye, ont ordinairement la Gueule rouge de fang*. En temps de Paix, il la font blanche pour marquer la pureté, la fincerité, la concorde, la felicité, & la tranquilité quelle apporte toûjours dans la Societé Civile. Pendant la Treve elle eft Violete couleur compofée du rouge & du bleu, & qui denote, par confequent une ardeur guerriere, une noble envie de combatre, & de vaincre, moderée néanmoins

&

& comme captivée par la Justice, la Generosité, & la Foi des Traitez; & enfin lorsqu'ils sont Liguez avec quelque autre Puissance, ils portent la Banniere Bleuë pour marquer la Justice, la Gravité, la Constance, la Joye, l'Amour, & la Fidelité dans les Conféderations.

254 VOYAGE

LETTRE XV.

Des Gondoles de Venise, & de l'adresse des Gondoliers. Fête de l'Assension. Des Dames Venitiennes, & de la liberté qu'elles ont. Agrément & Priviléges des Mascarades. Des Grisettes. De leurs Ajustemens. De la maniere dont on les Marchande. Des Courtisannes & de leurs differens ordres. Des Opera. Des Comedies. Histoire du Pape Alexandre VIII. Ridicule opinion que les Italiens ont des Coûtumes de France. Des Lits de fraîcheur que l'on évente. De la Ceinture de Chasteté. Des Ameublemens ordinaires à Venise.

MONSIEUR,

J'ai vû la célébre Ceremonie du jour de l'Ascension, & j'en ai été si satisfait que
c'est

c'est avec toutes les peines du monde que je resiste à la démangeaison de vous en faire la description ; mais comme je ne pourrois rien ajoûter à ce que les autres en on dit, ce seroit brouiller inutilement du papier, c'est pourquoi je ne vous dirai rien autre chose, sinon que la prodigieuse quantité de Gondoles, qui couvroient toute la Mer, depuis Venise jusques à la bouche du Lido, me feroit quasi croire qu'il y en auroit bien vingt cinq milles dans la Ville, comme les Venitiens l'assûrent. Cela seroit plus aisé à sçavoir que le nombre des habitans, parce qu'il faut que chaque Gondolier paye une certaine somme à l'Etat. Vous avez entendu parler de l'adresse de ces Bateliers, elle est plus grande que vous ne le sçauriez croire ; car quoiqu'ils aillent toûjours avec une vitesse d'oiseau, & que les canaux soient petits & entre-coupez, il n'arrive jamais qu'ils se rencontrent. Ils previennent cela en criant à chaque coin du Canal, pour se faire oüir à ceux qui viennent par un autre côté, lesquels leurs repondent par certains mots de *Preci*, *Prami*, & *sia*, qui n'ont aucune signification que celle qu'ils leur ont donnée, & par le moyen desquels ils s'entendent si bien, que sans se voir ils tournent les Gondoles d'une maniere qu'ils esquivent sans se heurter. Ces Gondoles qui sont toutes faites les unes comme les autres, depuis celle du premier Procurateur, jusques à la derniere des Gondoles à loüer, sont des bateaux fort longs, plats par-dessous, assez étroits, & au milieu desquels il

y a

y a une petite chambre couverte d'une grosse serge noire ; elle est ouverte par le devant qui sert de porte, & des deux côtez il y a deux fenêtres qu'on ferme si l'on veut avec des rideaux, ou bien avec une piece de la même serge qui est attachée au haut de la Gondole, & qu'on renverse par-dessus quand il fait beau. Ces Gondoles toutes faites ne coûtent que vingt cinq Ducats, c'est un prix reglé, mais il y a des Nobles qui y font ajoûter au devant un fer d'acier, qui vaut quelquefois plus de cent Ecus ; on y peut mettre encore des glaces comme aux Carosses, c'est tout l'ornement dont la Republique souffre qu'on les embellisse. Ce qui coute de cela sont les Gondoliers ; les moindres gagnent un demi Ducat par jour chacun, & il y en a qu'on ne peut avoir à moins d'un Ecu, & pour bien armer une Gondole il en faut quatre, de sorte qu'au bout du compte il se trouve qu'un carosse à six chevaux ne coûteroit pas plus.

La Ceremonie du Bucentaure a été suivie comme à l'ordinaire d'une Fête de quinze jours, des plus magnifiques ; c'est un second Carnaval plus beau que le premier. Il est vrai qu'on n'y voit ni Opera, ni Comedie, mais en recompense on a la beauté de la saison, qui anime tous les esprits, & celle d'une Foire la plus galante de l'Europe. Elle se tient dans la place de St. Marc, où les Marchans disposent leurs Boutiques avec tant d'égalité & de cimetrie, qu'il semble d'une petite Ville bâtie à plaisir. Rien n'est si superbe que la ruë des Orfevres,

&

& celle des Merciers, tant par les richesses, dont elles sont remplies que par le beau monde qui s'y promene tous les matins & & tous les soirs : les Gentildonnes particulierement y viennent faire montre de leur beauté, & faire confesser aux Etrangers que tout ce qu'ils ont vû de belles Dames ailleurs leur doivent ceder le prix. Elles s'y promenent avec une grande liberté, & qui ne sent point du tout l'esclavage, dont on parle tant. Il est certain que les Venitiennes vivent d'une maniere beaucoup plus resserrée qu'en France, mais cela ne va point à cet excès qu'on publie. Persuadez-vous, Monsieur, que tout ce que la bien-séance défend ici aux femmes, sont les promenades, & les conversations particulieres avec les hommes ; joignez à cela qu'on ne fait pas ici communément des assemblées de jeu, où les Dames se trouvent comme en France ; & voilà toute cette rude servitude, dans laquelle elles sont réduites. Car quant au reste, elles vont aux Opera, aux Comedies, aux Ridotti, en Mascarade, au Fresque, & aux Foires, seules ou accompagnées, tout comme il leur plaît ; jugez si elles sont fort à plaindre. Je ne sçai même si en France ou en Hollande, un homme trouveroit fort bon, que sa femme s'en allât sans autre compagnie que celle d'une ou de deux servantes, courir le masque tout le long du jour, & se fourer en cet équipage dans des Academies publiques, comme sont les Ridotti, & dans lesquelles on voit plus de

Cour-

Courtifannes que d'autres perfonnes; néanmoins cela fe fait ici tous les jours fans que perfonne s'en fcandalife. Ce feroit pourtant une belle occafion pour fe donner carriere fi elles en avoient envie, car elles ne manquent pas de gens qui leur en font la propofition, & quand une Gentildonne a mafqué tout un jour, je ne penfe pas qu'elle en foit quitte le foir pour vingt complimens de cette nature. C'eft la mode ici & le privilege du Carnaval & de la Foire, de pouvoir aborder toutes les femmes qu'on trouve feules pourvû qu'elles ayent feulement un mafque de velours fur le vifage, car alors elles font *Signora mafcara*, tout auffi-bien que fi elles avoient les habits du monde les plus extravagans; & l'on peut librement leur parler même fans lever le chapeau, & fans leur faire aucune démonftration de civilité. Mais fi un Étranger vouloit en ufer de même avec une Dame qui ne feroit pas mafquée, j'avoue qu'il rifqueroit beaucoup. La feule liberté qu'on a, c'eft de regarder & tout le refte eft défendu, d'une telle maniere que le plus grand affront qu'un homme puiffe faire à une femme, c'eft de la faluer; cela ne fe fait qu'aux Courtifannes.

La coûtume des Mafcarades eft à mon avis la plus divertiffante & la plus commode du monde pour toutes fortes de perfonnes. Combien de gens y a-t-il, dont le caractere grave les retiendroit, malgré eux à la maifon, qui viennent à l'ombre du mafque prendre part à tous les divertiffemens

mens publics ? Combien de Princes, de Procurateurs, & d'autres personnes d'un rang distingué, qui profitant du déguisement, se débarrassent pour quelque temps de cette importune grandeur, dans laquelle ils sont toûjours comme emprisonnez, pour se mêler incognito parmi le peuple, y joüer le personnage d'un Bourgeois, ou d'un Artisan, & se donner un espece de plaisir qu'ils ne sçauroient trouver ailleurs. Le masque a cette faculté merveilleuse de faire tout d'un coup un Pantalon d'un Prince, & un Prince d'un Pantalon, & ce qu'il y a d'agreable, c'est que cela ne dure qu'autant que l'on veut. Si nous en croyons les Venitiens, un grand Prince que toute la terre connoît, n'a pas dédaigné de prendre quelquefois ces sortes de récréations.

Les Mascarades sont permises au Carnaval, & à la Fête de l'Ascension, pendant quoi les masques semblent faire une seconde République dans la République même. Ce sont d'autres habits, d'autres coûtumes & d'autres loix. Là toutes les differences de conditions se perdent, chacun y est autant l'un que l'autre, les respects, la contrainte, le chagrin, les affaires, tout cela est banni de la societé ; & l'on n'y trouve en leur place que joye, qu'agreable folie, & que liberté.

Pendant la Foire, la place de S. Marc est comme je vous ai dit toute remplie de boutiques, avec une partie de celle du Broglio. L'autre qui reste vuide, est occupée par des Bateleurs, des Joüeurs de Marion rionettes, des Meneurs d'Ours, & cent autres Charlatans aufquels tout le monde s'arrête, depuis le Noble jufques au Gondolier. Certaines Aftrologues entr'autres ont fort la preffe; on les apperçoit des premieres, montées fur un petit échaffaut, & couvertes de rubans & de dentelles comme des poupées, du blanc & du rouge fur le vifage en quantité; & avec cela nombre de livres auprès d'elles remplis de figures & de caractéres. Il y a auffi quelques hommes qui fe mêlent du même métier, mais on n'y court pas tant qu'aux femmes, dont les fontanges à triple étage, attirent davantage. Elles font affifes fur une chaife, d'où comme d'un Tribunal, elles fouflent la bonne avanture à ceux qui la veulent fçavoir, par une Sarbacanne de fer blanc, longue de huit ou dix pieds, & de laquelle on fe met le bout à l'oreille. Le prix ordinaire eft de cinq fols, & pour cette legere fomme, on peut fe faire promettre *beni & honori* plus qu'on n'en defire foi-même. Ces Demoifelles qui ne font pas toûjours laides obfervent une gravité admirable, en debitant leurs pronoftics, mais on affûre que dans le particulier, elles ne font pas fi feveres qu'on ne pût bien les égayer fi l'on vouloit.

Quoi que nous foyons encore au mois de Mai, les chaleurs ne laiffent pas d'être déja affez fortes, chacun s'habille à la legere autant qu'il peut, ce qui donne un air de gayeté à toute la Ville. Je voudrois que vous viffiez l'habit que portent prefentement

ment les petites Grifettes de Venife. Elles font vêtuës de blanc, comme des Bergeres, & ordinairement de Moufleline, mais proprement & d'une maniere galante. Elles n'épargnent pas, fur tout, les Rubans, ni les dentelles, & comme elles font pour la plûpart naturellement jolies, & qu'elles obfervent une grande propreté dans la coifure, & dans la chauffure, on peut dire qu'elles valent bien la peine d'être regardées. On en voit tous les jours en quantité qui viennent fe produire à la Foire, comme au Marché, accompagnées de leurs Meres qui leur fervent de Duegna, & en même temps d'Entremetteufes, leur but n'étant que de fe faire voir, & d'infpirer de l'amour à quelqu'un. Lorfque cela arrive, c'eft à la mere qu'il faut s'adreffer, & pourvû que l'on foit d'humeur à faire quelque dépenfe, le marché eft bien-tôt fait. Le prix ordinaire d'une fille jeune & jolie eft de cent cinquante écus argent comptant, & autant par année d'entretien. Pour deux cens, on choifit par toute la Ville. Au refte, on n'achete point chat en poche, on vifite tout, & l'on voit fi la perfonne plaît, avant que de conclure. Pour le pucelage, il fuffit que les Meres le garantiffent, on peut fe repofer là-deffus, elles font trop confcientieufes fur cet article, pour vouloir tromper perfonne, & d'ailleurs elles n'oferoient pas le faire, tant elles font perfuadées que c'eft une chofe fur laquelle on ne peut impofer. C'eft une opinion qu'il ne faut pas prétendre ôter de la tête aux Italiens,

liens, non plus qu'aux Orientaux. Quo[i]
qu'il en soit, il revient un bien de cela[,]
c'est que les filles en sont plus réservées, d[u]
moins celles qui prétendent au mariage[.]
Car quand à celles qui n'aspirent qu'à trou[-]
ver un homme qui les entretienne, elle[s]
gardent bien leur pucelage, mais elles n[e]
sont pas chiches du reste. Je connois un[e]
femme qui a trois filles, les deux aînée[s]
sont Courtisannes publiques, & la troisiè[-]
me est encore ce qu'on appelle ici * *un[a]*
Putta una Vergine, quoi qu'elle ait couch[é]
peut-être avec cent hommes. Cependan[t]
elle est effectivement pucelle, & ne souffri[-]
roit pas les dernieres approches d'un hom[-]
me pour un sou moins de deux cens écus. Ce
plaisant ordre de Pucelles, me fait souvenir d'une chose que j'ai lûë dans la République des Lettres. C'est que du temps de S.
Cyprien, il y avoit des Religieuses qui
couchoient avec des Garçons, sans en être
moins hardies à soûtenir qu'elles étoient
Vierges. Elles en juroient, & s'offroient
à passer par l'examen des Sages-femmes.
Monsieur Doduel dit que le zele de S. Cyprien ne pût pas bien venir à bout d'arrêter
le cours de ce déreglement, & qu'il perdit
entierement son temps à vouloir empêcher
les personnes de different Sexe de vivre ensemble, & l'on croit que Paul de Samosate
fut le premier qui l'introduisit dans l'Eglise
d'Antioche. Quoi qu'il en soit, dit l'Auteur, il prit sa part de cette liberté, car il
avoit

* *Putta* en Italien signifie une fille pucelle.

avoit toûjours avec lui deux belles jeunes filles, & l'on peut prouver que ces liaisons alloient jusques à la communauté des Lits, par le rapport de S. Athanase, qui dit que lors qu'on eut défendu à Leontius l'attachement qu'il avoit pour la jeune Eustholia, il se fit mettre en état par mutilation de n'être point soupçonné. Mais retournons à nos Italiens.

Entre les Coûtumes qui leur sont particulieres, une des plus extraordinaires, & des plus incommodes à mon avis, c'est celle de coucher nud, en état de pure nature, autant femmes & filles, qu'hommes & garçons ; & quoiqu'il semble y avoir quelque indécence dans cette maniere, cependant on ne voit guéres d'Epouse, qui se fasse un embarras de quiter la chemise dès la premiere nuit de ses nôces, pour devenir l'Eve de son nouvel Adam. Il faut pourtant en excepter les personnes de qualité, car quoi qu'il y en ait beaucoup qui le font aussi, il est vrai que le plus grand nombre couche comme en France & par tout ailleurs.

Les Courtisannes n'ont pas ici une moindre liberté qu'à Rome, mais il y en a de deux sortes, les premiers sont Courtisannes particulieres, qui sont entretenuës par quelqu'un, & celles-là bien loin d'être infamées ou méprisées, sont regardées d'un œil d'envie par leurs autres compagnes qui aspirent au même bonheur, & sont estimées comme ils disent sinon *Donne honorate*, au moins *Donne de proposito*, & se marient

sans

sans difficulté, après qu'elles ont gagné sept ou huit cens ducats. Presque tous les Artisans ne prennent point d'autres femmes. La seconde espece de Courtisannes sont celles qui s'abandonnent au premier venu, & qui font métier & marchandise de leur corps. Celles-là ne trouveroient pas à se marier, toutefois elles ne veulent pas qu'on les appelle *Putane*, elles disent qu'elles sont seulement *Donne d'amore*.

Il y a une grande quantité de ces personnes-là à Venise, mais on peut dire qu'elles y sont necessaires aussi-bien qu'à Rome, eu égard à l'inclination desordonnée que les hommes y ont pour les autres hommes. La plûpart d'entr'eux préferent la compagnie d'un jeune garçon, quoique laid, à celle de la plus aimable fille. Il y en a même qui vont jusqu'à cet excès d'infamie de payer des Portefaix & des Gondoliers pour se faire brutaliser eux-mêmes. Tous leurs entretiens ne roulent que sur de pareilles choses, & comme en France, quand les jeunes gens veulent égayer la conversation, ils parlent de l'amour des femmes, ici on parle de celui des hommes. Ce fut par cette raison, aussi-bien que par celle de la conservation de l'honnêteté dans les Familles, que le Senat se résolut autrefois à faire venir des Courtisannes étrangeres pour l'usage de la jeunesse, ce qui arriva l'an 1421. Il leur assigna pour demeure certaines Maisons du Quartier de *S. Cassano* appellées communément *Ca Rampani* du mot *Ca*, duquel par abbreviation on avoit fait *Ca*

&

& de *Rampani*, qui étoit le nom de quelques Bourgeois de la Ville à qui les Maisons appartenoient.

Le nom de *Carampane* fut aussi donné depuis aux Courtisannes que l'on y avoit logées, & dans la suite il fut appliqué indifféremment à toutes les femmes de mauvaise vie, de sorte qu'aujourd'hui, quand on appelle une femme *Carampane*, c'est la même chose que si on l'appelloit Putain.

Or comme le Senat, s'est toûjours particulierement attaché à la Police, & qu'il craignoit avec raison que cette nouvelle Colonie toute rassemblée, & pour ainsi dire toute renfermée qu'elle étoit, ne causât néanmoins de grands desordres entre les jeunes gens, il fit un Réglement particulier pour la conduite des Courtisannes. Par ce Réglement, le prix que chaque homme devoit payer pour avoir la compagnie d'une Carampane, étoit fixé, & se payoit à une Matrone qui étoit la Directrice Générale de la Societé. Cette Matrone avoit soin qu'elles vécussent réglément, elle tenoit la Caisse commune, & en distribuoit l'argent tous les mois aux Carampanes, non pas également, comme peut-être vous pourriez le penser, mais aux unes plus aux autres moins, selon qu'elles étoient belles & jeunes, & selon les conditions qu'elles avoient stipulées en entrant dans la Societé. Le Senat renouvella en même temps en leur faveur une Ordonnance qu'il avoit donnée en 1394. contre les Corrupteurs de filles & de femmes, & contre ceux qui pour se moquer des Courtisannes les laissoient en gage dans les Hôtelleries, afin qu'elles payassent l'écot.

Si je ne vous ai point parlé des Opera & des Comedies, qui font un des principaux divertissemens du Carnaval, c'est que j'ai crû que vous étiez assez informé de ce que ce peut-être, mais je vous en aurai bientôt dit quelque chose. Toute la beauté des Opera de Venise consiste dans le chant & dans les machines, pour ce qui est des habits, de la dance, & des piéces en elles-mêmes, c'est fort peu de chose, & généralement parlant il s'en faut beaucoup qu'ils approchent de ceux qu'on représente à Paris; quoique tout le monde sçache bien que les François ne tiennent les Opera que des Venitiens, mais en cela comme en bien d'autres choses, ils ont surpassé leurs Maîtres. Le chant Venitien ne plaît pas universellement à toutes les oreilles, on prétend qu'il y a trop d'affectation dans leurs roulemens excessifs, à propos desquels quelqu'un a dit, qu'ils semblent toûjours vouloir disputer aux rossignols, le prix de la facilité du gosier. Pour moi, j'avouë que je ne suis pas de ce sentiment, je suis charmé quand j'entens une belle voix qui chante bien à l'Italienne, & peu s'en faut que je ne m'écrie avec les Venitiens, *mi perdo, mi pâmo,* & *mi moro.* La verité est pourtant que ces agréables transports que je ressens, sont un pur effet de la Musique & de la beauté de la voix, sans que le

recit

recit y ait aucune part. Il ne faut pas même y faire attention, elle seroit plus capable d'ôter le plaisir que d'y contribuer, le chant Italien n'ayant aucun rapport avec le tragique. Je peux vous en faire juge vous-même, quoique vous ne l'ayez pas entenduë. Quelle impression feroit sur vôtre esprit un Roland furieux, ou un Atis desesperé, qui viendroient vous exprimer les passions terribles dont ils sont agitez par des fredons perpetuels, & des roulemens d'un quart d'heure, ne diriez-vous pas qu'ils se moqueroient, & qu'ils n'auroient autre dessein, que de tourner ces amans en ridicules. Cela me fait souvenir de l'air dont Harlequin chantoit sur le Theatre de Bourgogne, *Ha! tu vas trahir malheureuse, &c.* Voilà, Monsieur, en quoi la maniere de chanter Françoise l'emporte veritablement sur l'Italienne, elle est faite exprès pour les recits, & s'y accommode si merveilleusement en toutes rencontres, que le chant exprime, & touche davantage que les paroles même; particulierement dans les endroits où il faut marquer de la douleur, du desespoir, ou de la fureur. Mais à cela près, je suis toûjours du sentiment, que la Musique Italienne toute seule est plus belle que la nôtre, & qu'une douce voix comme on en trouve ici quantité, lui donne de nouveaux charmes.

Les goûts sont encore partagez sur la Comedie de Venise, j'ai vû beaucoup de gens d'esprit qui non seulement la traitent de pure bagatelle, mais qui la veulent ren-

voyer dans les places publiques, pour y servir d'amusement & de spectacle aux Laquais & Crocheteurs. D'autres au contraire trouvent ce divertissement admirable, & se priveroient du boire & du manger plûtôt que d'en perdre leur part. Si vous voulez que je vous dise ce que j'en pense, il y a de l'excès dans l'une & l'autre de ces opinions ; si l'on veut absolument rejetter tout ce qui n'est pas instructif, & qui ne tend pas à perfectionner les hommes dans la vertu, je conviens que la Comedie Italienne doit être bannie de la République ; mais par le même principe, il faudra donc condamner aussi les Bals, les Mascarades, les Carousels, & toutes sortes de jeux, & l'on trouvera du crime jusques dans les plaisirs les plus innocens. Quant à moi qui ne suis pas si rigide, j'approuve la Comedie Italienne comme elle est ; si on n'y devient pas plus honnête homme, on s'y divertit au moins ; & j'ai même remarqué plusieurs fois, que tous ces delicats Censeurs, ont été les premiers à faire des éclats de rire, & à fraper des mains. Tout ce que je voudrois en ôter sont de certaines indécences, dont les unes choquent la pudeur des Dames, & les autres la civilité & le respect qu'on se doit les uns aux autres. Ce n'est pas qu'après cela, je ne préférasse encore la Scene Françoise à l'Italienne. J'aime bien mieux apprendre dans les caracteres de Moliere, à me connoître moi-même, que d'être inutile Spectateur des postures d'Arlequin, & des visions du
Docteur

Docteur Baloüarde. Mais quand j'aurai du temps à perdre, & que l'occasion se presentera, je ne refuserai pas d'aller rire une ou deux heures de leurs plaisantes folies.

J'avois oublié de vous dire à l'égard de l'Opera, que l'usage y a introduit une plaisante coûtume. Quand une femme chante on l'applaudit toûjours à la fin du recit, si on ne dit que *cara cara* plusieurs fois, c'est signe qu'on n'en est que mediocrement satisfait, mais lors qu'elle a touché on crie à gorge déployée, *mi moro*, *mi buto*, & l'on se sert même d'autres termes si peu honnêtes, pour exprimer son ravissement, que je ne sçaurois vous les faire entendre à moins de vous les dire aussi librement qu'ils le font, & c'est dequoi je me dispenserai s'il vous plaît.

J'ai pris soin de m'informer de l'origine du feu Pape Alexandre VIII. comme vous m'en aviez prié. Il n'est pas vrai qu'il fût de famille Noble, Jean Ottoboni son bisayeul étoit un Marchand, qui dans son commencement n'étoit pas fort connu, mais ayant gagné beaucoup de bien, il trouva moyen de se faire considerer, & d'avancer ses enfans, dont l'aîné nommé Jean François, parvint à la Dignité de grand Chancelier, qui est la plus haute où la Citadinance puisse monter, elle donne le titre d'Excellence, & la robe rouge. Après sa mort son fils Leonard, qui avoit rendu quelques services à la République en qualité de Secretaire d'Ambassade, & d'Agent en Espagne, fut élû en sa place l'année 1639. & l'exerça jusques à sa mort. Il eut deux fils, François & Pierre qui depuis fut Pape, François se maria & laissa un fils nommé Antoine aujourd'hui vivant, & quant à Pierre qui ne l'étoit point encore, il sollicita une petite Charge qui lui fut refusée & donnée à un autre Citadin dont la famille n'avoit jamais entré dans les affaires, ce qui le piqua fort, & de chagrin qu'il en eût, il se jetta dans l'Eglise. Deux ou trois ans après, l'Evêque de Padouë lui donna une place dans son Chapitre, où il demeura quelque tems, cependant comme c'étoit un homme inquiet & ambitieux, il s'y ennuya bien-tôt, il disoit même fort souvent à ses amis que quelque chose lui souffloit sans cesse aux oreilles, & lui disoit d'aller à Rome. Il quita donc Padouë, & fut se produire dans la grande Cour Ecclesiastique, où il s'intrigua si bien par son adresse, sa complaisance, & la dissimulation qu'il possedoit dans le souverain degré, qu'il s'aquit des Patrons puissans, en 1652. il fut fait Cardinal par Innocent X. puis Evêque de Bresce dans l'Etat Venitien; & enfin la Chaire Apostolique étant venuë vacante, il y fut élevé par la faction de France, & la brigue du Cardinal de Boüillon, qui pour rentrer en grace auprès du Roi son Maître, fit l'impossible en cette occasion. Ce fut le sixiéme Octobre 1689. que la supreme Dignité lui fut conferée, & comme il étoit assez generalement aimé, toute la terre s'en réjoüit.

Rome

Rome crût avoir un S. Evêque, qui n'auroit en vûë que l'exaltation de l'Eglise & du S. Siege, la France un Pape qui lui seroit dévoüé, l'Empire & l'Espagne un S. Pere desinteressé, & Venise un Citoyen qui seroit le bienfaiteur de sa Patrie. Cette République témoigna sa joye par toutes sortes de démonstrations. Elle donna tout d'abord la Noblesse à son Neveu Antoine, & le fit en même temps Chevalier de l'Etole d'or, & Procurateur de S. Marc par merite. Celui-ci envoya ses deux fils Pierre & Marc à Rome, Marc fut marié fort avantageusement, & Pierre fut fait Cardinal Patron. Tout le reste de ses parens furent comblez de biens & s'accrûrent dans une nuit, ce qui fit dire à Pasquin, *que sa Sainteté avoit signalé son exaltation au Pontificat par un miracle*. Et Marphorio lui demandant ce que c'étoit, il répondit, *qu'il avoit ressuscité un mort*; voulant parler du Nepotisme, qui sembloit avoir été mis au tombeau par le Pape Innocent XI. Effectivement jamais Pape ne l'a porté si loin que lui, je vous en ai parlé suffisamment dans une de mes précédentes Lettres, sans qu'il soit besoin de rien réïtérer là-dessus, c'est assez vous dire qu'il mourut chargé de malédictions, & qu'il trouva le secret de rendre sa memoire odieuse à toute la terre, & de ne se faire regreter de personne. Rome le déteste à cause de son luxe, & du Nepotisme qu'il avoit outré, l'Empire & l'Espagne, parce qu'il s'étoit déclaré contre eux, la France, parce que sur la fin de sa vie, il frapa le plus rude coup qu'elle pouvoit apprehender, & sa patrie enfin, parce qu'au lieu de faire quelque chose pour elle, il n'a cherché que de la chagriner en toutes occasions. On n'attendit pas à Rome qu'il fut expiré pour marquer la haine qu'on lui portoit, comme il étoit à l'agonie, on attacha la nuit sur la porte du Vatican, un Papier sur lequel il étoit peint en posture de monter à cheval, & au bas il y avoit écrit, *chi vuol mandare una lettera al Diavola, ecco il corriere lest'a partire.*

Après sa mort, le Prince Don Antoine son Neveu s'étant mêlé de briguer pour donner l'exclusion au Cardinal Barberigo, & de porter la faction de Pignatelli, les Venitiens lui ôterent sa Dignité de Procurateur, & en même tems toute sorte de maniment des affaires, lui défendant même l'entrée au grand Conseil ; de sorte que presentement au lieu d'une veste de Procurateur, il ne porte qu'un petit manteau de Citadin. Il n'a pourtant pas été dégradé, mais seulement interdit de ses fonctions.

J'appris hier une chose qui servira à vous confirmer dans la pensée où vous êtes déja que la Seigneurie de Venise est extrêmement magnifique dans ses Fêtes, & dans ses Cérémonies. On me dit que Henri III. revenant de Pologne pour aller prendre possession de la Couronne de France, passa par cette Ville, & que le Senat lui fit une reception des plus somptueuses que l'on eût jamais vûë. Toutes les Gondoles, & les Peotes couvroient la Mer, & voguoient

à

à l'envi les unes des autres autour du Bucentaure, sur lequel on l'étoit allé prendre. Les ruës étoient tapissées des plus belles Peintures & des plus riches Tapis, & les Balcons étoient remplis de Dames ausquelles on avoit permis de se parer de leurs pierreries. Tout le reste de la Fête fut proportionné à ce commencement, Combats à coups de poing, Regates, Mascarades, Operas, Comedies, Festins delicieux, & superbes, enfin tout ce que Venise dans la joye & l'abondance peut inventer de riche & de beau, fut offert à ce Prince, quoique ce fut dans la Saison la moins propre aux Fêtes, & pour comble de magnificence, le premier feu qu'on lui fit au Palais S. Marc pour le chauffer, fut allumé avec une obligation de cent mille Sequins qu'il devoit à la République. Ce qui lui fit dire qu'il n'avoit jamais vû un si beau feu.

Avant que de finir ma lettre, il faut que je vous dise la ridicule opinion que les Italiens ont des coûtumes de France, ils s'imaginent qu'on peut baiser & badiner indécemment avec une fille, devant son Pere, & sa Mere, ou avec une femme devant son mari, tout comme on veut, sans qu'on ait lieu de le trouver mauvais, & sur ce fondement ils inferent que dans le particulier la privauté s'étend d'ordinaire bien plus loin. Ne font-ils pas un bel honneur à nôtre Nation, & de la maniere dont ils se figurent nos Françoises, ne sont ce pas de jolies personnes. Cependant voilà l'idée generale, qui ne vient que de ce que la civilité

vilité permet de baiser une femme en la saluant, quand on a quelque affinité avec elle, & qu'il y a long-temps qu'on ne l'a vûë, ou de ce qu'on ne fait pas un procès à un jeune homme, pour avoir dérobé un baiser à une fille.

Voilà les erreurs dans lesquelles nous fait tomber le penchant insurmontable qu'on a pour grossir; il suffit qu'il y ait quelque chose d'extraordinaire, tout d'abord on le fait ou merveilleux, ou contre les regles du bon sens, selon ce que c'est. J'ai vû beaucoup de gens, qui ne sont point des Italiens, lesquels m'ont affirmé qu'en Angleterre, on pouvoit prendre un baiser sur la bouche de la premiere belle femme qu'on trouvoit dans la ruë, sans qu'elle fut en droit de le refuser, fut ce une des premieres Dames de la Cour, je n'y ai point été, & cependant je ne crains point d'avancer que je n'en crois rien, & que cela ne se peut.

Vous sçaurez que j'ai été à Padouë, dont je ne vous dirai rien autre chose, sinon que c'est une fort grande Villasse, si deserte que la moitié des maisons n'y sont pas habitées, & que j'y ai acheté un cheval, sur lequel je prétens faire mon voyage d'ici en Hollande, ne pouvant me résoudre à m'enfermer dans un coche pendant une si longue route. Je l'ai amené à Mestre, qui est un petit port à cinq mille d'ici, par où il faut passer pour aller à Ausbourg, & je me dispose à partir dans peu de jours. Ainsi je ne vous dirai plus rien de Venise, que les uns nomment

ment la Riche, d'autres la Belle, & moi la Libertine. Trois choses m'y ont extrêmement plû, que je ne pense pas retrouver jamais ailleurs ; premierement les fêtes & les spectacles qui les accompagnent toûjours ; en second lieu, la douceur & la beauté des femmes, & enfin la propreté des maisons au dedans ; j'ai bien ouï vanter celles de Hollande, mais elles ne sçauroient guéres être plus propres que celles de Venise. On se mire ici par tout dans les planchers du pied, qui sont faits d'un certain ciment rouge, dur comme de la pierre, & clair comme une glace. Pline prétend que cette invention, aussi bien que celle de la Mosaïque, & des Maisons à plate-forme, soit venuë de Grece à Rome, où elle fut pratiquée la premiere fois au tems de Silla. Il en donne la composition, & celle de plusieurs autres sortes de pavez fort curieux desquels on ne se sert plus.

Generalement parlant les Venitiens aiment fort les beaux meubles, & les entretiennent avec beaucoup de soin. Il n'y a pas un Savetier qui n'ait sa Tapisserie de Cuir doré, un grand miroir & de fort jolis Tableaux, & à mesure qu'il gagne, il approprie sa Maison. Un des meubles que l'on trouve le plus ordinairement chez ceux qui sont un peu à leur aise, c'est un lit de repos & de rafraîchissement, au dessus duquel il y a un grand Evantail suspendu au plancher ; pareil à ceux dont je vous ai parlé quelque part. Ce lit est un peu plus large que ne le sont les lits de repos ordinaires, afin qu'en cas de necessité deux personnes y puissent prendre le frais ensemble sans s'incommoder. On voit beaucoup de ces lits par toute l'Italie, mais ceux qui vous ont dit, qu'ils étoient de l'invention des Italiens, se sont trompez, non que leurs inclinations voluptueuses ne pussent leur en suggerer plusieurs semblables, mais parce qu'en effet, ils ont reçû celle ci des Romains, ce que l'on peut prouver par divers passages des Anciens, & entr'autres par le quatriéme chapitre du neuviéme Livre de la Vie de l'Empereur Alexis, écrite par Anne Commene, où elle dit que Diogene étant venu un poignard à la main pour tuer l'Empereur, se retira après qu'il eût apperçû une femme de Chambre, qui éventoit le lit pour le rafraichir. Il en est de même des Ceintures de Chasteté. Parce que l'on en voit ici assez communément, & qu'il s'y trouve quelques vieux fous qui les mettent en usage, on fait l'honneur à la Jalousie Italienne de lui attribuer aussi cette invention, mais elle n'est pas nouvelle, non seulement les anciens Romains mettoient de cette maniere la pudicité de leurs femmes aux fers, mais encore celle des jeunes hommes, suivant le témoignage de Pline Livre 33. Chapitre 12.

Au reste, il ne faut pas que les Dames de ce Païs soient sujettes aux envies pendant

dant leur grosseſſe, car j'ai remarqué qu'outre les Tableaux & les Miroirs dont les Venitiens ſont fort curieux, le principal ornement de leurs maiſons ne conſiſte qu'en fruits de Cire. Ils en ont de toute eſpece comme Pêches, Poires, Raiſins, Abricots, & Figues, mais ceux qui à mon avis imitent le mieux la nature ſont les Citrons & les Melons. Ces deux derniers fruits ſont d'ordinaire contrefaits dans la perfection, & comme il y a ici auſſi-bien qu'en Eſpagne une ſorte de Melons qui ſe conſervent dans toute leur fraîcheur malgré la rigueur de l'Hiver, on ne ſçait le plus ſouvent ſi c'eſt la choſe même que l'on voit, ou ſeulement une figure qui la repreſente. Je ſuis, Monſieur, &c.

De Veniſe, ce . . . Avril 1692.

LETTRE XVI.

Beauté de la Campagne depuis Maestre jusques à Solanio. Incommodité de la Route de ce Village à Auxbourg. De l'incommodité des Auberges. De la Ville de Trente. De la Ville d'Inspruck. Quelques Remarques touchant la Ville d'Ausbourg. De son Hôtel de Ville. De son Arcenal. De son Gouvernement. De la Ville de Nuremberg en general. De la Cathedrale. De la Maison de Ville. Du Gouvernement. Du fer de la Lance & Ornemens Imperiaux. De la diversité des Habits. Description de la Ville de Francfort sur le Meyn. De son Commerce. De la Cathedrale. Des avantages que les Catholiques Romains y ont au-dessus des Reformez. Du Gouvernement de la Ville. De l'Eglise Lutherienne Valonne. Des Juifs & d'un Tableau Ignominieux à à cette Nation que l'on voit sur une

des

D'ALLEMAGNE. 279
des Portes de la Ville. Des Foires de Francfort. Description d'une Nopce à la mode du Païs, & d'une autre suivant la coûtume des Juifs. Des Batêmes & des Enterremens. De la Ville de Mayence. Du Château de Rhynfelds, & du Batême ridicule que les habitans y veulent faire recevoir aux Etrangers. Du Château de Friderio-stein, & des Fables que l'on en raconte. De la Ville de Cologne en general. De la Maison de Ville. Du Palais Episcopal. De la Maison des Jesuites. Des onze mille Vierges. De l'Eglise de St. Chyrion. De la Ville de Cleves en general, avec une Discription du Château en particulier.

ONSIEUR,

Jamais Païs ne m'a paru si beau que la Campagne qui conduit de Maestre à Castel-Franco, & quelques milles au-delà. Elle est couverte de Vignes, de Pêchers, de Figuiers, de Muriers, & generalement de toutes sortes de bons Arbres Fruitiers. Il y
a des

a des Villages en quantité dont les maisons sont jolies, & les habitans propres. On y trouve une agreable diversité de Vergers, de Guerets, & d'Herbages qui réjouissent les yeux en même temps qu'ils annoncent la fertilité & la richesse du Païs. Enfin c'est un séjour bien agreable. C'est dommage qu'il n'a pas plus détenduë, mais il est si resserré entre les Montagnes & la Mer, qu'à peine occupe-t-il une petite journée de traverse. On vient coucher à Solanio petit Village situé sur l'Adige, qui ne paroît là qu'un villain Torrent, & on loge dans une miserable Hôtellerie, où il faut se resoudre à dormir au bruit que fait cette Riviere en tombant de la Montagne voisine. Depuis ce lieu jusques à Ausbourg l'on ne sort point des Montagnes entre lesquelles on marche depuis le matin jusques au soir le plus souvent sur ces petits chemins étroits, ménagez dans l'escarpe hideuse de la Montagne, avec un danger évident de se rompre le cou cent fois par jour. Il ne faut que regarder du haut en bas, pour avoir toûjours cette crainte dans l'esprit, mais si l'on étoit assez stupide pour n'y pas prendre garde, les tableaux que l'on trouve en mille endroits, ne seroient que trop suffisants pour faire connoître le peril où l'on est. On ne sçauroit faire un quart de lieuë sans en rencontrer quelqu'un ou même plusieurs, dans lesquels on voit des Chariots renversez ou des hommes precipitez avec leurs chevaux. Outre ces dangers on y court encore celui des Voleurs dont cette

route

route est remplie, ce qui vient de l'extraordinaire pauvreté des Habitans qui manquent des choses les plus necessaires à la vie. Aussi tout ce qu'il y a de Païsans sont reduits à la mendicité, & je remarquai avec étonnement que la plus grande partie d'entr'eux quittoient le travail pour accourir sur le chemin, au devant des Etrangers & leur demander l'aumône. La moitié de ces pauvres gens sont affligez de cette sorte de loupe à la gorge, dont je vous ai dit ailleurs, que les Dauphinois & les Savoyards sont si incommodez, ce qui n'aide pas à les soûlager dans leur misere.

A l'égard des Auberges, elles sont toutes fort mauvaises sur cette route à la reserve de celles des Villes principales, mais en recompense si l'on y est mal traité, il n'en coute pas fort cher aussi. Erasme en a fait une peinture si naturelle dans son Dialogue intitulé l'Hôtellerie, que tout ce que je pourrois vous en dire d'ailleurs, ne seroit que la même chose en d'autres termes. Je ne ferai donc point difficulté de me servir des siens, tels que je les ai trouvez dans la traduction Françoise de Chapuseau, Edition de Geneve.

,, Personne, dit-il, ne vous saluë en
,, arrivant de peur qu'il ne semble qu'on
,, vous recherche, car ils croiroient s'ab-
,, baisser, & faire chose indigne de la gra-
,, vité Allemande. A force de crier quel-
,, qu'un passe la tête hors de la petite fenê-
,, tre du Poële, car ils le quittent rarement

avant

„ avant le solstice d'Eté, & vous diriez
„ justement d'une Tortuë qui s'avance de
„ dessous sa coque. C'est de lui qu'il faut
„ s'enquerir s'il vous est permis de loger.
„ Quand il ne dit mot c'est signe que vous
„ étes le bien venu, & si vous demandez
„ l'étable, il vous la montre d'abord de la
„ main. Vous ne devez-vous attendre là à
„ aucun Valet, & vous y traitez vôtre che-
„ val à vôtre mode. Si toutefois l'Hôtel-
„ lerie est un peu considerable, vous y au-
„ rez quelque méchant Palefrenier qui
„ vous y conduira lui-même, & vous mon-
„ trera le lieu de vôtre monture, mais je
„ ne réponds pas qu'il soit des plus com-
„ modes, vû qu'ils gardent ceux-ci pour
„ les grands Seigneurs. Ne vous plaignez
„ pourtant que le plus tard qu'il sera possi-
„ ble autrement vous entendrez aussi tôt,
„ *Si ce lieu ne vous plaît pas, cherchez en un*
„ *autre.* Ayant pourvû de la sorte à vôtre
„ cheval, vous vous transportez tout cro-
„ té dans le Poële avec vos hardes, où
„ vous trouvez ordinairement grande
„ compagnie, parce qu'il n'y en a qu'un
„ commun pour tous. Vous vous debotez
„ devant tout le monde, vous prenez vos
„ pantoufles, vous changez si vous voulez
„ de chemise, vous étendez vôtre man-
„ teau mouillé auprès du Poële, & vous
„ en approchez vous-même pour vous se-
„ cher. Il y a aussi de l'eau pour les
„ mains dans quelque bassin qui est auprés,
„ mais le plus souvent si nette qu'il seroit
„ besoin d'en avoir d'autre pour vous rela-
„ ver. „ Ainsi

„ Ainſi donc vous vous trouvez dans le
„ même Poële ſouvent juſques à quatre-
„ vingt ou quatre vingt dix, de toutes con-
„ ditions & de tous ſexes) des Pietons,
„ des Cavaliers, des Marchands, des Ma-
„ telots, des Chartiers, des Laboureurs,
„ des Enfans, des Femmes, des Sains,
„ des Malades.

„ Vous y verrez, l'un ſe peigner, l'au-
„ tre ſe froter, l'autre décrotter ſes Bottes
„ & ſes Gamaches, un autre jetter des rots
„ qui vous portent une ſenteur d'ail ; enfin
„ il ne ſe trouve pas là une moindre confu-
„ ſion de langues & de perſonnes qu'autre-
„ fois à la Tour de Babel. Que s'ils apper-
„ çoivent un Etranger qu'ils jugent à la
„ mine être de condition & de naiſſance, ils
„ ont tous les yeux attachez ſur lui, & le
„ contemplent avec autant d'admiration,
„ que s'ils voyoient devant eux quelque
„ animal qui fût de nouveau amené d'Af-
„ frique. Juſques-là qu'ils en perdent pref-
„ que le manger quand ils ſont à table, ſe
„ retournant ſans ceſſe pour le regarder,
„ & n'en pouvant détacher la vûë.

„ C'eſt une crime en ces lieux-là que de
„ demander quelque choſe ; mais lorſqu'il
„ fait déja aſſez obſcur, & qu'il eſt heure
„ à n'attendre plus perſonne, vous voyez
„ paroître un vieux ſerviteur à la barbe gri-
„ ſe, à la tête chauve, ayant un viſage qui fait
„ peur, & un habit des plus ſales. Celui-
„ ci donc, en roulant les yeux compte
„ tout bas ce qu'il y a de perſonnes dans le
„ Poële, & plus il en trouve, d'autant plus
„ a-t-il

„ a-t-il foin de l'échauffer, encore que
„ d'ailleurs le Soleil eut été ardent tout le
„ jour. C'eſt parmi eux la principale par-
„ tie du bon traitement, lorſque tout le
„ monde fuë goûte à goûte. Si n'étant pas
„ accoûtumé à cette vapeur, vous entre-
„ prenez d'entr'ouvrir ſeulement un volet
„ pour reſpirer, vous entendez auſſi-tôt
„ d'un ton des plus rudes, *fermez*, ſi vous
„ répondez, *je n'en puis plus, j'étouffe*,
„ vous entendez encore, *ſi ce lieu ne vous*
„ *plaît pas, cherchez-en un autre.*

„ Ce Ganimede Barbu retourne pour la
„ ſeconde fois, & couvre autant de tables
„ qu'à ſon avis il en faut pour le nombre
„ de ſes Hôtes, n'en deſtinant guéres plus
„ de huit pour chacune. Mais ô Dieu ! que
„ ce linge eſt merveilleuſement délié.
„ Vous diriez qu'il eſt tiſſù de chanvre des
„ vieux cordages de quelque Vaiſſeau.
„ Ceux à qui la coûtume du païs eſt con-
„ nuë ne ſe font point prier pour prendre
„ leurs places, & ſe mettent où bon leur
„ ſemble ; car il n'y a point là de diſtinc-
„ tion entre le pauvre & le riche, entre le
„ Maître & le Serviteur.

„ Tout le monde aſſis, ce vieux ren-
„ frongné rentre, & compte de nouveau
„ toutes ſes bouches. Cela fait il met de-
„ vant chacun un tranchoir de bois avec
„ une cuiller de même étoffe, & au milieu
„ un grand Gobelet. Bientôt après vient le
„ pain qui ſe peut chapeller à loiſir tan-
„ dis que les viandes achevent de cui-
„ re ; ainſi vous demeurez quelquefois
„ l'eſpa-

,, l'espace d'une heure à tendre le bec.
,, Cependant quelque impatience que
,, l'on n'ait, personne n'ouvre la bouche de
,, ceux au moins qui connoissent l'humeur
,, de la Nation. Le Vin est posé ensuite,
,, mais bon Dieu quel Vin ! Il n'en faudroit
,, point d'autre pour les Sophistes, tant il
,, est âcre & subtil. Que si quelqu'un de la
,, Compagnie offre de l'argent en particu-
,, lier pour en avoir de meilleur, ils dissi-
,, mulent d'abord, & ne font pas semblant
,, d'entendre, mais avec un visage com-
,, me s'ils vouloient l'assassiner, si on les
,, presse on aura à la fin cette réponse.
,, *Des Comtes & des Marquis ont logé céans,*
,, *& pas un ne s'est jamais plaint de mon Vin,*
,, *si ce lieu ne vous plaît pas, cherchez en un*
,, *autre.* Car il faut que vous sachiez qu'ils
,, n'ont du respect que pour les seuls No-
,, bles de leur Nation, de qui ils font pein-
,, dre les Armes en tous les panneaux de
,, leurs vitres, & sur toutes les portes de
,, leurs maisons. Enfin la soupe arrive, &
,, ils la posent devant l'estomac qui aboye
,, après ; ensuite marchent les autres plats
,, en grande pompe. Des potages de chair
,, & des étuvées font ordinairement le pre-
,, mier service, si c'est un jour maigre, les
,, racines & les étuvées font à la place.
,, Vous êtes encore regalé d'abord d'une
,, espece de galimafrée, suivie de quelque
,, viande recuite & de quelque salé rechau-
,, fé. Ils vous mêlent souvent parmi tous
,, ces plats une espece de bouillie avec
,, quelques hachis, quelques jambons, &
,, quel-

,, quelques choux confis dans le vinai-
,, gre.
,, C'est un crime au reste quand le premier
,, mets, qu'ils vous presentent n'a pas été
,, de vôtre goût de dire *ôtez, ce plat, perſon-*
,, *ne ne mange de cette viande*, il faut avoir
,, patience jusques à un tems prefix qu'ils
,, mesurent je pense avec une sabliere. En-
,, fin nôtre vieille Barbe, ou le Maître mê-
,, me qui n'est guéres mieux vêtu que le
,, Valet, nous vient demander si nous
,, avons bon courage, & nous fait verser
,, du Vin un peu meilleur que le prece-
,, dent, & notez qu'ils aiment ceux qui boi-
,, vent bien, quoiqu'il ne leur en coute pas
,, davantage qu'à celui qui ne demandera
,, qu'une fois le verre.
,, Après que l'on s'est un peu échaufé à
,, boire, la parole vient à tous ces gens qui
,, auparavant étoient comme muets, &
,, bientôt il se fait une confusion de voix, &
,, un bruit si horrible que l'on n'entendroit
,, pas Dieu tonner.
,, Enfin le fromage ôté qui ne leur plaît
,, guéres que les vers n'y grouillent, cette
,, grande Barbe vous vient revoir, & vous
,, apporte une certaine ardoise, sur laquel-
,, le sont marquez quelques chiffres avec de
,, la craye. A voir ce visage morne & pen-
,, sif tandis que le Tableau est en vûë sur la
,, table, vous le prendriez pour un Caton.
,, Cependant ceux qui en connoissent les
,, couleurs mettent la main à la bource, &
,, ainsi de l'un à l'autre jusques à ce que le
,, compte se trouve complet. Lui de son
,, côté

, côté marquant à mesure tous ceux qui
, payent & faisant sa suputation à part, s'il
, ne manque rien, il vous fait signe de la
, tête qu'il est content. Au reste nul s'il est
, sage ne se plaindra que l'Hôte soit trop
, cher, car il ne manqueroit pas d'enten-
, dre aussi-tôt, *quel homme êtes vous? On*
, *ne vous fait pas payer plus qu'à un autre.*

Voila generalement parlant le train & la maniere de toutes les Auberges de la Campagne où l'on est souvent obligé de loger. Mais une des plus grandes incommoditez que l'on y souffre, c'est à mon avis le coucher. Les Lits sont si hauts qu'il faut quelquefois y monter avec une échelle, & lors que l'on y est arrivé, il faut se resoudre à s'ensevelir entre deux Lits de plume également épais & pesans, & cela en Eté comme en Hiver, car les Montagnards de ce païs se servent peu d'autres couvertures. Il est vrai que les chaleurs n'y sont jamais si grandes que l'on ait lieu de s'en plaindre, car il y a bien des endroits entre ces Montagnes où l'on voit le Soleil à peine une heure par jour, ce qui fit dire assez plaisamment à quelque Voyageur que l'Eté n'y vient que quand il lui plait. Il me souviendra toute ma vie d'y avoir senti un froid si rude au mois de Juillet, que je desesperois quasi de pouvoir atteindre la couchée. Je regretai bien alors de ne m'être pas mis en Carosse plûtôt que de Voyager sur mon cheval. Ce n'est pas qu'il ne fût très bon, car

il

il ne m'a jamais manqué d'une seule journée, mais à cause de mille accidents fâcheux ausquels un Etranger est exposé en ce païs quand il voyage seul. Heureusement j'ai trouvé que depuis Venise jusques à Ausbourg on parloit Italien dans toutes les Auberges, & François depuis Ausbourg jusqu'en Hollande. Cela ne m'a pourtant pas exempté de bien des inquiétudes fâcheuses. Une des plus grandes & qui m'est souvent arrivée, ça été de ne pas trouver où Loger, la crainte terrible que ces pauvres misérables ont des gens de guerre les empêchant de recevoir dans leur maison aucun homme qui en porte la mine. De sorte qu'en arrivant dans un Village où il y avoit vingt enseignes de Cabaret, j'étois étonné de voir fermer toutes les portes dès que l'on avoit apperçû mon justaucorps bleu, & quelques prieres que je fisse il n'y avoit pas moyen de me les faire ouvrir. Ce qui m'obligeoit à faire quelquefois une ou deux lieües d'Allemagne plus que ma journée. Cette misere a duré jusques à Francfort, où je me suis vû contraint enfin de vendre mon cheval pour pouvoir arriver en sûreté à Cologne. J'eus un autre chagrin à essuyer dès le commencement de mon Voyage qui ne me fut pas des moins sensibles. J'avois accordé à Venise avec le Maî-tre du Coche d'Ausbourg pour le port de mes hardes, de façon que je me reposoi là dessus, mais quand ce fut au moment de partir, il refusa de les prendre, me disant que puisque je ne voulois pas aller dans son

son Coche je pouvois faire porter mes hardes par qui je vondrois. J'eu beau lui representer que je ne lui avois pas caché que mon dessein étoit d'aller à Cheval, & qu'il n'étoit pas temps de rejetter mes hardes dans le moment du depart, tout cela ne fit aucune impression sur son esprit, & il me laissa mes deux Malles. Je fus bien embarassé : car de retourner à Venise de Maestre où j'étois pour en charger quelqu'un de mes amis, afin qu'il me les envoyât par Mer, c'étoit une voye un peu longue, & puis j'aurois été bien aise de suivre le Coche quelque temps, afin de me faciliter les moyens de continuer ma route seul. Je crus donc que le mieux seroit de prendre avec moi dans un porte-manteau, ce que j'avois de meilleur, & de laisser le reste à la garde de mon Hôte, qui paroissoit le plus honnête homme du monde. J'ai oublié son nom, mais il me souvient bien que j'étois logé à l'Aigle Noire, qui est l'Auberge du Coche d'Allemagne, & que l'Hôtesse étoit une grosse femme qui parloit un peu François & aussi bien Allemand qu'Italien. Cet homme me promit fort obligeamment qu'il feroit tenir mes hardes par le premier Chariot à son Frere, qui est établi Maître de Langue à Ausbourg, pour lequel il me donna une Lettre, & ce Maître de Langue m'assûra qu'elles ne seroient pas plûtôt venuës qu'il les envoyeroit à Francfort à une adresse que je lui donnai. Mais je n'en ai jamais peu avoir aucune nouvelle depuis, quelque perquisition que j'aye faite,

faite, & j'ai perdu outre mes habits & mon linge que je regrete le moins, beaucoup de Plans, de desseins, de Medailles, d'Inscriptions Antiques, & de Memoires particuliers que j'avois faits dans mes Voyages & mis au net pour m'en servir, en sorte qu'il ne m'est resté que les brouillons que j'avois pris avec moi à tout hasard, ne voulant pas risquer le reste à être perdu ou gâté par la pluye.

Je ne conseille donc à personne de se servir pour voyager sur cette Route d'autre voye que de la Voiture publique, c'est toûjours celle où l'on est le mieux traité, & qui coûte le moins, sans parler de cent peines & de cent accidents quelle épargne aux Voyageurs. Mais reprennons le fil de nôtre petite relation.

A trois mille au delà de Solanio je trouvai un passage étroit entre deux Montagnes. Il appartient aux Comtes du Tirol, lesquels y font payer un petit peage, cependant ce lieu est encore sur les Terres de la Republique, les limites du Comté de Tirol & de l'Etat Ecclesiastique étant marquées une bonne demi-heure au delà, Il est fermé par deux simples Murailles qui le traversent entierement, & entre ces Murailles qui font un petit enclos de trente ou quarante pas de long, il y a une Maison dans laquelle demeure le Peager. Lorsque cet homme entend venir quelqu'un, il ouvre la porte du côté qu'il vient & le laisse entrer, mais il tient l'autre fermée jusques à ce qu'on l'ait payé. Les Montagnes qui

sont

sont aux deux côtez, ont si peu de talus qu'elles penchent plûtôt en dedans qu'en dehors, & ne laissent entre elles qu'un espace de vingt cinq ou trente pas, de laquelle les deux tiers sont occupez par la Riviere qui coule en cet endroit fort impétueusement. Vous avez souvent ouï dire pour exprimer l'importance de quelque passage que cent hommes le garderoient contre mille; mais si cette maniere de parler peut être vraye, il semble que c'est à l'égard de la *Chiusa* qui est celui dont je vous parle. Car, outre la difficulté qu'il y auroit a forcer des gens qui se seroient bien retranchez sur une levée de Terre aussi étroite que celle de ce passage; on a trouvé le moyen d'y loger une petite Garnison à couvert de toute sorte d'insulte de quelque nature qu'elle puisse être. Cette retraite si sûre est une Caverne creusée dans le Rocher, à quatre-vingt ou cent pieds de hauteur. La Nature l'avoit ébauchée en y laissant une concavité assez spacieuse, & en y faisant couler un source de bonne eau assez grosse pour faire tourner un Moulin, & l'art lui a donné sa perfection en y ménageant diverses Chambrettes & Magasins, si bien que l'on y peut aisément loger quatre-vingt hommes sans les Officiers. Il n'y en a pas tant à present parce qu'ils y seroient inutiles, mais on y peut toûjours compter vingt & huit personnes, tant hommes que femmes & enfans. Les uns & les autres montent en cette Caverne, & en descendent par le moyen d'une poulie, & d'une corde au bout de laquelle

quelle ils attachent un gros bâton, surquoi ils se mettent ayant la corde entre leurs mains. Outre cela ils se lient le corps avec une large ceinture de cuir qui est aussi accrochée à la corde, en sorte qu'ils ne sont point en danger de tomber, & en cette maniere ceux d'enhaut les tirent à eux. Sans cela il seroit impossible à toute Creature humaine d'y monter, n'y ayant aucun sentier dans la Montagne, par lequel on y pût arriver soit en grimpant ou autrement. Il faut necessairement se servir de la poulie. Or comme il a fallu premierement l'y mettre pour s'en pouvoir aider dans la suite, mon embarras étoit de sçavoir, comment cela s'étoit fait. Je m'en informai à ces gens, mais ils ne peurent m'en rien apprendre de vrai-semblable. Ils me dirent seulement que cet Antre avoit autrefois été habité par un St. Hermite nommé Egon, lequel y étoit transporté par les Anges, toutes les fois qu'il revenoit de faire la quête, ou d'ouïr la Messe, &c. Et que le Comte de Tirol étant un de ceux qui lui avoient fait le plus de bien, il avoit obtenu de Dieu en sa faveur la permission de garder ce poste, dans lequel les mêmes Anges transporterent aussi les Ouvriers pour l'accommoder. Ils ajoûtoient pour preuve de leur dire que c'étoit par cette raison, qu'il appartenoit encore aux Comtes du Tirol, quoique dans les Terres Venitiennes. Mais cela ne me paroît pas assez fort pour autoriser un Conte de cette Nature. Il y a plus d'apparence de dire que cet Hermite, s'il est vrai

qu'il

qu'il y en ait eu un, alloit en sa Caverne par quelque petit sentier qui étoit lors en la Montague, & que le Comte en ayant remarqué la force, resolut de le faire garder, & fit ruiner pour cet effet, avec la Bêche & le Hoyau tous les endroits par où l'on y pouvoit monter.

Il est constant que sans exageration, cent hommes peuvent tenir tête contre cent mille en ce passage, parce qu'il fait un Coude qui ne permet pas de le découvrir d'assez loin pour le bâtre avec de l'Artillerie, soit Canons ou Mortiers. On n'y auroit pas même le Mineur à craindre, parce que c'est tout Rocher vif, & que l'on peut d'ailleurs se precautionner contre cette attaque. Mais avec tout cela ce petit poste à ses endroits foibles comme tous les autres, car outre que la qualité du lieu ne permet pas d'y faire assez de feu pour soixante ou quatre vingt personnes, ni d'y conserver long-temps du pain cuit, je ne croi pas que dans le temps de l'action ceux qui y seroient, pussent tirer beaucoup sans être si enfumez qu'à peine pourroient-ils respirer, & la fumée les empêchant aussi de voir ce qui se passeroit au dehors, les Troupes auroient une belle commodité de deffiler, & même de les canarder d'embas tout à leur aise pour peu qu'ils montrassent le nez.

De là jusques à Trente on compte quarante deux milles d'Italie tout chemin tel que je vous l'ai depeint. On arrive en cette Ville en descendant une Montagne aride du haut de laquelle on la voit comme au fond

d'un

d'un precipice, & tellement à plomb que l'on pourroit quasi en compter les Ruës. La pente de cette Montagne est si longue & si rude que les chevaux ne peuvent la descendre en moins d'une bonne heure, encore faut-il mettre pied à terre en plusieurs endroits. Pour en sortir c'est la même chose, tant cette Ville est profondement située.

J'aurai peu d'autres choses à vous en dire, car enfin vous sçavez quelle fait en cet endroit la separation de l'Italie & de l'Allemagne, que l'Evéque en est Seigneur spirituel & temporel, qu'il a la qualité de Prince, & qu'il est toûjours élû par les Chapitre de la Cathedrale, & pris entre les Chanoines Nobles dont il est composé. Vous n'ignorez pas non plus que les plus remarquables Eglises qui s'y trouvent, sont celle du Dôme & celle de Santa Maria Magiore, la premiere, parce qu'elle est fort reguliere en ce qu'elle contient, & la seconde à cause de l'Assemblée du Concile. Vous sçavez aussi l'Histoire du petit Simonin, ainsi je ne voi pas dequoi je puisse vous entretenir. Je vai donc la quiter après vous avoir dit seulement qu'à la reserve de quelques maisons que l'on honnore du titre de Palais, tout le reste y est vieux & mal bâti, les Ruës y sont aussi mal-propres & tortuës, & enfin dans toute la Ville il n'y a qu'une seule place un peu passable. On y parle encore Italien, mais comme par delà il faut changer de langage pour être entendu, de même il faut changer de Monnoye pour le Commerce de la vie, ce

qui

qui nous obligea d'y laisser nos Ducats Venitiens pour des Florins d'Allemagne, que l'on nous donna.

Je passerai de même Inspruck sans m'amuser à vous redire ce que les autres vous en ont dit. C'est une petite Ville fort jolie, située sur la Riviere d'Inn dans un Valon de quatre ou cinq milles de diametre, qui est d'autant plus agreable que l'on en trouve peu d'autres semblables dans tout le Tirol. Comme le Duc de Lorraine y avoit fait sa residence depuis que l'Empereur l'avoit gratifié de la jouissance de cette Province, sa Cour y avoit aussi attiré beaucoup de personnes considerables & riches, ce qui n'a pas peu contribué à embellir Inspruck. Presentement il y a plusieurs maisons fort joliement bâties, & qui meriteroient assurément mieux le Titre de Palais que celles de Trente, il y a aussi quelques Rües entieres toutes neuves. J'ai vû le Perron de la Chancellerie, que tous les Bourgeois affirment aux Etrangers être couvert d'or. Monsieur de Montconis croit qu'il est simplement d'oré. Monsieur Misson qui l'a examiné de fort près, ne sçait qu'en dire, mais semble pencher du côté de l'opinion commune, par deux raisons assez fortes. C'est une question que je n'entreprendrai point de decider. Je me contenterai seulemens de dire que si ce Toict est d'or comme on le suppose, c'est une merveille de ce qu'il est resté aucune des feuilles qui le composent, car il n'est pas fort haut élevé de Terre, & le vol en seroit aussi considerable que facile. Je

Je sortis de cette Ville par un long & beau Pont de Bois qui fait la communication avec un grand Fauxbourg du côté de l'Allemagne, & je fus coucher à deux lieues delà dans un petit Village assez joli. Le lendemain je passai à Chernits petite Forteresse appartenant à l'Empereur, laquelle ferme la Frontiere du Tirol, & donne entrée dans la Baviere, On m'y demanda de montrer mes Passepotts, & ma patente de santé, sans laquelle je n'aurois pû passer outre ; mais heureusement j'en avois pris une à Maestre. C'est le seul endroit où l'on se soit enquis d'où je venois, ni où j'allois depuis Venise jusques à Augsbourg.

Parce que tout ce que vous avez lû ou ouï dire de cette derniere Ville vous en a donné une grande Idée, & que vous êtes déja prevenu que c'est la plus belle d'Allemagne, vous pretendez que je vous en ferai un grand Article. Cependant c'est cela même qui m'en empêchera. Je ne croi pas aussi que vous l'exigiez de moi, lorsque vous sçaurez que je n'y ai sejourné qu'un seul jour. Tout ce que l'on peut voir d'une Ville en si peu de temps, c'est le dehors des Maisons, & ce dehors vous a été plusieurs fois depeint : D'ailleurs c'est à quoi je m'attache le moins dans mes Voyages, l'Histoire & la Morale sont plus de mon genie, néanmoins je veux bien vous faire part de quelques remarques de Passager.

L'Hô-

* L'Hôtel de Ville fait bruit dans le Monde, à cause de son Architecture, & veritablement elle est belle, mais il ne faut pourtant pas vous imaginer que ce soit un Palais admirable. Tout ce qu'on en peut dire est, que c'est une fort belle Maison, & qui le seroit encore davantage si au lieu de la placer sur un penchant de Colline, & au plus chetif bout d'une fort belle Rüe, on avoit choisi un lieu convenable au Bâtiment que l'on vouloit faire. Cet Hôtel demandoit une Place au devant, ou du moins le milieu de la grande Rüe, mais apparemment que l'on en a été empêché par l'excessive dépense, car il ne faut pas croire que ceux qui ont été assez habiles pour conduire ce Bâtiment, le fussent assez peu pour negliger volontairement un avantage si considerable. A l'égard de sa structure, lisez ce qu'en a écrit Montconis dans son Voyage d'Allemagne, il la d'écrit fort exactement.

Quoiqu'Ausbourg ne puisse pas être comparé ni à Rome, ni à Venise, ni à Paris, elle ne laisse pas d'être une des plus belles Villes que j'aye encore vüe. Sa situation au milieu d'une belle & vaste pleine, sa Grandeur, ses Fortifications, ses Rües,

---

* On dit que les Magistrats d'Ausbourg faisant voir un jour leur Hôtel de Ville au Roi Gustave Adolphe, & lui ayant demandé ce qui lui sembloit, il leur répondit, qu'il le trouvoit magnifique, mais que c'étoit dommage qu'ils n'avoient pas employé l'argent qu'il avoit couté à fortifier leur Ville.

nettes, claires, larges, & longues plus qu'en aucune autre Ville du Monde, ses maisons de cinq & six étages, presque toutes Peintes à Fresque en dehors d'assez bonne maniere, son Gouvernement paisible quoique mi-parti, ses habitans diversement vêtus, mais tous proprement, & enfin le peu de Boutiques d'Artisans que l'on voit dans les Ruës, tout cela lui donne un air de Majesté que peu d'autres Villes ont. Je trouve assez de rapport entre Anvers & Ausbourg, mais Ausbourg est plus beau.

L'Arcenal est un Bâtiment qui en son espece égale l'Hôtel de Ville en beauté. Il est petit, mais bien ordonné. Rien de mieux rangé, ni rien de plus propre que les Armes, que l'on y conserve. On se mire partout. L'on m'a assuré que la Ville a six cent Canons, tant sur les Murs & Ouvrages que dans l'Arcenal. On y fabrique de fort bonnes Cuirasses, & lorsque le Roi des Romains y vint, la Magistrature lui fit présent d'une Armeure entiere de la valeur de deux mille pistoles.

Ce Corps est comme je vous ai dit, mi-parti entre les Catholiques & les Lutheriens en vertu du Traité d'Osnabruc. Cependant des sept Conseillers Nobles, qui forment le Conseil Secret, il y en a quatre Catholiques & trois Protestans. Tous les Senateurs & autres Membres du Gouvernement portent l'épée avec l'habit noir, le Colet & le Manteau, & même ils y sont obligez. C'est entre les mains des Presi-
dens,

dens que le détail des affaires est remis.

Nuremberg Ville Imperiale située sur le Peignits, en Franconie, peut-être considérée comme la Rivale d'Ausbourg, & en effet elle lui dispute, & la richesse & la beauté. Pour la richesse on en convient, parce qu'elle est plus marchande, quoique pourtant ils s'y trouve tant de pauvres que l'on ne sçauroit faire cent pas dans la Rue, sans en être harcelé, mais pour la beauté, c'est selon les goûts ou la prevention, & bien des gens croyent qu'Ausbourg l'emporte. Je vai vous dire ce que j'y ai remarqué.

Presque toutes les maisons sont de pierre de tailles, à cinq ou six étages aussi-bien qu'à Ausbourg. Elles sont ornées en plusieurs lieux de Statuës & d'autres Ouvrages de Sculpture, & les fenêtres y sont garnies de vases dorez ou peints, & remplis de fleurs ou de verdure, ce qui joint aux Volieres, & aux cages pleines de toutes sortes d'Oiseaux dont les Habitans sont fort curieux, fait un très bel effet, & semble y perpetuer le Printemps pendant toute l'année. La Cathedrale qui porte le nom de St. Sebastien, est aussi un fort magnifique Bâtiment. Elle est enrichie d'une grande quantité de beaux Tableaux de la façon d'Albert Dure, où sont representées les principales Histoires du Vieux & du Nouveau Testament. C'est-là que reposent les Corps de plusieurs Empereurs, & entr'autres celui de Sigismond. Le derriere de cette Eglise est aussi remarquable par une représentation de la passion du Sauveur travaillée dans le Rocher, comme l'étoit la Montagne des Oliviers de Smirne, les Figures y sont aussi grands que le Naturel.

Delà je fus voir la Maison de Ville qui péche aussi-bien que celle d'Ausbourg, par un défaut de Place ; à cela près elle est magnifique. C'est l'Idée que la façade en donne d'abord, & elle ne se trouve point démentie par le dedans. Il me semble néanmoins que celui de l'Hôtel de Ville d'Ausbourg est mieux entendu, mais en recompense celui-ci le surpasse en ornemens. Il y a fort grand nombres de Colomnes de Marbre noir, Jaspé, & Blanc. On y voit encore plusieurs belles Peintures, entre lesquelles je remarquai les Portraits de tous les Empereurs, grands comme nature ; & le Couronnement de celui d'aujourd'hui.

Il y a dans Nuremberg onze Ponts de Pierre, dont l'un qui est d'une seule Arche n'est guéres moins beau que celui de Rialte. On y voit aussi plusieurs Places, la plus grande desquelles est ornée d'une Fontaine d'ouvrage ancien. Cette Fontaine est environnée d'une grille de fer travaillé, décorée de quantité de Figures, mais quoi qu'elle soit assez belle, le Senat a jugé à propos de l'ôter de là, pour lui en substituer une autre qui le sera encore davantage.

Elle

Elle sera composée d'un Bassin dont la Figure représentera un Quarré sur les côtez duquel on auroit d'écrit des demi-Cercles. La Pierre que l'on y employe est fort belle, & même assez rare en Allemagne, mais comme elle croît dans le Territoire de Nuremberg, cette Ville a eu à cet égard un avantage que toutes les autres qui auroient entrepris un semblable Ouvrage n'auroient pas eu. Du reste on n'a point épargné la dépense pour porter cet Ouvrage à la perfection, jusques là que pour éviter le mauvais effet qui resulte d'ordinaire d'un grand assemblage de petites pieces, on a fait charoyer des morceaux de pierre si grands que l'on a eu besoin de six-vingt chevaux pour les conduire à Nuremberg.

Au milieu du Bassin, il y aura un Group de Figures de Bronze, dont la principale qui sera un Neptune sera posée sur un pied d'Estal, orné sur ses quatre faces des Armoiries de la Ville. Le Neptune aura quinze paumes de hauteur, il pesera deux mille cent livres, & il sera environné de plusieurs autres Figures plus petites, en attitude de lui rendre service, ou de lui faire la Cour. Entre ces Figures il y en aura, dit on, huit très remarquables par leur grandeur & par les sujets qu'elles representeront. Les quatre premieres qui seront posées dans le Bassin vis à vis de ses Demi-Cercles representeront l'une Persée, l'autre Andromede, & les deux autres, deux Nimphes de la Mer, chacune de ces Statuës pefant trois à quatre mille livres. Les quatre autre feront pofées fur les quatre Angles de la Bafe du pied d'Eftal, & repréfenteront quatre Dieux Marins, ou peut-être quatre Fleuves ce que je vous rapporte douteufement, parce que la Defcription que l'on m'a donnée de cette Fontaine eft obfcure en cet endroit, & que pour ma fûreté en cas d'erreur, je fuis bien-aife de vous faire connoître que je ne vous parle pas ici fur le rapport de mes propres yeux, comme prefque par tout ailleurs, mais fur celui d'un homme qui m'affûre avoir vû le Modelle.

Vous fçavez que le Gouvernement eft entre les mains des Lutheriens. Les Catholiques & les Reformez font en fort petit nombre à Nuremberg, mais il femble que les Magiftrats ayent plus de penchant pour les premiers que pour les derniers, car ils leur permettent le fervice dans la Ville & non pas aux autres. Il y a auffi une grande conformité en cette Ville entre le fervice exterieur des Lutheriens & celui des Catholiques, & c'eft peut-être delà que naît leur inclination. Quoiqu'ils en foit le Senat de Nuremberg n'a pas laiffé de donner azile à quelques Refugiez dans les Terres de fon appartenance, & même ils les à fecourus au commencement de quelques Cellectes.

Je ne fuis pas affez bien inftruit du détail du Gouvernement, pour vous en rien dire de fort particulier. Tout ce que j'en fçai, c'eft qu'il eft entierement Ariftocratique,

com-

* comme, par exemple, celui de Venise, & qu'on y prend garde de si près aux conditions, qu'on affecte de les distinguer jusques dans la façon des habits, de sorte qu'en voyant seulement un homme se promener ou marcher dans la ruë, on peut connoître s'il est Patrice, Ecclesiastique, Bourgeois, ou du simple Peuple. Il en est de même des femmes, leurs habits font connoître leur condition, mais la plûpart d'entr'elles portent un espece de voile d'une petite étoffe verte avec une dentelle de même qui leur descend jusques aux talons, & elles le mettent de maniere qu'on ne leur voit que l'ovale de la tête.

Vous sçavez que le fer de la lance de Charlemagne, & ses ornemens Imperiaux sont à Nuremberg. On prétend que ce fer de lance, soit le même qui perça le côté de Jesus-Christ, & qui fut trouvé par Sainte Helene avec la vraye Croix, & la Couronne d'épine. Il n'y a que des Princes, ou du moins des personnes de la premiere qualité qui ayent le privilege de le voir, peut-être parce que divers Magistrats ayant les clefs du Tresor, il n'est pas si aisé de le faire ouvrir que si elles étoient confiées à un seul. Celui qui le montre, le presente d'ordinaire sur une Serviette blanche sans y toucher des mains, & sans permettre qu'on y touche, & il le prend avec ce même linge dans la Châsse où on le garde. Il montre ensuite le

* Les Corps des Métiers ne sçauroient s'assembler à Nuremberg qu'il n'y assiste un ou deux Députez de la part de la Seigneurie, qui font les Présidens de ces Assemblées.

le reste du Trésor où il y a plusieurs Reliques fort considerables, entr'autres un morceau de la vraye Croix où l'on voit le trou dans lequel un des cloux fut fiché. Toutes ces Reliques sont venuës à la Couronne Imperiale par le moyen de Constantin, & y sont demeurées attachées depuis comme un bien que l'on croit inalienable. Les Empereurs avoient accoûtumé de les faire porter dans leurs Armées, comme les Israëlites y portoient autrefois l'Arche de l'Alliance, ce qui dura jusques à Sigismond, qui les mit en dépôt à Nuremberg avec les ornemens Imperiaux, n'osant pas les exposer au sort d'une Bataille, parce qu'il se connoissoit fort malheureux en guerre. Cependant ceux d'Aix-la-Chapelle, croyent que la garde leur en appartient, & soûtiennent que ceux de Nuremberg ne les ont que par usurpation. Ils ont même fait plusieurs instances à la Cour de l'Empereur, pour en obtenir la restitution, & pour conserver leur droit, ils envoyent des Députez à Nuremberg toutes les fois qu'il se fait un Couronnement pour demander ces ornemens, & sur le refus, ils ne manquent pas de protester.

Quoique les Habitans de Nuremberg soient Lutheriens, ils ne laissent pas d'avoir pour leur fer de lance une veneration, & un respect qui approchent fort de la superstition. Les Catholiques ont fait à diverses fois tout ce qu'ils ont pû pour l'obtenir, ne pouvant digerer qu'une si precieuse relique demeurât au pouvoir des Heretiques;

ques ; ils ont même offert de grandes sommes, mais les Magistrats de Nuremberg les ont toûjours refusées, persuadez qu'il leur arriveroit quelque grand malheur, s'ils s'en défaisoient. On rapporte sur cela l'exemple de ceux de Magdebourg. Ils étoient en possession du Corps de S. Noribert, qui étoit le Patron de la Ville, & ils le conserverent fort precieusement pendant quelque temps même après la Réformation, mais pendant les Guerres d'Allemagne l'argent leur ayant manqué, ils prêterent l'oreille aux instances des Catholiques qui leur offroient cent mille écus, & le donnerent enfin pour cette somme, à la persuasion de quelques Ministres qui representoient aux Magistrats que cet argent leur serviroit bien mieux que les Ossemens pourris de leur Patron. Ils le vendirent donc, mais il sembla qu'en même temps, ils vendirent aussi toute la prosperité de leur Ville, qui pour lors étoit Anseatique, & depuis ce jour-là elle ne fit plus que déchoir, jusques à ce qu'enfin Tilli étant venu l'assieger la prit d'assaut, y passa tout au fil de l'épée, & la ruina entierement. Les Protestans dépitez de cette perte à laquelle ils ne s'étoient pas preparez, se plaignirent hautement de Gustave Roi de Suede, disant qu'il avoit bien voulu laisser prendre Magdebourg, ou par négligence, ou par accord fait avec Tilli, ou par quelque animosité particuliere. Sur quoi Gustave fut obligé de répondre par écrit pour se justifier, & ce differend donna quelque temps matiere aux Ecrivains politiques.

tiques d'exercer leur plume. Quoi qu'il en soit, les Habitans de Magdebourg ne sçauroient s'empêcher, quand ils se souviennent de l'etat passé de leur Ville, d'attribuer tout leur malheur à la vente de leur Corps saint.

On appelle assez souvent en Allemagne les Habitans de Nuremberg, les noircisseurs de Jesus-Christ. Ce Sobriquet leur est venu de ce que pendant la guerre de trente ans, ils noircirent, dit-on, un grand crucifix d'argent de grandeur naturelle, qui étoit au devant d'une Eglise, dans la crainte que le Roi de Suede venant à le voir, ne s'en emparât, comme il avoit fait des douze Apôtres qu'il avoit trouvez dans une Ville de Franconie. Ce Prince y étant entré, & voyant dans l'Eglise les douze Apôtres en argent, de grandeur naturelle, leur dit tout surpris; *Comment, Messieurs, je vous trouve ici, au lieu d'aller prêcher par tout le monde, comme Jesus-Christ vous l'a commandé ? Ho ! je vous ferai bien marcher.* Il tint parole, car il en fit faire de la monnoye, qui ne manqua pas de courir dans la suite comme il faut.

L'Histoire de ces Images me fait ressouvenir de toutes celles que l'on voit à Nuremberg en beaucoup d'endroits de la Ville entretenuës avec soin, & particulierement au coin des Ruës, ce qui est une singularité digne de surprise dans une Ville Protestante. Je ne pûs m'empêcher d'en marquer mon étonnement à l'Hôte chez qui j'étois logé, mais il me dit que l'on en usoit ainsi,

parce

parce que plusieurs legs ayant été faits pour l'entretien de ces Images sont demeurez affectez aux Maisons, & que pour conserver la rente, il faut conserver l'Image.

Pour venir de Nuremberg à Francfort, je fus obligé de passer par les mêmes lieux que l'Armée de France avoit si cruellement traitez en 1688. & 1689. Je vis avec douleur qu'ils ne sont encore que peu ou point rétablis, & selon les apparences ils ne seront de long-temps dans leur premier état.

Francfort sur le Meyn est une Ville Imperiale qui reçût sa liberté de Charlemagne, & en même temps les priviléges qui la distinguent d'entre plusieurs autres Villes libres d'Allemagne. Le Meyn la divise en deux parties, dont l'une étant beaucoup plus grande que l'autre est appellée la Ville, & la plus petite est connuë sous le nom de Saxenhausen. Francfort n'est pas à beaucoup près si grand que Nuremberg; ni si magnifique en édifices publics; D'ailleurs, il est fort sale, au lieu que Nuremberg est fort net, & enfin il n'y a aucune comparaison à faire de l'un à l'autre. Je ne trouve donc que trois choses qui peuvent le rendre considerable. Sa Richesse qui est fort grande. Sa situation qui le fait être une des clefs d'Empire, aussi-bien que l'entrepôt général du Commerce de Hollande avec l'Allemagne, la Suisse & l'Italie, & ses Foires qui lui facilitent les correspondances dans toutes les parties du Monde. Cette derniere consideration avoit donné à Henri-Etienne une si haute idée de la Ville de

Franc-

Francfort, qu'il l'appelle le raccourci des Foires du Monde ; mais il faut croire que de ce temps-là, elle étoit encore plus marchande qu'elle ne l'est à présent.

Je n'y trouve point de plus remarquable Bâtiment que la Cathedrale que le Roi de France Pepin fit construire & consacra à S. Barthelemi en mémoire de la Bataille qu'il avoit gagnée le jour de sa Fête, on y voit tout joignant le Chœur une Sacristie bâtie en forme de Chapelle dans laquelle s'assemblent les Electeurs ou leurs Plenipotentiaires, quand il s'agit d'élire un Empereur.

Cette Ville embrassa la Réformation, selon la Doctrine de Luther, dans le tems qu'il la prêchoit, & après avoir souffert les desordres de la guerre, comme les autres Villes d'Allemagne, pendant une longue suite d'années, enfin elle fut confirmée dans ses libertez & privileges par les Traitez de Westfalie en 1648. & depuis cela, elle a joüi d'une assez heureuse paix, si vous en exceptez les allarmes que les François lui ont données à diverses fois.

Le Gouvernement est entre les mains des Lutheriens, aussi bien qu'à Nuremberg, à l'exclusion entiere des Catholiques Romains & des Réformez. Les Catholiques y possedent pourtant la Cathedrale & plusieurs autres Eglises, & Couvens, comme S. Antoine, S. Leonard, les Carmes, Nôtre-Dame, & quelques autres moindres, & y font un nombre considerable dans la Ville, mais comme je vous ai dit, ils n'ont aucune part dans le Gouvernement,

ment, & même il ne leur est pas permis de faire venir des Jesuites. A l'égard des Réformez, comme ils y sont beaucoup moins aimez que les Catholiques, & que d'ailleurs, ils n'ont eu aucuns Protecteurs qui se soient interessez pour les faire comprendre avantageusement dans le Traité, ils y demeurent avec si peu d'agrément qu'il n'y a que l'avantage du Commerce qui les y puisse engager. On les accuse même, de ne s'être introduits en cette Ville que par surprise, & c'est pourquoi on ne croit pas être obligé envers eux, à rien de plus que la simple Tolerance. Voici comment on raconte cette * Histoire. Au temps de la persé-

---

* Samuel Pufendorf *Commentariorum de rebus Suecicis*, dit qu'après la paix d'Ausbourg dont les articles furent mis entre les loix perpetuelles de l'Empire, & qui fut appellée la Paix Religieuse, parce qu'elle fut faite à l'occasion des troubles qui s'étoient émûs pour la Religion, les Lutheriens & les Réformez, autrement Zuingliens, commencerent à se diviser entr'eux sur le point de la présence réelle. Les Lutheriens qui étoient les plus puissans, ajoûterent à la Confession d'Ausbourg un Ecrit qu'ils appellerent *le Formulaire de Concorde*, qui étoit précisément contre les Zuingliens, & sur les differences que cet Ecrit fit paroître, ils se séparerent absolument de la Communion des Zuingliens. Ce ne fut pas tout, ils prétendirent dans la suite que ceux-ci n'avoient aucun droit dans la liberté de conscience qui avoit été accordée aux Protestans, parce qu'ils en abandonnoient la creance, & se mirent sur le pied de ne recevoir plus les Zuingliens dans les Assemblées qui se faisoient pour la défense de la cause commune que par grace, & comme consentant qu'ils joüissent de leurs privileges, quoi qu'ils ne leur appartinssent pas. Enfin, ils en vinrent jusques à ce point d'ôter les Eglises aux Zuingliens établis chez eux, & de déclarer que s'ils y souffroient leurs personnes, ce n'é-
toit

persécution du Duc d'Albe dans les Païs
Bas un nombre considerable de Valons
réfugierent à Francfort, disant qu'i[ls]
étoient Protestans, ce que les Magistra[ts]
expliquant Lutheriens, ils leur donnere[nt]
une Eglise pour y faire leur Exercice e[n]
François, dans laquelle, par parenthese
on prétend que Calvin ait prêché; mais [la]
suite ayant fait connoître qu'ils étoien[t]
Calvinistes, cette Eglise leur fut ôtée. I[ls]
en obtinrent néanmoins depuis une aut[re]
petite hors des Murailles de la Ville, ma[is]
le feu s'y prit, il y a peut-être vingt o[u]
trente ans, & comme elle n'étoit que d[e]
Bois, elle fut entierement consumée. O[n]
n'a pas bien sçû, si ce fut par accident, o[u]
de dessein prémédité; tout ce que l'on e[n]
peut croire, c'est que le Magistrat n'en fu[t]
pas fâché, puis qu'il ne voulut point don[-]
ner de permission pour la rebâtir. Depu[is]
ce temps-là, ceux de la Religion Réfor[-]
mée ont été obligez d'aller au Prêche [à]
Bockenheim, Village éloigné d'une bon[-]
ne heure de chemin, dans les Terres d[u]
Comte de Hanau lequel a bien voulu acco[r-]
der deux Eglises à ceux de Francfort, l'un[e]
pour les Valons où l'on fait le service e[n]
François, & l'autre pour les Hollando[is]
où l'on prêche en Flamand. La longue[ur]

toit que par pure tolerance & par bonté. Voilà sa[ns]
doute, ce qui fut cause que les Réformez de Fran[c-]
fort furent chassez de l'Eglise Valonne, & non p[as]
l'Histoire que les Lutheriens en font. Il n'y a guér[es]
d'apparence que des gens qui fuyoient de leur pa[ïs]
pour cause de Religion fussent venus feindre à Fran[c-]
fort sur le même point. Quel but raisonnable a[u-]
roient-ils pu se proposer par cette feinte?

de ce Voyage qu'il faut recommencer cinquante fois l'an, est également incommode aux Riches, & aux pauvres ; aux premiers, parce qu'ils dépensent beaucoup d'argent en loüages de Carosses, & aux pauvres, à cause qu'ils sont contraints de le faire à pied. Cette consideration porta Monsieur de Mortaigne, qui pour lors étoit à Francfort de la part des Etats, à s'employer auprès du Magistrat pour obtenir la permission de faire bâtir une Eglise plus à la commodité des Marchands & autres Reformez qui sont habituez dans cette Ville, & il ménagea si heureusement la chose qu'il s'en fallut peu quelle ne fût concluë. Le Conseil députa même deux Commissaires pour aller avec lui choisir la place, laquelle fut marquée à une petite portée de Mousquet hors de la Porte du Meyn dans le Jardin du Sr. de Malapar. Les affaires en étoient là, quand elles furent brouillées par les Valons qui pour trop pretendre n'obtinrent rien du tout. Ils vouloient avoir leur Eglise dans l'Enceinte des Murs, & se confiant sur une Protection de Monsieur le Landgrave de Hesse, à laquelle il ne s'étoit point engagé, ils refuserent l'avantage qu'on leur offroit ce qui empêcha le succés du projet.

A l'égard de l'Eglise qui leur avoit été premierement donnée. On continuë toûjours d'y prêcher en François, mais suivant la Confession d'Ausbourg, & cela pour la commodité des Lutheriens, qui n'entendent pas l'Allemand, comme par exem-

exemple ceux qui viennent de France ou des Païs-Bas. Je reviens au Gouvernement.

Quoiqu'il soit vrai que les Familles Patriciennes y ont le plus d'autorité, puisque c'est d'ordinaire entre leurs mains que les principaux Emplois sont remis, & que par tout pais les plus Grands Gouvernent les plus petits, Elles ne forment pourtant pas seules le Corps du Senat. Les Bourgeois, & les Metiers y ont aussi leur seance, mais avec une subordination qui donne un grand avantage aux autres. Pour expliquer cela plus clairement, il faut vous dire que le Senat ou le grand Conseil de la Ville est formé par un certain nombre de Conseillers distinguez en trois Classes qu'ils appellent Bancs. Je commencerai par le dernier à vous en décrire l'ordre pour plus de facilité.

Il est composé des plus riches & de plus honnêtes gens du Corps des Metiers au nombre de quatorze, & chacun d'eux a sa Voix deliberative en tout ce qui concerne les affaires politiques de la Ville, mais il n'a nulle part à l'execution de ce qui a été arrêté.

Le second Banc qui lui est Superieur est celui des Bourgeois, duquel les Membres sont choisis entre les Familles Patriciennes, & les plus considerables de la Bourgeoisie. Il a aussi Voix deliberative, mais il n'a pas la moindre part à l'administration des affaires, non plus que le Banc des Metiers. Il a seulement cette prerogative au-dessus de l'autre, que chacun de ses
Mem-

Membres peut aspirer à la Magistrature, & y parvenir sans difficulté si l'ordre de l'ancienneté le permet.

En effet, lorsqu'il manque un Conseiller dans le premier Banc, qui est superieur aux deux autres, c'est du second Banc qu'on le tire, & pour remplir la place qui reste vacante par cette promotion, tout le Conseil ensemble vote pour élire un nouveau Conseiller, qui doit être Patrice, si c'est un Patrice qui a sorti, & Bourgeois si c'est un Bourgeois, de maniere que le troisiéme Banc n'a rien à esperer de ce côté-là, quand même il seroit possible que toutes les places vinssent à vaquer à la fois.

Vous voyez par là, Monsieur, que le premier Banc n'est rempli que par les plus anciens Conseillers du second, lesquels y parviennent par leur ancienneté, & qu'ils avoient auparavant été admis dans le Conseil en consideration de leur merite, ou de leurs amis. C'est ce premier Banc qui juge en dernier ressort de toutes les Causes Civiles & Criminelles, à l'exclusion des deux autres, & auquel appartient le droit de remplir la place des deux Bourguemaîtres entre les mains desquels la Régence est confiée. Il est composé de quatorze Membres dont il y en a sept Patrices, & sept Bourgeois, & comme la Dignité de Bourguemaître ne dure qu'un an, il arrive que tous les sept ans chacun de ces Conseillers en est revêtu. La raison de cela, c'est qu'elle se donne d'ordinaire aux plus anciens Conseillers, sçavoir, celle de premier Bourgueguemaître au plus ancien Conseiller Patrice, & celle de second Bourguemaître au plus ancien Conseiller Bourgeois; Quand ces deux-là ont fini leur terme, les deux autres qui les suivent en ancienneté leur succedent, & au bout de l'année ceux-ci font place aux deux autres qui se trouvent en ordre après eux, & ainsi du reste, ce qui fait que chacun est Bourguemaître à son tour.

Suivant cet Ordre que l'on suit toûjours exactement, vous voyez que la Brigue n'a aucun pouvoir dans la creation des Bourguemaîtres, & que tous les Conseillers sont à cet égard dans une égalité qui ne leur laisse aucune préférence des uns aux autres. Il n'y a que le premier d'entr'eux, qui soit excepté de cette Regle générale, son ancienneté lui donnant deux grands privileges. Le premier est d'exercer la Charge de Bourguemaître, lorsqu'elle vient vacante par mort, & cela jusques à la fin de l'année, sans qu'aucun autre lui puisse disputer cet avantage, & le second est pareillement un droit de préférence, quand il s'agit de faire un Grand Baillif ou Juge Superieur, Charge d'autant plus belle qu'elle est à vie. Cependant on a quelquefois fait l'injustice au premier Conseiller d'en élire un autre que lui.

Les Taxes & les Impôts sont grands à Francfort. Il y en a sur tout, même sur les filles de joye. Si un Garçon est attrapé avec elles, il paye une certaine amende reglée; & si c'est un homme marié, il est

à

à la discretion du Baillif, c'est à dire, qu'il n'en fort qu'à force d'argent. Le Conseil a trouvé par le moyen de ces amendes, le secret de grossir considerablement ses Finances, sans trop surcharger l'Habitant, parce que la plus grande partie tombe sur les Ecoliers & autres Etrangers.

Entre les Eglises que les Lutheriens ôterent aux Catholiques, lorsqu'ils furent en paisible possession de leur Ville, celle de Sainte Catherine est la plus considerable. Elle a été renouvellée en 1680. & en même temps embellie de beaucoup de belles Peintures, dont les sujets ont été puisez dans l'Ecriture Sainte. On lit au dessus de la porte de la Tour les vers suivans gravez dans un Marbre noir.

D. O. M. S.

Aspice præcelso splendentem culmine turrim

Structura Templi, quam junxit curæ Senatus,

Hinc campanarum pulsus circumsonat Urbem;

Designat certas auratus Circulus horas:

Sit nomen Domini turris fortissima justis,

Præsidium, Murus, sit & Arx ac petra salutis.

Les Juifs sont tolerez ici avec un libre Exer-

Exercice de leur Religion, mais ils ont le malheur d'y être comme par toute l'Allemagne l'objet du mépris & de l'aversion publique. On a fait plus, on les a chargez d'opprobre par un monument public, que l'on a élevé en mémoire du massacre d'un Enfant Chrétien arrivé en 1475. duquel ils furent accusez. L'Histoire en est assez semblable à celle du petit Simonin de Trente, rapportée par Sabellicus *lib. 8. Ennead.* ce qui a fait juger à Monsieur Misson que c'étoit la même, & je le croirois bien ainsi, cependant les Habitans de Francfort disent qu'elle se passa dans leur Ville. Quoi qu'il en soit, elle fut cause d'un soûlevement populaire dans lequel leur Ruë fut entierement pillée, ce qui donna lieu à Messieurs les Magistrats de la séparer du reste de la Ville par des murailles & des portes qui se ferment tous les soirs, afin qu'ils ne fussent plus exposez à de semblables accidens. Ce qu'il y eut de particulier, c'est qu'en même temps qu'ils travailloient avec tant de douceur à la sûreté de la Nation Juive, ils donnerent ordre que son ignominie fut exposée en vûë à tous ceux qui entreroient ou qui sortiroient de leur Ville, par une representation, qui est encore aujourd'hui sur la porte dite de Francfort du côté du pont. On y voit un * Enfant étendu mort, comme ayant

* De tous temps la Nation Juive a eu le malheur d'être chargée de l'aversion publique, & cette aversion a fait naître une infinité d'Histoires qu'on a publiées contr'elle. Il n'y a point de crimes, d'abominations, ni d'atrocitez dont on n'ait tâché de la noircir; mais franchement, on en a trop dit pour que l'on

comme ayant été tué, & au deſſous un Juif monté ſur un Cochon tenant la queuë à la main au lieu de bride. Après lui vient une Juive à cheval ſur un Bouc, laquelle eſt ſuivie d'un autre Juif en poſture de baiſer la plus ſale partie de cette puante Bête, & pour dernier trait de Satire un Diable qui leur crie *au weyh Mauſchy, au weyh, au weyh.*

Au dehors de cette porte qui regarde ſur le Pont, Ces Vers ſont écrits ſous l'Image de l'Empereur aujourd'hui regnant.

Vive diù Cæſar, vivat Domus inclyta, vivat
Imperii columen, vive ſalutis Apex.
Tot tibi Olympiades devolvant ſtamine Parcæ,
Quot ſunt fœcundis grana papaveribus.
Et poſtquam longos regnando expleveris annos,
Orbe triumphato Victor ad Aſtra redi.

l'on puiſſe tout croire, & je ne fais point difficulté de mettre ces accuſations outrées au rang de celles que la paſſion ſuggere & circonſtancie. Grotius en a fait une ample mention dans une de ſes lettres imprimées à Amſterdam. Part. 2. pag. 1. let. 643. Il cite pluſieurs Auteurs qui en ont parlé, & particulierement Boniſius *lib. 4. Dec.* 5. Stumphius Thomas Barbarienſis, & Michel Neander dans ſes *Eromata Linguæ Sanctæ*, qui accuſent les Juifs d'avoir tué des enfans, & d'en avoir ramaſſé le ſang pour des uſages pernicieux à Munſter, à Zurich, à Berne, à Weiſſench en Turinge, à Uberlingue proche d'Auſbourg, à Dieſenhof, à Tirnau en Hongrie, & ailleurs.

Les Empereurs n'ont point de logis fixe à Francfort, lorsqu'ils viennent se faire élire. Celui-ci eut son quartier dans une Maison appellée *Gross Braunfels*, appartenante à l'heure presente à une Societé considerable connue sous le nom de *Frauensteiner*. On a vû d'autres Empereurs prendre leur logement dans le *Sahlhoff*, qui est une grande Maison ayant la vûë sur la Riviere, & d'autres se sont logez ailleurs.

En 1616. il arriva un soûlevement de la Bourgeoisie ou du Peuple contre le Magistrat, sous les Auspices d'un Pâtissier nommé *Vincentius Fettmilch*, qui eut ensuite la tête tranchée avec quelques autres de ses Complices, & sa Maison ayant été rasée, on y érigea un pilier dans la Ruë S. Antoine en mémoire de sa Rebellion.

Je n'ai jamais tant vû de Magazins que dans cette Ville. Il n'y a guéres de Maison qui n'en soit pourvûë, & outre ceux-là il y en a plusieurs particuliers. Ce n'est pas que le Commerce ordinaire de Francfort soit si grand que l'on ait besoin de tous ces Magazins, mais pendant la Foire il n'y en a pas trop pour loger les Marchandises qui viennent du dehors. Il s'y fait alors un fort grand Trafic entre les Marchands qui le plus souvent font des échanges plûtôt que des ventes. Au reste, il ne faut pas vous imaginer ces Foires, sur l'idée que pourroit vous donner celle de S. Germain à Paris, dont les principaux Marchands sont les Grands de la Cour, & où le Commerce ne sert que de prétexte ou de couverture aux plai-

plaisirs & à la galanterie. Ici l'on ne songe qu'à gagner de l'argent & peu ou point à en dépenser. Cela fait qu'il n'y vient pas beaucoup de Comediens, ni de ces Bateleurs qui suivent ordinairement ces sortes d'Assemblées. Il n'y a point non plus de lieu particulier destiné pour l'étalage des Marchandises, parce qu'elles y sont en trop grande quantité & d'un trop gros Volume. Toute la Ville est la Foire, & la Foire est dans toute la Ville. Quelques Marchands Boutiquiers de Bijoux, d'Orphévrerie, de Mercerie, & qui cherchent à debiter à la Noblesse, étalent pourtant dans une Maison appartenante à la Ville appellée le *Rommer* sous des Galeries qui environnent la Cour, comme une Bource de Marchands, ou un Cloître de Moines, mais c'est le seul lieu que l'on puisse dire particulierement destiné pour la Foire. C'est aussi là que la Noblesse & generalement tout le beau Monde se rend le matin pour entendre les nouvelles, car pour de present de Foire on ne s'en fait point, l'usage ne l'ayant pas ainsi reglé. Il y a encore quelques autres Boutiques de Marchands en détail sur les bords de la Riviere qui sont si peu considerables qu'elles ne valent pas la peine d'être visitées.

Voici la description d'une Nôce suivant la Coûtume pratiquée à Francfort parmi les Familles Patriciennes & les plus considerables de la Bourgeoisie.

Lors que les Annonces ont été publiées sans opposition, & que les parties sont entieretierement d'accord, on commence à donner ordre aux préparatifs de la Nôce, lesquels ne durent pas moins de six semaines ou deux mois, tant pour faire faire les Habits, & acheter les Meubles que pour donner ordre aux Confitures, & quand même tout cela pourroit être dépêché en moins de tems, on ne laisse pas d'attendre quelquefois les six ou huit semaines pour se marier, parce que cela est du bel air. Ce terme expiré, le Galand envoye à sa Maîtresse en toute cérémonie un petit coffre d'argent dans lequel sont les Bagues & les pierreries qu'il lui donne & une Médaille d'or, épaisse & large à proportion de ses moyens & de sa liberalité, sur laquelle il y a d'un côté l'empreinte de deux mains entrelacées, de la maniere que l'on nomme Foi, & de l'autre quelque Devise arbitraire marquant sa passion. Pour récompense, la Dame lui envoye une chemise fine, une cravate, un bonnet de nuit & en un mot tout le linge, dont il a besoin pour coucher proprement avec elle. Cependant on a eu soin de convier ceux que l'on vouloit avoir à la Nôce, & de faire préparer le *Hochzyt-Haus*, la Maison des Nôces, car on n'embarasse point la sienne de tout cet attirail, il y en a une destinée uniquement à cela, ce qui est à mon avis une grande commodité.

Le lendemain après avoir dîné ensemble les jeunes gens vont à l'Eglise recevoir la Benediction Nuptiale. Le Fiancé va le premier, soit en Carosse, soit à pied avec ses amis entre lesquels il y en a deux choisis fis qui lui servent ce jour-là de Gentils-hommes. La Fiancée le suit bien-tôt après accompagnée aussi de ses proches Parentes, & de deux Dames d'Honneur, qui sont à ses côtez. Elle n'a point d'habit extraordinaire, non plus que son Fiancé, mais elle est coiffée en cheveux, & a sur la tête une couronne de fleurs, si elle est de basse condition, & de pierreries mêlées de fleurs, si elle est d'une Famille un peu distinguée. Pour cela, elle emprunte toutes les Bagues de ses amies, que chacune prête volontiers en une semblable occasion, & on lui en fait une couronne qui pour n'être composée que de Bagues, ne laisse pas d'être quelquefois fort belle. Dans l'Eglise, elle se met d'un côté du Chœur, vis-à-vis de son Fiancé, qui est de l'autre, & ils demeurent chacun en leur place jusques à ce que le Ministre les fasse approcher pour la celebration du Mariage. Ils retournent ensuite à la Maison Nuptiale, & tous les Conviez s'y rendent aussi-tôt pour leur souhaiter bonheur & félicité; leur compliment est court, & ils donnent la main l'un après l'autre au Marié & à la Mariée, qui est une maniere de saluer pratiquée en Allemagne également entre les deux Sexes.

Les Complimens finis, on commence à se donner à la Joye. On va, on vient, on Danse, on boit, on fait l'amour, enfin chacun suit son inclination, & ce divertissement dure jusques à ce que le souper étant prêt on vient avertir que l'on a servi. Alors les Epoux suivis de toute la Compagnie passent dans la Salle du Festin, & y trouvent un Table étroite & longue selon le nombre des personnes. La Mariée se met au milieu auprès du Miroir, avec ses deux Dames d'Honneur à ses côtez, & le Marié prend sa place vis-à-vis d'Elle, escorté de même par ses deux Gentilshommes. Le Pere & la Mere des Epoux, ou à leur défaut les plus proches Parens, qui servent là de Maîtres des Ceremonies, ont ensuite le soin de faire placer tous les Conviez selon leur qualité, ce qui étant fait chacun tire son couteau, sa cuillere & sa fourchette de sa poche, ou se la fait donner par son Valet, car la mode n'est point d'en mettre à Table, & quelque ridicule que cette coûtume vous puisse paroître, elle est si bien établie dans la plus grande part de l'Allemagne que l'étui garni est le premier meuble de poche, duquel on ait soin de se pourvoir. Au reste la disposition des plats est telle que ceux qui sont assis à un bout de la Table, ne sont point obligez de rien demander de ce qui est à l'autre, parce quelle est servie par tout également, comme par exemple, un roti, un potage, & un pâté, suivis derechef d'un roti, d'un potage, & d'un pâté, & ainsi du reste. Entre ces plats qui sont les principaux on place quantité de ragouts de toutes sortes, & generalement la chere y est fort bonne. Le repas dure ordinairement cinq ou six heures, pendant lesquelles on sert continuellement des plats nouveaux, en entremêlant & levant successivement les pre-

premiers, de sorte que la Table ne se découvre entierement que pour y mettre le fruit.

Ce dernier service est ce qu'il y a de plus singulier dans le repas. Il est composé d'un grand Château de sucre artistement fait avec ses fossez, Ponts levis, Portes, Fenêtres, Tours & Donjons comme un Château veritable. On y voit même des personnes aux fenêtres, des Sentinelles dans leur guerites, des oiseaux, des chiens & tout ce qui peut servir à l'enjolivement de cette representation, qui est dorée & peinte par tout. Aux deux côtez on place deux grands Massepains faits en molletes d'éperon à plusieurs pointes, & entre ces pointes ou rayons, il y a d'autres Massepains figurez en cœur, lesquels s'y trouvant enchassez par la pointe font un grand Bassin. Les autres Bassins dont la Table est couverte, sont remplis de diverses Confitures curieusement arrangées, & particulierement de petites figures de sucre, representant des hommes & des bêtes de toute espece. Tout cela à la reserve du Château qui demeure à la Mariée, est partagé aux Dames de la Compagnie par les hommes qui leur ont donné la main, & qui sont assis auprès d'elles. Mais les deux Bassins de Massepains que je vous ai dépeints leur sont premierement distribuez par les parens de la Noce, sçavoir un cœur à chaque Dame, & les deux étoilles ou Molletes du milieu au deux Dames d'Honneur de la Mariée. Il ne faut pas oublier non plus de vous dire pendant que le

Repas

Repas dure chacun à son verre auprès de son assiete, les Valets ont simplement le soin de les remplir quand ils sont vuides. Une autre circonstance essentielle à la Nôce, c'est qu'au-dessus de la tête de la Mariée on suspend une Couronne de fleurs contrefaites, sur lesquelles il y a des mouches de Cire qui semblent les manger. Je ne sçai ce que peut signifier cette representation, si ce n'est que la beauté passe quelque éclatante quelle soit, & devient enfin la pature des plus vils insectes. Le souper fini, tout le monde se leve, & l'on recommence à dancer jusques au jour, pendant quoi la Mariée se derobe, & s'en retourne chez elle avec son nouvel Epoux.

Tout cela est assez singulier par rapport à nos coûtumes de France, mais bien moins pourtant que ce qui se pratique par les Juifs en semblable occasion, parce que la superstition s'y trouvant mêlée augmente la difference, c'est ce que vous remarquerez par le recit que je vais vous faire de la Nôce d'un des plus riches Juifs de Francfurt, qui se Maria pendant que j'étois en en cette Ville.

Les conviez se rendirent dans la Maison de la Fille après dîner, & furent reçûs dans une Salle par le Pere & la Mere. Ils furent conduits ensuite dans la chambre de la Fille, à laquelle ils donnerent la main suivant la coûtume du païs & la feliciterent. Un moment après elle s'assit sur une chaise au milieu d'une longue table, sur laquelle il y avoit un Bassin d'argent, couvert d'une serviete. Une de ses Parentes s'assit auprès d'Elle, d'Elle, & se mit à pleurer, comme s'il lui étoit survenu quelque grand malheur, mais la suite fit voir que ce n'étoit que pour mettre la Mariée en train, laquelle fit bientôt après son personnage des mieux. Celui du jeune Homme fut de manger une poule bouillie, qu'on lui servit sur le bout de la même Table où étoit sa Maîtresse, & il s'en aquita avec une devotion & une modestie, qui ne lui permettoit pas seulement de lever les yeux. Pour ce qui est de la Fille, à peine eut elle apperçû une femme, qui se presenta pour lui ôter sa coiffure de Fille, & lui tresser les cheveux en long, avec des rubans, qu'elle s'abandonna aux larmes, & pendant tout le temps que cette Ceremonie dura qui fut bien une demi-heure, elle chanta si pitoyablement, je ne sçai quelles lamentations Hebraïques, & jetta des cris si perçans que l'on eut dit qu'elle alloit se desesperer. Cependant chacun des Conviez apportoit son present, l'un une certaine somme en Or ou en Argent, ou quelque petit meuble d'Orphevrerie, l'autre un Bijou, & le mettoit dans le Bassin sous la serviete, en sorte que l'on ne voyoit pas ouvertement ce qu'il donnoit, mais tout cela n'étoit point capable de consoler la pauvre desolée, & elle continua ses Chansons & ses cris jusques à ce que l'on eut achevé de mettre ses cheveux en ordre. Alors on lui jetta un voile noir sur la tête qui lui couvroit le visage, & comme si ce voile eût eu quelque vertu magique, elle s'appaisa tout d'un coup.

Dans ce moment là le futur Epoux sortit

O 7   de

de là accompagné de ses amis, & particulierement de deux Parens qui le conduisirent à la Sinagogue lui marchant toûjours à reculons jusques à la Porte où il s'arrêta, & attendit sa future Epouse qui le suivoit de cent pas loin voilée, comme je vous ai dit jusques à la moitié du corps. Quand elle fut arrivée on leur fit faire à tous deux demi tour à droit, en sorte qu'ils se tournoient le dos l'un à l'autre, sçavoir le Garçon ayant le visage vers la Sinagogue, & la Fille vers le lieu d'où elle étoit partie. On apporta un verre plein de Vin de Rhin à l'Epoux, qui le reçût en tremblant; & s'avançant vers la Porte de la Sinagogue à pas lents pour mieux mesurer son coup, il jetta le verre & le Vin qui étoit dedans à une Etoile dorrée de la grandeur d'une assiete où environ, qui étoit sur la Porte de la Sinagogue. L'ayant touchée heureusement, tous les Juifs qui étoient attentifs à voir comment il se tireroit de cette importante Ceremonie, se prirent la tête avec les deux mains en signe de joye, & jetterent plusieurs cris de rejouïssance, le felicitant ainsi du beau coup qu'il avoit fait. En même temps la Fille se retourna, & on lui haussa le voile pour un moment, afin qu'elle vit aussi comment son Galand avoit bien reussi.

La Ceremonie du Mariage sur laquelle je ne m'arrêterai point, achevée; les Epoux retournerent aux logis, comme ils étoient venus, c'est-à-dire, séparément, & là on ôta à la Mariée son lugubre voile, pour lui donner une coiffure de femme, qui

avec

avec le reste de l'habillement, seroit une chose à vous representer si cela pouvoit se faire par écrit. On presenta ensuite aux Conviez du Vin de Rhin en abondance, & à chacun un Massepain quarré qui fut tout le regal de cette Nopce. Du moins pour les Chrétiens lesquels resterent là encore quelque temps Spectateurs d'un espece de Bal qui se passa entre les Juifs. Quelques Dames Chrétiennes dancerent aussi, mais separemment, & certains Cavaliers de la Ville ayant desiré Dancer une Courante avec les Juifves, ils en furent refusez, quoi qu'avec des paroles modestes. La superstition des Juifs de Francfort est si grande à cet égard, qu'ils ne veulent pas même se servir des violons de la Ville, ils en ont d'affectez de leur Religion, lesquels ils employent quand ils en ont besoin.

La Salle où l'on dançoit & dans laquelle les Ceremonies precedentes s'étoient passees, ne paroissoit pas être ornée plus que de coûtume à la reserve d'un rang d'écüelles d'étain grandes & petites, qui étoient rangées autour de la Chambre en orle, & attachées au haut des murailles avec des clous & des cordons ou de la ficelle. Ornement assez ridicule s'il étoit mis là sans autre raison particuliere, que celle de parer la Chambre. Une Dame de la Compagnie compta qu'il y en avoit quatrevingt. A côté de cette Salle étoit la Chambre Nuptiale, qui fut montrée par faveur à quelques-uns des Conviez. Il y avoit un grand Lit destiné pour les Mariez, & tout auprès un autre petit fort magnifique. Les rideaux, le fond, & la couverture étoient de Damas, relevé d'un petit cordonnet d'or, couché en forme de Broderie, avec quantité de Clinquant, & de petites Papilletes d'or, qui se mouvoient beaucoup pour peu qn'on touchât le Lit, & qui brilloient extremement. Ce Lit qui paroissoit trop petit pour coucher deux personnes, fit naître à quelqu'un la curiosité de sçavoir à quel usage on le destinoit, & il apprit que c'étoit pour recevoir la Mariée, au cas que son Epoux ne trouvât pas en elle les marques de virginité requises, & dès lors comme je vous ai dit ailleurs, Elle est censée repudiée. Mais supposé qu'elle eût ses mois ce seroit à lui-même à découcher, parce qu'en ce cas la femme, & le Lit sont également soüillez.

Le Mariage me fait souvenir des Enfans qui en sont les suites ordinaires. Il y a quelques jours que j'en vis porter un au Batême avec une Ceremonie qui est aussi assez particuliere. Il étoit porté par une jeune Fille de douze ou quatorze ans qui avoit les cheveux épars, & tombans jusques à la moitié de la jambe. Sur sa tête nuë elle avoit une Couronne de fleurs, & à ses côtez deux femmes âgées qui lui tenoient compagnie. On me dit, que c'étoit la Marainne, & la coûtume étoit qu'elles portassent elles-mêmes les enfans. Ce sont ordinairement des Filles que l'on choisit pour cet office, & l'on ne prend point de Parrain, à moins que ce ne soit des personnes de la premiere qualité.

Les

Les Enterremens ne se font pas avec moins de ceremonies ici que les Mariages ou les Bâtêmes, & ne causent pas moins de depense : cela vient du Genie de la Nation, qui est fort porté à la splendeur. Les Allemands font toûjours en ces occasions plus qu'ils ne peuvent, & considerent beaucoup moins leurs forces & leurs moyens que leur condition suivant laquelle ils se croyent obligez de faire les choses quoiqu'il en coûte. Quand un Magistrat est mort, ou seulement quelque particulier de Famille Patricienne, on peut compter qu'il aura la moitié des personnes considerables de la Ville à son enterrement. On envoye prier tous ces gens-là par des Prieurs à qui l'on donne le Rôle de ceux que l'on veut avoir tant de l'un que de l'autre sexe, car en Allemagne les femmes vont aussi aux Enterremens. Cependant on fait travailler par quelqu'un à l'Histoire (a) du Defunt, dans laquelle on insere toutes les circonstances remarquables de sa Vie, à prendre depuis le jour de sa naissance jusques à celui de sa mort, son éducation, ses voyages, ses emplois, sa fortune, ses mariages, ses enfans, son bonheur, son malheur, & generalement toutes choses sans en excepter, dit-on,

___

(a) Les Anciens Egyptiens avoient aussi de coutume de s'assembler au logis des Morts, pour y examiner leur vie avant que de les ensevelir, & ils composoient ensuite une Oraison Funebre, dans laquelle ils disoient que l'Ame du Défunt jouïssoit d'une vie bienheureuse, avec les Ames des Heros & autres Hommes Illustres, qui l'avoient precedé en ce Monde. *Diodore.*

dit-on, celles qui lui sont desavantageuses. Il y en a qui prennent le soin de faire eux-mêmes ce Recueil pendant leur vie, afin que rien n'y manque les uns par humilité, & craignant qu'on ne les épargne trop, & les autres par un principe tout opposé à celui-là. On m'a parlé d'un riche Banquier, qui étant venu de bas lieu avoit décrit l'Histoire de sa Vie avec la derniere sincerité, & qui même s'étoit fait peindre dans les divers états de son accroissement. Cela est bien rare aujourd'hui sur tout parmi les gens de fortune, & franchement il faut se sentir un merite bien solide, & bien établi pour esperer de se pouvoir maintenir independamment des avantages de la naissance & du bien. Celui dont je vous parle y reüssit pourtant, & il est mort avec l'estime & la probation generale.

Pour revenir à ces sortes de recueils qui d'ordinaire sont plûtôt des éloges que des recits fidéles, on les lit à haute voix le jour de l'Enterrement à la porte du Defunt en presence des Priez, & de tous ceux qui ont la curiosité de s'y trouver, après quoi on transporte le Corps à l'Eglise pour l'enterrer. Le Corps marche le premier dans un cercueil couvert d'un drap noir, & porté par les plus proches Voisins. Les hommes du Convoi suivent immediatement deux à deux en manteaux noirs, & les femmes après aussi deux à deux, ce qui fait une fort longue file, car il n'y a quelquefois pas moins de deux cens personnes. Quand on est arrivé à l'Eglise on enterre le Corps, &
un

un Miniſtre fait l'Oraiſon Funebre, & une Priere après laquelle les Priez retournent au logis du Mort, où ils ſont remerciez par les Parens ou par les Prieurs, avec chacun deux ou trois verres de Vin, & un Briſſel qui eſt un eſpece de petit Craquelin, fait avec du beure & des œufs, qui a la figure d'un huit de chiffre. C'eſt de cette maniere que l'on congedie le plus grand nombre, mais les Parens & les Amis paſſent dans une chambre particuliere, où ils trouvent toûjours un magnifique repas, & du Vin en abondance.

Voilà des coûtumes bien étranges pour nous autres François, qui ſommes perſuadez que dans ces ſortes d'occaſions tout ce qui ne ſert pas à marquer le deüil eſt hors de ſaiſon & contre la bien-ſeance. Nous affectons alors de paroître triſtes & abatus, quand même nous ne ferions point touchez, & nous faiſons vanité ne nôtre douleur, comme dans un autre temps de nôtre joye fondez ſur ce principe, qu'il *y a temps de rire, & temps de pleurer, temps de mener deüil, & temps de ſe rejouïr.* Mais dans le fond qu'y a-t-il de plus raiſonnable en nos lamentations le plus ſouvent forcées, que dans les convives des Allemands? Si nous ne ſommes point triſtes pourquoi nous attriſter par art? Le chagrin vient aſſez de lui même ſans qu'il ſoit beſoin de l'aller chercher; & ſi nous le ſommes veritablement, pourquoi fomenter de nouveau nôtre triſteſſe? Ne ſeroit-il pas bien plus beau de marquer nôtre conſtance que

nôtre

nôtre foiblesse ? Et après tout la vie est elle un si grand bien que nous devions tant gemir sur ceux qui l'ont perduë ? Pour moi je tiens que non, & peu s'en faut que je ne dise avec l'Ecclesiaste : *J'estime plus les morts qui sont déja morts, que les vivans qui sont vivans encore. Mais j'estime celui qui n'a pas encore été plus heureux que les uns & les autres ; car il n'a point vû les œuvres mauvaises qui se font sous le Soleil. Chap. 4.*

Pour ce qui est des Allemans, je ne croi pas qu'ils fassent leurs Banquets mortuairet par un principe si moral, il y a sans doute plus de coûtume en leur fait que de Philosophie. Il ne faut que voir leur maniere de s'habiller pour connoître combien la coûtume a d'empire sur leurs esprits. Chaque Ville a sa mode particuliere, qu'elle ne quitteroit pas pour beaucoup, & il en est de même en toutes choses.

Vous jugerez sans doute, qu'il est difficile que la superstition ne domine pas un peu permi des gens si attachez aux vieilles coûtumes, car il semble que l'un soit une suite naturelle de l'autre, & vous ne vous tromperez point. Il n'y a guéres de lieux en Europe où elle regne plus si vous en exceptez les païs tout à fait Septentrionnaux, & l'on peut dire qu'elle a gagné jusques à la Noblesse qui n'en est pas plus exempte que la Bourgeoisie. On n'y entend parler que d'apparitions, de Sorciers, & de personnes ensorcelées, & dans les plus graves Compagnies on débite des contre-charmes, & des secrets pour se garantir du sortilege

avec

avec le même ſerieux qu'on pourroit faire ailleurs des preſervatifs contre les maladies regnantes. Il y a des Hymnes ou Chanſons ſpirituelles, compoſées pour chanter quand on voyage en Caroſſe, & d'autres pour quand on va en Bateau, afin d'être preſervé de la malice des Sorciers, & une infinité de preceptes particuliers. Par exemple ſi l'on rencontre une vieille femme d'une figure un peu deſagreable, & que l'on en ſoit heurté, comme elle l'auroit pû faire à deſſein de nuire, il faut retourner après elle, & la fraper d'un coup, qu'elle ſente bien, en diſant, *Dou haeſtes*, je te le rends. Si lorſque l'on eſt en Caroſſe, les chevaux viennent à s'arrêter dans un carrefour, c'eſt ſigne qu'il a paſſé par là un Sorcier; il faut deſcendre, dire, *va arriere de moi Sathan, car tu m'es en ſcandale*, & ne remonter point que le Caroſſe ne ſoit paſſé. Si lorſqu'on va quelque part on voit marcher devant ſoi quelque Animal pur du nombre de ceux dont Noé prit ſept Paires dans l'Arche, c'eſt ſigne que l'on ſera bien reçû, & que l'on reüſſira en ce qu'on deſire, mais ſi c'eſt un Animal impur l'affaire tourneroit mal, il faut s'en retourner. Si le matin en ſe levant on apperçoit ſur la maiſon un Oiſeau noir, ſurtout un Corbeau, c'eſt une marque qu'il mourra quelqu'un de la famille, mais ſi c'eſt un Oiſeau blanc ou un Pigeon, c'eſt ſigne de Nôces ou de bonnes fortunes. Je ſerois trop long ſi je voulois expliquer ici tout ce que l'on m'a dit de leurs manieres de prevoir l'avenir, car ils tirent augure de tout. Au reſte il ne faut pas s'étonner si l'on est superstitieux en Allemagne, car on est élevé à cela, & l'on y éleve journellement les enfans.

La veille de Noël il y a des gens qui se déguisent les uns en Dieu le Pere, les autres en Dieu le Fils, les autres en Apôtres, les autres en Diables, & les autres en diverses Figures fantasques. En cet équipage, ils courent toute la Ville, & entrent dans les maisons où ils sçavent qu'il y a des enfans pour leur faire peur. Là celui qui represente Dieu le Pere, ou Dieu le Fils s'informe s'ils sont bien sages, s'ils apprenent bien leurs leçons, & s'ils prient bien Dieu. Ils leur font en suite reciter leurs prieres, & sortent enfin après leur avoir donné quelque present pour les encourager à bien faire. Ils observent encore une autre sorte de superstition la nuit de la St. Martin, les enfans mettent des vases pleins d'eau en certain endroit de la maison, & le lendemain les trouvant pleins de Vin, ils se persuadent que cette eau a été changée en Vin. Il y a quelques années qu'un Theologien nommé Monsieur Drechlers écrivit contre ces abus, & prouva qu'ils étoient de très pernicieuse consequence, qu'ils conduisoient à l'Idolatrie, & fomentoient le Libertinage. Cependant, quelque loüable que fut son dessein, il fut repris, par où vous pouvez juger si la superstition est bien établie en Allemagne, puis qu'elle trouve des Protecteurs parmi ceux-mêmes qui devroient employer tous leurs soins & toute leur autorité pour la détruire.

De

De Francfort je vins à Mayence, qui n'en est éloigné que d'une journée. Cette Ville est fameuse par son Antiquité, par les Conciles qui y ont été tenus, & plus encore par son Electorat Ecclesiastique; mais sans cela, je ne croi pas qu'elle fit grand bruit dans le Monde, car elle n'est ni riche, ni belle. Les ruës sont petites & tortuës, le pavé détestable. Le Palais de l'Electeur est bâti d'une pierre presque rouge, & contient deux parties l'une vieille & l'autre nouvelle. C'est dommage que cette Maison ne soit pas achevée & un peu plus retirée dans la Ville, mais comme elle joint les Remparts du côté de France, elle est extrèmement exposée, à toute sortes d'insultes de guerre. L'Electeur s'y tient rarement, quoique ce soit le Siege de sa Principauté, il fait sa Residence à Aschaffembourg, qui n'est éloigné de Francfort que de trois lieües. La principale Eglise est fort grande & bien éclairée. Il y a deux Chœurs qui en font les deux extremitez & au milieu deux Chaires diametralement opposées. Tout le Vaisseau est soûtenu par de grandes Piles sur lesquelles, il y a des Colomnes adossées. On dit que lorsque le Roi de Suede prit la Ville, il voulut faire demolir cette Eglise, mais que s'étant laissé fléchir aux prieres des habitans, il se contenta de faire écorner les Angles de la Base pour marquer le pouvoir qu'il avoit. On ajoûte qu'en sortant, il frappa de sa canne un Crucifix qui étoit à l'entrée & le fit tomber, & que par un miracle étonnant, il reprit

prit la place de lui-même. Il penche néanmoins un peu du côté gauche, mais personne n'oferoit y toucher, parce que l'on croit qu'il veut être en cette fituation. Cette Eglife n'eft prefque remplie que des Tombeaux des Archevêques de Mayence avec leurs ftatuës en Marbre, & autre pierre dure. Le plus beau monument eft à mon avis celui de *Damianus Harbardus*. Il eft enrichi de plufieurs autres Figures, & particuliérement d'Anges qui font aux côtez tenant des Palmes & des Trompettes dans leurs mains. Il y en a d'autres qui font ornez de Trophées d'armes, apparemment pour marquer la vaillance infatigable au fervice du St. Siege de ceux qui repofent deffous, car il s'eft trouvé de terribles Champions entre les Electeurs de Mayence. La Chronique des Archevêque de Breme par Henri Wolter fait mention particulierement d'un Evêque de Mayence nommé Chrétien, lequel faifant quelque difficulté de porter l'épée à caufe de fa qualité d'Ecclefiaftique alloit armé d'une maffuë triangulaire, avec laquelle il affommoit neuf hommes en entrant au Combat. *In manu tenebat clavam triangulam, five tridentem, & per fe 9. interfecit in belli ingreffu*. Notez qu'il étoit Guelphe declaré, & que c'étoit en faveur du Pape qu'il faifoit ces merveilles. Auffi Pafchal Second voyant fa vaillance, lui écrivit en ces termes: *A Chrétien Legat très-Chrétien du Siege Apoftolique, Chancellier de l'Empire, Fils très-fidelle de l'Eglife Romaine, &c.*

Le

Le Grand Autel de cette Eglise est remarquable par deux Colomnes de Jaspe, dont les Bases & les Chapiteaux sont de Marbre noir veiné de blanc. A main gauche est l'Epitaphe d'un jeune Prince de Nieubourg, qui fut tué au dernier Siege. La plus grosse des cloches de cette Eglise a douze bons pieds de diametre, aussi fait elle un terrible bruit quand elle sonne.

Delà je suis allé dans l'Eglise Nôtre-Dame qui est la plus ancienne de la Ville. Les vitres y sont peintes comme celles de la Ste. Chapelle de Paris ou de l'Eglise de Tergaw en Hollande, mais il s'en faut beaucoup qu'elles soient si bien conservées. Les Juifs sont soufferts & sequestrez ici comme à Francfort dans un Quartier fermé par deux portes, & deux Soldats y font sentinelle pour empêcher qu'il n'y arrive aucun desordre. C'est tout ce que le peu de séjour que j'ai fait à Mayence m'a permis d'y remarquer.

Delà je fus à Rhynfelds en descendant le Rhyn, & je passai vis-à-vis de Baccarat Village fameux par ses bons Vins. Il y a un Château au dessus qui paroît être fort vieux, & derriere ce Château un Rocher qui de loin ressemble à un homme. Du même côté, il y a un autre Village nommé Rendbak où l'on montre une pierre brute qui represente à ce qu'on dit une fort belle Table.

Rhynfelds est une Place forte, du païs de Hesse situé sur le Rhyn du côté de France. Le Château est sur une Montagne coupée par un Ruisseau à main droite, & ses Fortifications qui sont fort bonnes descendent jusques au pied des Murailles de la Ville. Elles sont néanmoins vûës de revers en quelques endroits par deux hauteurs considerables, que l'on appelle *Caz* & *Caup*. C'est le plus grand défaut qu'elles ayent. Cette Place apprtient de longue main aux Landgraves de Hesse-Cassel, mais pendant les derniers troubles d'Allemagne celui de Darmstat, s'étant appuyé de la Protection de l'Empereur s'en empara, & la garda quelques années. Depuis elle fut reprise pour le Landgrave de Hesse par Corneille Gaspar de Mortaigne, qui commandoit ses Troupes en Chef. Mais il paya cherement cet avantage, puisqu'il lui en coûta la vie. Il avoit eu le pied droit emporté d'un coup de Coleuvrine, en faisant dresser une Batterie pour demonter cette même piece, & la Gangréne s'y étant mise, après la reduction entiere de la Place, il finit ses jours, avec la satisfaction de mourir victorieux, & au milieu de sa Conquête. Il avoit apris le métier de la Guerre sous le Grand Gustave Adolphe dans les Armées, duquel il avoit eu l'honneur de Commander, & lorsqu'il mourut il étoit sur le point de passer au service du Roi Très-Chrétien, lequel outre l'esperance du Bâton de Maréchal de France, lui donnoit le Commandement de l'Armée, qui pour lors étoit sous les Ordres de Monsieur de Guebriant. C'est ce que Monsieur le Duc de Longueville étant à Munster, aprit

prit à Monsieur de Mortaigne son Frere, ajoûtant, que le Roi Très-Chrétien faisoit un si grand fond sur la valeur & la bonne conduite de ce General, qu'il avoit regardé sa mort comme une veritable perte. Un témoignage si glorieux fera mieux son éloge que tout ce que je pourrois dire. Je me contenterai donc d'ajoûter, que bien qu'il fût déja si avancé dans les Charges Militaires, il n'étoit pourtant âgé que de 38. ans quand il mourut.

Rhynfelds fut depuis donné en partage au Prince Ernest Cadet de la Branche de Cassel, mais Monsieur le Landgrave ayant reconnu l'importance de cette Place, & qu'il n'étoit pas à propos de la laisser au pouvoir d'une Branche Cadette qui ne seroit pas assez puissante pour la bien garder, s'en est emparé après l'avoir secouruë contre les François, & l'on est convenu qu'il la gardera pendant la Guerre à la charge de s'en accommoder ensuite avec les fils dudit Prince Ernest, soit par un Equivalent ou autrement.

Pour ce qui est de la Ville en particulier c'est peu de chose, ou plûtôt ce n'est qu'un Village, & je n'ai rien à vous en dire, sinon que la tolerance des Gouverneurs & l'usage y autorise une certaine ceremonie ridicule, & en même temps fâcheuse à bien des Etrangers qui n'ont pas assez de fermeté pour se mocquer de ce qu'on veut leur faire accroire. Voici en peu de mots ce que c'est. Un Roi d'Angleterre pour de certaines pretentions de fa femme porta, dit on, la Guerre en Allemagne, & après avoir conquis toute la Suaube, s'arrêta pour quelque temps à Rhynfelds. Il gouverna avec tant de douceur & de bonté, qu'il en fut furnommé *le Bon Roi*, mais comme il ne pouvoit pas toûjours demeurer là, parce que les affaires de fon Royaume l'appelloient, il partit enfin, & pour derniere marque de fon affection, il fit appeller les principaux du Païs, & leur dit, que fon deffein étant de les favorifer d'une façon toute particuliere, & qui leur donnât fujet de fe loüer de lui à jamais, il avoit refolu de leur accorder une grace à leur choix, furquoi ils pouvoient deliberer affûrez qu'il ne leur refuferoit rien de ce qui dépendroit de fon pouvoir.

Les Etats affemblez, il fut arrêté après bien des conteftations, qu'on demanderoit la liberté pour tous les Habitans du Païs, & la dignité de Chevalier pour ceux de Rhynfelds, ce que le Roi accorda fans aucune diminution. Il ajoûta feulement que tous les Etrangers qui pafferoient à Rhynfelds en feroient pareillement honorez à leur premiere venuë. Auffi tôt il en fit expedier des Patentes, & pour relever davantage l'éclat de cette illuftre Erection, il fit faire un beau Colier d'or, & le fit mettre au cou de tous les habitans du lieu l'un après l'autre. Il le fit enfuite attacher à un poteau, fur le bord du Rhyn, afin qu'il fût
prêt

prêt à toute heure pour le service des Etrangers qui passeroient-là. Ce Poteau y est encore, mais au lieu d'un Colier d'or il y en a un de fer, les Voleurs ayant derobé le premier. Quand donc on s'apperçoit qu'un Etranger un peu neuf passe pour la premiefois à Rhynfelds, les Soldats qui sont de garde là auprès viennent l'environner avec leurs épontons, & lui apportent en cérémonie, un Regître & un Gobelet plein de Vin. Le premier pour y mettre son nom, son païs, le mois & l'année qui court ; & le second pour en être Baptisé au carquant. Si l'Etranger fait quelque difficulté, on lui montre les noms du Roi de Suede, & celui de plusieurs Princes & Princesses morts ou vivans qui ont tous été baptisez & faits Chevaliers. On lui demande aussi s'il veut être baptisé avec du Vin ou de l'eau, & on le presse d'une telle maniere que beaucoup d'innocens se persuadent que cela doit être ainsi. La fin de toute cette Mommerie, c'est que les plus sots payent *de l'Or & de l'Argent*, qui est à ce qu'on leur dit le droit qu'ils sont Baptisez, mis au Carquan, & enfin faits Chevaliers de Rhynfelds dans toutes les formes. Les plus genereux donnent liberalement quelque chose pour boire à ces Soudrilles, & ceux qui ne sont ni sots ni genereux, envoyent ces gens-là se promener, & en sont quites pour des importunitez & des sottises.

Il y a bien de l'apparence que ce Baptême ridicule a été inventé d'abord par les

Bateliers du Rhyn (a), car il a été uſité de tout temps parmi les Matelots ſur tout dans les Voyages de long cours, où lors qu'ils paſſent ſous la Ligne, car alors ils baptiſent tous les Paſſagers, à moins que ce ne ſoient des perſonnes fort diſtinguées, où qu'ils ne ſe rachepent à beaux deniers comptans. Les Anglois ont établi la même coûtume dans le paſſage d'Angleterre en Irlande ou au Nord de l'Ecoſſe, lorſqu'ils peuvent remarquer que c'eſt le premier Voyage, & même ils appellent cela faire Chevalier, & ils accompagnent la Cérémonie d'une certaine Oraiſon de laquelle. Voici une traduction telle qu'on me l'a donnée: *Nous le baptiſons Chevalier de . . . . où il ne croît ni Muſcat, ni ſec, ni Gi-*

(a) Ce qui me confirme dans ma conjecture, c'eſt qu'un peu au-deſſus de Rhynfelds, il y a un paſſage dangereux qui oblige ſouvent les Bateliers de s'y arrêter. C'eſt un endroit du Rhin, près duquel ſe décharge une petite Riviere avec une extrême rapidité, & comme elle y trouve une forte réſiſtance par la côte oppoſée, & la pente du Canal, elle y cauſe par ſon retour un Tournoyement violent. Ce Tournoyement n'eſt pas toûjours égal, parce qu'il dépend de l'abondance & de la rapidité des eaux du Rhin ou de celles de la petite Riviere, mais quand il eſt dans ſa force, il faudroit être temeraire pour y paſſer, & l'on y a vû perir mille Bateaux. C'eſt pourquoi les Bateliers abordent ordinairement à Rhynfelds pour s'en informer, ſur tout quand il eſt nuit ou qu'ils jugent par le courant que le paſſage doit être mauvais. Et cette Station de laquelle les Paſſagers ne comprennent pas le plus ſouvent la raiſon, a ſelon toute apparence donné lieu au Baptême qu'on y pratique. Les Bateaux s'arrêtent pareillement à Bingh quand ils deſcendent le Rhin, & comme ce paſſage en eſt plus voiſin que de Rhynfelds, on l'appelle communément *Bingher Loch*, c'eſt-à-dire, le trou de Bingh.

Girofle, ni *Canelle*, mais bien des *Cornes en abondance, desquelles nous ne souhaitons une belle armeure, ainsi puisse tu mordre qui te mordra*, &c. le reste est bon à passer sous silence.

Un peu au-dessus de Rhynfelds nous avions trouvé le commencement de ce Canal merveilleux qu'il semble que la Nature ait pratiqué entre les Montagnes exprès, pour y faire couler le Rhyn jusques vers Bonn. A sa rapidité près, qui est un peu forte, il est aussi agréable qu'utile par le grand nombre de côtaux chargez de Vignobles que l'on y trouve, & par les diverses sinuositez que le Rhin y fait dans son cours.

La vûe d'Andernac & des Païsages qui sont tout autour est sur tout quelque chose de charmant. Peu loin de là du côté de l'Empire est le Château de Fredericstein duquel on fait tant de contes. C'est un grand Bâtiment en fort bon état & très-logeable, situé sur un Roche le long du grand chemin, mais comme il n'est ni habité, ni meublé, le Peuple s'est s'y bien persuadé qu'il y revient des Esprits, que c'est un fait qui passe pour indubitable dans le païs, & que l'on donne pour tel à tous ceux qui passent sur le Rhin. Il est même plus connu sous le nom de la Maison du Diable, que sous celui qu'il porte veritablement. Il appartient à Monsieur le Comte de Neuwit, qui est Reformé de Religion, & l'on dit que lorsque son Ayeul le voulut faire bâtir, plusieurs de ses Sujes tâcherent de l'en dissuader, mais que ces Donneurs de Conseils passerent fort mal leur temps. Cependant quand il y voulut faire sa demeure, il trouva que la place étoit déja prise par je ne sçai combien de Lutins qui ne vouloient point y souffrir d'Hôtes qu'eux. On ajoûte que le Comte bien fâché de cela y envoya trois Compagnies de Soldats pour reprimer leur audace, mais que les Diables les en chasserent au plus vîte. On me raconta tout cela si sérieusement, & avec des circonstances si particulieres que je n'ai sçû qu'en croire, jusques à ce que m'en étant informé à Monsieur le Comte de Linnange Président de la Chambre Imperiale de Wetzlaer qui est un Seigneur plus considerable encore par son merite personnel, & par sa connoissance dans les Lettres, que par sa qualité ou ses Charges, il m'assûra qu'il n'étoit rien de tout cela, qu'il avoit couché plusieurs fois dans cette Maison, sans avoir jamais rien vû ni oui de pareil, & que si le Comte de Neuwit ni demeuroit plus, c'est qu'il ne le jugeoit pas à propos par d'autres raisons qui ne vont point à cette consequence. Après cela fiez vous aux discours populaires.

A une petite heure de là on voit le Village de Neuwit, que le même Comte auquel Fridericstein appartient, a fait bâtir, il y a peut-être trente ou quarante ans, & que l'Empereur a érigé en Comté. Les Rües y sont larges & tirées au Cordeau, quatre Carosses & plus y peuvent passer de front, il y a des maisons fort hautes & assez jolies, elles sont toutes couvertes d'ardoise comme me par tout ce Païs, ce qui fait un très bel effet. Mais d'ailleurs on y remarque de tristes Images des fureurs de la Guerre, qui lui ôtent beaucoup de son agrément, ici des chevrons & des poutres à demi-brûlées; là des murailles toutes noires de fumées, & des Ruës entieres, où il ne reste que les masures. C'est l'ouvrage de cent cinquante François qui passerent le Rhin, il y a quelques mois dans un Bateau, & qui mirent le feu au Village avant qu'on eût le temps de s'y pouvoir opposer.

A une demi-lieue au-dessus de Neuwit, nous trouvâmes un Moulin flottant que l'on méne de Ville en Ville pour la commodité du public. C'est une maison de bois, bâtie sur un Bateau, & traversée d'un essieu aux extremitez duquel il y a deux grandes Roües, dont l'usage est de faire tourner le Moulin. Un peu plus bas nous fîmes rencontre d'une autre machine aussi de Bois, de laquelle on s'étoit autrefois servi à Backarat pour charger les Tonneaux & autres fardeaux pesants dans les Bateaux, la Gruë, la Moulinet tout étoit en proye aux Ondes, sans qu'il parût que personne se mît en peine de les venir reclamer. On nous dit que c'étoit les Glaces qui avoient entrainé tout cela l'Hiver passé.

Comme je n'ai vû autre chose de Coblents que les seuls dehors en descendant le Rhin, je n'ai rien à vous en dire non plus que de Bonn, à la reserve que ces deux Villes, & particulierement la derniere annocent d'aussi loin qu'on les voit combien la guerre est à craindre. Il n'est pas besoin d'y entrer pour juger de ce qu'elles ont souffert. Les Murailles toutes rapiecées, & comme couvertes d'Emplâtres en mille endroits, & toutes les maisons externes ruïnées, en instruisent assez les Passants.

Cologne n'est éloignée de Bonn, que de quelques haures de chemin, & si près du danger, elle a eu le bonheur d'en être preservée presque seule; en sorte que jusques ici elle en a été quitte pour la peur. Vous sçavez que c'est une des plus anciennes Villes d'Allemagne. Elle doit sa naissance aux Ubiens qui se mirent sous la Protection de J. César. Sa restauration à M. Agrippa, lequel y envoya une Colonie, de laquelle elle tire son nom, & son principal embellissement à Agrippine mere de Neron, & petite fille de M. Agrippa, laquelle y étant née, & l'aimant par cette raison, contribuä de tout son pouvoir à l'enrichir & à l'accroître.

Les murs de Cologne sont de Briques mêlées de grosses pierres quarrées ou irregulieres, ce qui fait connoître que l'on s'est servi des vieux materiaux pour les fabriquer. Je croi le dedans de la Ville fort peuplé, & les Habitans à leur aise, car la situation de Cologne est assez favorable au Commerce. Les maisons sont d'une irregularité si generale, qu'il n'y a aucune exception en toute la Ville. Elle sont bâties de bois & plâtrée par dehors. Le Pavé est mal-propre, & les Ruisseaux que l'on a faits au milieu des Ruës, ne sont pas suffisants, quelque

pente

pente qu'ils ayent, pour écouler les immondices. Il y a des endroits où l'on a pratiqué de petits sentiers pour les gens de pied au côté des Ruës, & que l'on a défendus de l'atteinte des Carosses & des Charettes par des bornes de pierre ou de vieux Canons, mais avec tout cela, il est impossible de traverser la Ville à pied, sur tout quand il a plû, sans être croté jusques au genou. En un mot Cologne est une grande Villasse fort sale, qui n'approche point des autres Villes Imperiales dont je vous ai parlé precedemment, mais qui ne laisse pas d'avoir je ne sçai quel air de Ville considerable, qui la fait trouver belle. Ce qui contribuë peut-être à cela, c'est le grand nombre de ses Eglises. Il y en a, dit-on, autant que de jours en l'an tout justement, & ni plus ni moins. Si cela est, il ne tient qu'aux Habitans de faire des années saintes autant qu'ils vivront, & de gagner ainsi des Indulgences pour eux & leurs amis, tant qu'ils en auront à revendre.

La Maison de Ville est le plus beau Bâtiment qu'on y trouve, quoiqu'il soit Gotique. On y entre par une grande Cour dans laquelle il est enfermé. La façade en est ornée d'un Portique soûtenu par des Colonnes d'une pierre grise fort dure. On y voit quatre Inscriptions, l'une à l'honneur d'Agrippa, qui lui attribuë l'honneur de la fondation de Cologne. L'autre à Constantin le Grand, sur la défaite des ennemis de cette Ville. L'autre à Justinien, qui avoit augmenté notablement ses privileges, &

l'aul'autre à Maximilien qui les avoit confirmez. Cette derniere est pleine de douceurs pour ce Prince ; ce qui fait connoître qu'il étoit encore bon à quelque chose quand elle fut gravée ; je veux dire qu'il étoit vivant. Les Bustes de ces Empereurs sont au dessous de leurs Inscriptions.

Le Palais Episcopal ne vaut pas la peine d'une description, & s'il est vrai, comme on le dit, que ce soit par condescendance pour les Bourgeois que l'Electeur n'y fait pas sa Résidence, il est sûr que du moins à l'égard du logement, il n'y perd pas grand chose.

La Maison des Jesuites & leur Eglise l'emportent sur tous les Bâtimens conventuels de Cologne, & ils ont le même avantage presque par tout, ce qui dans le fond ne doit étonner personne, vû la richesse & la nouveauté de leur Ordre. En récompense, il ne faut pas chercher des Manuscrits fort anciens chez eux. Ce fut ce que le Bibliothecaire de Cologne, me dit lui-même, s'excusant du peu qu'ils en avoient. Il me montra pourtant une Bible en Hebreu, de laquelle il prisoit fort l'antiquité. Au reste, leurs livres sont fort bien entretenus, mais rangez de maniere que le Dos en est caché du côté de la muraille, & qu'il n'en paroît que la tranche, avec les titres que l'on y a fait écrire.

Je vis aussi l'Eglise de Sainte Ursule où reposent les Os des onze mille Vierges. Ils sont arrangez le long d'un des côtez de l'Eglise dans de petites Armoires vitrées

&

& couvertes la plûpart de rideaux, ce qui fait que l'on ne peut pas bien voir toutes ces saintes Reliques. Leurs Tombeaux sont semez par ci par là, & ne paroissent que de grosses pierres plus longues que larges, fort brutes & fort massives, & sur lesquelles il n'y a aucuns autres ornemens que les Images de quelques-unes de ces Vierges peintes à Fresque avec des passages de l'Ecriture. Vous sçavez l'Histoire que l'on en raconte, & qui a donné lieu à la Fondation de l'Ordre des Ursulines. Le Pere Herman Crombach, en a fait onze gros livres, intitulez tous ensemble *S Ursula vindicata*. Il prétend prouver très-évidemment que du temps de Cyriaque, lequel avoit succedé à Pontien, onze mille Vierges, dont la principale étoit fille du Roi de Bretagne, & fiancée au fils du Roi d'Angleterre, furent à Rome en Pelerinage, & que ce bon Pape voyant leur zele, fut porté par le sien à les reconduire chez elles, mais ayant été rencontrées à Cologne par les Huns, elles furent toutes martirisées au lieu où l'on voit aujourd'hui leurs Tombeaux. Pour garand de cette Histoire au défaut de témoignages anciens, où même de conformité avec la suite Chronologique des Papes, où a les Révélations de Sainte Elisabeth, & des miracles en quantité.

Vous avez sans doute oui faire mille fois le conte d'une certaine femme, qui après avoir été enterrée avec une Bague de grand prix au doigt, revint au monde & vécut plusieurs années depuis, le Fossoyeur ayant ouvert la Tombe la nuit pour lui ôter cette Bague. On prétend que ce soit à Cologne que cela soit arrivé en 1571. à la femme d'un Consul de la Ville, & l'on en voit le Tableau dans l'Eglise des douze Apôtres. La chose en elle-même n'est pas incroyable, car on voit assez souvent des Lethargies fort semblables en apparences à la mort, mais les circonstances en paroissent fabuleuses. Je me souvins en voyant le Tableau des diverses morts de cette nature, dont Pline fait un petit Recueil en son Histoire naturelle, & particulierement des deux freres, dont l'aîné nommé Corfidius étant mort, & son puîné disposant toutes choses pour ses Funerailles. Il se leva tout d'un coup battant des mains pour appeller ses Serviteurs, & leur dit qu'il venoit d'auprès de son frere qui lui avoit recommandé sa fille, lui avoit déclaré où étoit son Tresor, & l'avoit prié d'employer pour ses Funerailles tous les préparatifs qu'il avoit faits pour lui qui parloit. Chacun étoit fort étonné d'entendre ce discours de la bouche d'un homme tenu pour mort, au sujet d'un autre crû vivant. Mais on le fut bien davantage un moment après, quand les Domestiques du frere puîné vinrent dire que leur Maître étoit mort, & quand le premier eût trouvé le Tresor justement où il avoit dit qu'il étoit.

Entre les plus jolies Eglises de Cologne, on peut compter celle de S. Chyrion qui a été bâtie par un Prince de Furstemberg. Elle est peinte & dorée par tout, & l'on
prend

prend aussi un extrême soin de conserver ses dorures. Pour cet effet, il y a un homme gagé qui se poste dans une espece de Caisse suspenduë au milieu du Dôme par une bonne Corde, & de là comme de dessus une Escarpolete, il vole d'un bout de l'Eglise à l'autre par le moyen de quelques poulies, afin de tout nettoyer avec des queuës de Renard qu'il a auprès de lui. Pour finir l'Article de Cologne, je vous dirai que j'y ai remarqué une chose qui lui est commune avec la plûpart des Villes où il y a Université. C'est que beaucoup de pauvres Etudians s'attroupent & viennent le matin chanter aux portes pour attraper dequoi vivre. A Francfort & là, ils font une Musique dans les formes.

Le vent étant devenu contraire, je quittai à Cologne la navigation du Rhin. Je pris le Chariot de Poste qui me conduisit en vingt-quatre heures à Cleves, & dans un pareil temps de Cleves à Amsterdam.

La Ville de Cleves, Capitale du Duché de ce nom, & appartenante maintenant à Monsieur l'Electeur de Brandebourg, est bâtie au pied d'une longue & haute Montagne toute couverte de Bois sur une double Colline, qui s'éleve en ce lieu-là. C'est pourquoi elle est appellée en Latin *Clivia*, c'est à dire Colline. De tous côtez elle est environnée de Bois, de Côteaux fleuris, de Jardins delicieux, & d'allées plantées d'Arbres, ce qui fait que généralement les avenuës en sont fort belles. Il me semble néanmoins que celle par où l'on arrive de Nime-

Nimegue est préférable aux autres. Sur le point d'entrer dans la Ville par ce côté, on trouve trois ou quatre ruës qui ont à droit & à gauche des Jardins à divers étages en forme d'Amphitheatres, & ces Amphitheatres sont encore coupez par d'autres ruës qui offrent la même décoration à ceux qui sont dans le point de vûë où il faut être. C'est à Cleves que l'on peut trouver veritablement les plaisirs de la Ville, & ceux de la Campagne. Au reste, les ruës y sont assez mal construites, on ne sçauroit faire vingt pas sans monter ou descendre, les Maisons n'y sont point belles, les Eglises sans apparence, & le tout ensemble ressent tout à fait le Village. On y voit un certain air Rustique répandu par tout, mais cette rusticité ne laisse pas d'avoir ses agrémens. Cleves ressemble à ces beautez negligées, qui n'ont pas besoin de parure pour se faire aimer, leur negligence même fait une partie de leur Beauté.

Le Château est un vieux & grand Bâtiment, plus remarquable par son antiquité, que plusieurs croyent être du temps de J. César, que par sa beauté. Je ne veux pas m'inscrire en faux contre cette tradition, mais il est certain que si ce Heros revenoit au monde, tout avide de gloire qu'il étoit, il desavoüeroit bien des Châteaux à la construction desquels il n'eut jamais aucune part ; & qui sçait si celui de Cleves ne seroit point du nombre ?

Quoiqu'il en soit, il est composé de trois grands Corps de Logis, joints par une

une longue Galerie qui regne presque tout autour. Il a deux entrées, l'une assez belle & l'autre qui deshonore la Maison. Ce fut par cette derniere que l'on nous conduisit d'abord, comme si on avoit eu peur que nous en prissions des idées trop avantageuses. Elle nous introduisit dans un Appartement, qui contient trois Salles disposées en Amphitheatre, c'est à dire qu'elles sont plus hautes les unes que les autres de sept ou huit pieds ou environ. Ces trois Salles sont terminées dans leur enfoncement par un Arc de Triomphe, érigé dit-on en l'honneur du même J. César, après qu'il eut assujetti les Ubiens, & battu les Cattes. Mais encore un coup, sans vouloir faire le Critique, ni le Connoisseur en fait d'Antiquité, j'ai de la peine à le croire, & ce n'est pas sans fondement, quoique je ne m'arrête point à rapporter ici les raisons pourquoi. Toute l'ordonnance de ce Monument, ou du moins ce qui en est maintenant visible, consiste en cinq Portes ou Arcades soûtenuës par des Colomnes de pierre grise, semblables à celles de la Maison de Ville de Cologne. Les Arçeaux en sont peints de diverses couleurs, qui paroissent assez fraîches pour faire croire qu'elles n'y ont pas été appliquées depuis long-temps. Aux deux côtez il y a deux niches, dans lesquelles apparemment il y a eu quelques Statuës, & l'Arc tout entier sert d'entrée à une grande & belle Salle pavée de carreaux de Marbre noir & blanc qui est au derriere. Près de la porte, il y a
un

un Buffet de Maſſonnerie magnifique. Il eſt fermé par une Baluſtrade, & diviſé en trois loges deſquelles la plus grande eſt celle du milieu. La cheminée de cette Salle eſt ornée d'un Tableau que l'on fait remarquer pour une fort bonne piéce. Il repreſente une femme qui a ſur la tête un Compas ouvert, & dans la main un Livre. Une autre femme en habit aſſez groſſier lui preſente des Fleurs & des Fruits paſſez en Guirlande, & au bas du Tableau, on lit ces mots, *Theoria à Praxi haud ſeparanda*.

Delà on entre à main droite dans une longue ſuite de Chambres, leſquelles étant diſpoſées en Galeries, donnent toutes ſur la Colline, au pied de laquelle coule une petite Riviere bordée de Prairies, de Jardins, de Terres labourables, de Vergers, & d'une infinité de petits compartimens ſemblables à ceux d'un Jardin, qui par leur varieté rendent cette vûë charmante.

La Chambre de l'Electeur eſt tenduë de Damas jaune avec des colomnes de diſtance en diſtance, & le lit eſt de la même étoffe. A côté eſt un Cabinet, que l'on appelle le Prié-Dieu de l'Electeur. C'eſt là que l'on voit les portraits des Ducs de Cleves en petit quarré, & un Chriſt deſcendant de la croix, que l'on croit être l'ouvrage de Jean Deuxiéme, Duc de Cleves.

On paſſe enſuite dans la Chambre d'Audience, qui eſt tapiſſée d'une verdure repreſentant les diverſes vûës de Cleves, & dans laquelle il y a un Dais de ſoye verte.

Tout

Tout auprès de cette Chambre, il y en a un autre où l'on voit un curieux modele de Mont-Royal en relief, lequel on prétend être de la derniere exactitude. Le Cabinet de l'Electrice a la vûë sur le Jardin, dont les diverses terrasses, ménagées dans la pente de la Colline, lui donnent un joli air. Sur la premiere, on voit les Chiffres de l'Electeur & de l'Electrice en Boüis, & tout autour des Vases à fleurs placez fort à propos; Et dans les autres, on découvre quantité de Parterres, Salons, Boccages &c. fort égayez. Enfin il y a par tout là beaucoup d'agrémens & peu de beauté.

Après avoir consideré cela quelque tems avec plaisir, nous continuâmes de visiter les Appartemens. Ce qu'il y a de plus beau dans la Chambre de l'Electrice est l'Alcove. L'Ameublement en est de Damas cramoisi, lit & tapisserie. L'Appartement que l'on nomme du Prince d'Orange, parce que le Roi d'Angleterre aujourd'hui regnant y a logé autrefois, est encore assez joli, mais non pas assez pour meriter une description. Aux deux entrées du Château, il y a deux Cours fermées, l'une quarrée, & l'autre irreguliere, l'Herbe qui croît aujourd'hui dans l'une & dans l'autre fait connoître d'abord aux Etrangers que Monsieur l'Electeur n'y vient pas souvent. Autour du Château, il y a quelques Maisons de marque, qui lui font assez d'honneur, comme par exemple, celles de Messieurs Vankendam, Dankelman, du Baron Span, du Prince Maurice, de Monsieur l'Aspic,
&c.

&c. Mais nous ne les visitâmes point. Nous fûmes seulement nous promener aux environs de la Ville, qui sont tels que je vous les ai representez, c'est à dire charmans, & en revenant nous vîmes aussi quelques beaux Jardins, entre lesquels celui de Monsieur Vankendam, me parût très-bien entendu. Voilà tout ce que j'ai vû de Cleves, & comme j'ai fait tout le chemin depuis cette Ville jusqu'ici en poste, je n'ai pû faire aucune remarque, qui vaille la peine de vous être communiquée. Agréez donc, s'il vous plaît, que je finisse ici la Relation que vous avez souhaitée de moi, & que je vous assure en même temps de la continuation de mes services, comme étant, Monsieur, Vôtre &c.

De la Haye ce 10. *Août* 1692.

Fin du IV. & dernier Tome.

TABLE

TABLE
DES
PRINCIPALES
MATIERES
DU
QUATRIEME VOLUME.

A.

Acmeth, Soliman & Mahomet étoient freres fils de Sultan Ibrahim. 125. Acmeth est élevé sur le Thrône après la mort de Soliman. 136. la perte de la Bataille de Salankemen n'est pas un heureux presage pour les commencement de son Regne. 137. il est âgé de quarante huit à son avenement à la Couronne. Il est moins consideré que Soliman. *ibid.*

Aiguilles de Mer, espece de Poisson qui se trouve à Smirne. Sa Description. 59. 60

Alexandre VIII. (le Pape). Jean Ottoboni son Bisayeul étoit Marchand. 269. Histoire de la Genealogie de cette Maison. *ibid.* commencement de sa fortune. 270. il sollicite une petite Charge que lui est refusée. Il se jette dans

dans l'Eglise de déplaisir. L'Evêque de Padoüe lui donne une place dans son Chapitre. Son humeur inquiete lui fait quitter Padoüe pour venir à Rome. Il est fait Cardinal par Innocent X. en 1652. Evêque de Brescé dans l'Etat Venitien. Il est fait Pape en l'année 1689. *ibid.* toute l'Europe se rejouït de son exaltation. 271. il comble de biens ses Neveux. Pensée ingenieuse de Pasquin sur ce sujet. Il meurt chargé de malediction & haï de toutes les Puissances de l'Europe *ibid.* Ecrit injurieux qui fut attaché à la porte du Vatican étant à l'agonie. 272. le Prince Don Antoine son Neveu est dépouillé de toutes ses Dignitez, & pourquoi. *ibid.*

Allemagne, il y a des endroits où l'on voit à peine le Soleil une heure par jour. 287. plaisante pensée d'un Voyageur sur ce sujet. *ibid.* difficulté d'y trouver dans la route des Logis pour ceux qui ont la mine de gens de guerre. 288. Description de ce qui est arrivé à l'Auteur sur ce sujet depuis Ausbourg jusques à Francfort. 288

Allemans, la Superstition régne beaucoup chez eux, pourquoi. 332. ils sont attachez aux vieilles coûtumes. *ibid.*

Amazones (l'Ile des) elle a 72. lieües de circuit, & est habitée par trente mille Femmes. 158. leurs Maris demeurent dans une autre Ile separément, appellée *Inebile*. Histoire de leur maniere de vivre. Elles gardent les Enfans mâles jusques à l'âge de sept ans, & les renvoyent à leurs peres. Elles ne gardent que les filles. *ibid.*

Ambassadeurs des Cours Etrangeres insultez à la Porte. 72. & 73. d'Angleterre & de Hollande se rendent à Andrinople. 142. ont diverses

DES MATIERES.

verses Conferences avec le Grand Vizir & conviennent des Articles de la paix. La Peste les oblige de se retirer à un Village à deux lieus d'Andrinople. Arrivée de Mr. de Châteauneuf Ambassadeur de France rompt la Negociation. *ibid.* 143

Amurath IV. il traite cruellement les Ambassadeurs du Sophi. 71. Les Venitiens qui sont en Turquie en danger de leur vie, pourquoi. 72. son portrait. *ibid.*

Anatolie, des productions particulieres de ce païs. 56. bonté de son Terroir. Paresse de ses Habitans. Les peaux de Mouton y sont fort estimées, pourquoi. 58

Andernac (vûë d') & des païsages qui l'environnent, elle est fort charmante. 343

Apôtres (les Douze) le Roi de Suede les trouve representez en argent dans une Ville de Franconie. 306. il en fait faire de la Monnoye. Parole remarquable de ce Prince là-dessus. *ibid.*

Apparitions de Sorciers. 332. elles sont frequentes en Allemagne. Secrets pour se garantir du sortilége. *ibid.* 333

Arabes, ils sont fort adonnez à la Magie. 114. les anciens Arabes étoient sur leurs gardes au sujet de leurs Rois 220. ils les obligeoient à rendre compte chaque année. *ibid.* ils leur défendoient de sortir de leurs palais. 221. ils les lapidoient, pourquoi. *ibid.*

Arbres, Description de ceux qu'on voit à Smirne. 63

Arcenal (l') de Venise est le premier du Monde. 196. du prodigieux amas de Canons, Bombes, Grenades, Mousquets, Sabres, poudres, Cordes, Voiles, Ancres & Metaux qu'on y conserve. On y peut armer. 15.

Gale-

TABLE

Galeres, 4. Galeasses, autant de Vaisseaux & 100. mille hommes. *ibid.*

Architecture, il se rencontre des Princes, des Courtisans & des Officiers qui ont le goût plus exquis pour cet Art que beaucoup d'Architectes. 198. pour y bien reüssir il faut suivre les Anciens, & faire choix de ce qui a été inventé. *ibid.* Elle doit son rétablissement à Michel Ange, Raphaël, André Palladio & à Vincent Scamozzi. 199

Argentiere (l'Ile de l') sa situation & sa Description. 156. elle est habitée par une Republique de Femmes prostituées. 157. Les Matelots & les Corsaires de la Mediterranée les y viennent voir pour se divertir. Elles élevent leurs filles dans ce Libertinage. Si elles ont des Garçons, elles les embarquent sur le premier Vaisseau. *ibid.*

Armeniens, difference de leurs peintures d'avec celle des Grecs. 20. particularitez d'une Vierge qui se voit sur leur grand Autel, peinte par un François. De leurs Jeûnes & de leurs Carêmes. *ibid.*

Armoiries, sentiment de Geliot sur ce sujet. 238. Boisseau en donne à chaque Amazonne & à chaque Femme illustre. 239. Extravagance de quelques Auteurs qui en ont donné aux trois personnes de la Divinité. D'autres aux premiers Patriarches & aux Rois d'Israël. *ibid.* Ce que l'on doit comprendre sous le Titre d'Armoiries. 242. Explication de ses parties. *ibid.* de l'Ecu, des Supports, Timbre, Couronne, Cimier, Devise, Cri de Guerre, Brisures, Marques des Dignitez, Banieres des Ordres & autres Ornemens de l'Ecu 243. la determination de l'émail est absolument necessaire dans le Blason. *ibid.*

DES MATIERES.

tous les termes du Blason qui paroissent aujourd'hui si barbares, ont été les mêmes lors de son établissement. 244. la Marque & l'Enseigne des Venitiens n'a ni Emaux ni Figures determinées. 246. 247. Oronce Phinée fait les Armoiries de Venise d'Azur au Lion de St. Marc naissant. *ibid.* Sentiment de Boisseau sur ce sujet. 248. de Baron. Les Venitiens n'en ont point de veritables. *ibid.*

Ascension (l'). Description de la celebre Cérémonie qui se pratique à Venise ce jour-là. 254.

Athanatus. Sa Force prodigieuse. 34

Auberges de la Campagne. Elles sont incommodes en Allemagne. 287. les Lits y sont mauvais. *ibid.*

Ausbourg. 296. de son Hôtel de Ville remarquable par son Architecture. 297. il est mal placé. Description de ce Bâtiment. De ce qu'en dit Monconis dans son Voyage d'Allemagne. Réponse ingenieuse que fit un jour le Roi Gustave Adolphe aux Magistrats qui lui faisoient voir cet Hôtel. Voyez la Note. *ibid.* c'est une des plus belles Villes que l'Auteur ait vûës. Description de ses Ruës, de ses Maisons, de son Gouvernement & de ses Habitans. 298. de l'Arcenal. *ibid.*

Austeritez. Description de celles des Grecs. 21

Auteurs Italiens qui ont excellé dans l'Architecture citez par Mr. de Chambrai. André Palladio Vincentin, Vincent Scamozzi, Sebastien Serlio, Jaques Barrozzio surnommé Vignole, Daniel Barbaro Patriarche d'Aquilée Commentateur de Vitruve, Pierre Cataneo, Leon Baptiste Alberti, Viola &c. 200

Auteur (l') se dispose à partir pour Venise. 149.

Tom. IV.   Q   *Bac-*

TABLE
B.

BAccarat, Village renommé par ses bons Vins. 337

Bacha de Rhodes fait couper la tête à un des fils du Cham des Tartares, pourquoi. 71. & 72. de Natolie, il est Chef des Rebelles qui conspirent contre Soliman. Ce qui lui arrive. 131

Bade (le Prince de) bat le Bacha de la Bosine, & s'empare de cette Province. 133. il commande en Chef en Hongrie. Il remporte trois Batailles sur les Turcs. Description du Butin & des Places qu'il prend. ibid. 134. s'ouvre le passage pour pousser les Conquêtes jusques à Constantinople. ibid.

Baiser, en Angleterre on peut prendre un baiser sur la bouche de la premiere belle femme qu'on trouve dans la rue. 274

Bannieres. Leur usage est fort ancien. 250. de celle de France & de celle de St. Denis. ibid. pourquoi on exposoit en France celle de St. Denis. 252. divers exemples là-dessus. La vie de Loüis VII. Philippe Auguste, Charles VI. Le Grand Seigneur expose celle de Mahomet comme un Signal. Des couleurs que les Venitiens lui donnent suivant les occasions. ibid.

Banquier (d'un Riche) qui avoit décrit l'Histoire de sa Vie, & qui s'étoit fait peindre dans les divers états de sa fortune. 330

Baptistaire. (la Chapelle le) On y voit la pierre sur laquelle Jesus Christ étoit assis prêchant au peuple. 194. particularitez de cette pierre, elle est en grande veneration à Venise. Elle fut apportée en 1125. par le Doge Dominique Michaëli. De la Chaire Episcopale de St. Marc & de son Corps. De la pierre sur la-

DES MATIERES.

laquelle St. Jean Baptiste eût la tête coupée. *ibid.*

Barbarois, cinq de leur Vaisseaux viennent mouiller auprès de Smirne. 106. ils sont grands Ennemis des Francs. 107. Observations sur la foiblesse du Gouvernement des Turcs. Quelles Gens sont les Barbarois. Description de leurs Brigandages. Ils sont également craints des Turcs, des Grecs & des Francs. *ibid.* ils font une querelle d'Allemand à un François. 108. le François le pistolet à la main en blesse un. Les Barbarois se joignent ensemble & menacent de faire mains basses sur tous ceux de cette Nation. Trois Matelots Provenceaux sont les victimes de leur cruauté. Le Consul de France fait venir des Armes & des Soldats pour la sûreté de sa personne. *ibid.* ils craignent les armes à feu. 109. le Consul de France propose aux Consuls Anglois & Hollandois de se joindre à lui pour leur commune sûreté. Ils le refusent, & pourquoi. Le Consul de France se plaint au Cadi. Réponse du Cadi là-dessus. Le Consul de France dépêche un Exprès à Mr. de Châteauneuf. *ibid.* Grand Commandement de la Porte leur est signifié. 110. ils le méprisent & continuent leurs insolences. 111. ils veulent mettre le feu à la maison du Consul. L'arrivée du Capitan Bacha les intimide. *ibid.* Description de leur fureur quand ils attaquent un Chrétien. 112.

Barcarioli, Gens qui servent les Etrangers qui font Quarantaine aux Lazarets de Venise. 171

Bassatte, (la) absorbe des sommes immenses à Venise. 203

Batême, des Cérémonies qui se pratiquent à

Franc-

TABLE

Francfort sur ce sujet. 328. Description divertissante de la maniere dont on baptise les Etrangers qui passent à Rhynfelds. 341. les plus sots payent *de l'Or & de l'Argent*, sont mis au Carquan & faits Chevaliers de Rhynfelds. Les plus genereux donnent liberalement pour boire. Ceux qui ne sont ni fous, ni genereux envoyent les Baptiseurs se promener. *ibid.* les Bateliers du Rhyn ont inventé ce Bâteme. Usage des Matelots qui passent sous la Ligne. 342. Coûtume des Anglois à l'égard de ceux qui passent pour la premiere fois en Angleterre, Irlande ou Ecosse. Oraison qu'ils prononçent sur ce sujet. Remarques particulieres sur le Bâteme de Rhynfelds. Voyez la Note. *ibid.*

Bâtimens en France dont on admire l'Architecture. Le vieux & nouveau Louvre, les Palais de Luxembourg, des Thuileries, de Versailles, le Château de Richelieu, l'Hôtel de Tubœuf, l'Hôtel d'Avaux, de Liancourt, d'Aumont, de Sulli, le Château de Pont, celui de Maison, de Meudon, de Thoüars, de Colombieres, de Rinci, &c. 202

Baviere (le Duc de) prend Belgrade d'assaut. 133

Bayle (Mr.) ce qu'il avance au sujet des Funerailles des Turcs. 41. Auteur de la Republique des Lettres, ce qu'il rapporte d'un homme qui avoit contracté la Peste pour avoir touché un peu de paille. 170

Beurre. Il n'y en a point à Smirne, d'où vient cela. 64. 65.

Blaise de la Vigenere. Combat remarquable qu'il raporte de Louïs de Gonsague contre un Geant More. 34

Blyse (St.) Patron de Raguze. Il est peint dans les Drapeaux & dans les Bannieres. 161. il

sert

DES MATIERES.

sert d'Armoires à cette Ville. *ibid.*

Blanc. (le) On le porte en Turquie pour marquer le deüil. 40. Autrefois les Femmes le portoient en France. *ibid.*

Blondel (Mr.) en son Cours d'Architecture Liv. V. Ch. IX. dit, que les François ont tiré des Italiens la distribution & disposition des Apartemens. 200. ce qu'il avance au sujet de la situation des Escaliers. 201

Boile, ce qu'il dit de ceux qui ont eu une fois la Peste. 51

Bonn. Elle fait juger par ses murailles rapiecées des maux qu'elle a souffert durant la guerre. 345. 346

Bostangi Bachi (le) il est du nombre de ceux qui conspirent contre Mahomet IV. 128. il sauve la vie à Soliman & à Achmet freres de Mahomet. Ce qu'il fait pour cela. *ibid.*

Broglio. Soûmissions des Nobles qui y briguent les Emplois. 208

Brun (Mr. le) Peintre François. Il quitte la Palette & le Pinseau pour le Grimoire. 117. il devient Devin. Il dépense tout son bien à faire traduire des Livres Arabes, qui traitent de la Devination. Il pratique cette Science. Explication de la maniere dont il la pratique. *ibid.* il en fait l'experience devant l'Auteur. 118. Etonnement de l'Auteur sur ce sujet. *ibid.*

Bucentaure. (Ceremonie du) L'Amiral est obligé sous peine de la vie de le ramener en sûreté. 196. Precautions qu'il prend sur ce sujet. *ibid.* elle dure quinze jours. 256. Description particuliere de cette Fête. 257

Burnet (Mr.) il ne trouve point de difference entre un Doge & un Prisonnier d'Etat. 220.

TABLE
C.

Caffé (le) depuis quand il est en usage. 75. Opinion des Arabes là-dessus. *ibid.* comment l'habitude d'en prendre s'est repanduë par tout l'Orient. 77. Sentiment de l'Auteur sur ce Sujet. 78. pourquoi les Espagnols en boivent fort peu. 79. Raillerie plaisante qu'ils en font. *ibid.* Du Lieu où il croît. 80. Description de l'Arbrisseau qui le porte. *ibid.* les Turcs tentent de le planter ailleurs, mais il ne sçauroit croître que dans la Province de Jeman. 81. il est souvent plus cher à Smirne qu'en Europe, d'où vient cela. Depuis quand l'usage en a commencé à Marseille & à Londres. *ibid.* Description de ses bonnes Qualitez. 82. de sa Nature & des Principes qui composent sa substance. 82. de la maniere dont il opere dans l'Estomac. 84. de ses Effets. 86. de l'usage que les Turcs en font. 91. ils s'en doivent abstenir pendant le mois de Ramadan; & pourquoi. 92. il est absolument necessaire aux Turcs d'en user, d'où vient cela. 93. du choix du Caffé. Maniere de le preparer. *ibid.* de l'eau dont il se faut servir. 100. Observations là-dessus. 101. comment il se prepare avec le Lait. 102. autre maniere de le preparer avec le Lait. 103. Boutiques de Caffé à Venise. On en voit plusieurs sous les Procuraties. 227. les Citadins n'entrent jamais dans celles de la Noblesse. Tous les Etrangers de distinction y sont bien venus. Les Loix de l'Etat défendent aux Gens des Ambassadeurs d'y entrer. *ibid.*

Caimacam (le) il tâche de se dérober à la cruauté du Chiaoux Baccha par la fuite. 129. il offre vingt mille Sequins au Capitaine d'un Vaisseau François. *ibid.* le Capitaine refuse

DES MATIERES.

de le recevoir dans son bord, pourquoi. 130.
il est enfin contraint de se sauver du côté de la
Mer Noire. Il est reconnu par la quantité de
son argent. On lui coupe la tête à Constantinople. *ibid.*

Capitaines Generaux Cornaro & Mocenigo.
Remarques curieuses sur leurs Lettres écrites
à un Marchand Grec. 209

Capigi Bachi, il porte la nouvelle à Mahomet
IV. de son Détrônement. 129

Carache, Tribut que les Grecs & les Juifs
payent aux Turcs, ce que c'est. 3

Carampane, nom que l'on donne aux Courti-
sanes à Venise, & pourquoi. 265

Cardan. Histoire qu'il fait d'un Apoticaire de
Trevise, qui en l'an 1547. convertit de l'argent en or, en presence des Senateurs Venitiens. 119

Castarioli, quel métier ils font. 130

Cathedrale (la) de Francfort. Pourquoi le Roi
de France Pepin la fit bâtir. 308. elle est dé-
diée à St. Barthelemi. Sacristie où s'assemblent les Electeurs pour élire un Empereur.
ibid.

Cavalcade d'un Chrétien qui embrasse le Mahometisme. 144. il est Genois de Nation. *ibid.*
Relation des suites facheuses que cela cause.
145. le Cadi de Smirne envoye un Intreprete
au Consul de France sur ce sujet. Réponse
du Consul au Cadi accompagnée de menaces.
Le Consul souffre enfin la Cavalcade, & pourquoi. *ibid.*

Cérémonie ridicule qui se pratique à Rhynfelds.
339

Chacalis, ce que c'est. 28. Description fidelle
de ces Animaux. Peu d'Auteurs en ont donné la connoissance. 29. Conte plaisant que la

Fable

TABLE

Fable Turquesque en fait. 30. & 31.

Cham des Tartares. Les Turcs ont peu de consideration pour lui. 71. Exemple funeste sur ce sujet. 71. & 72.

Chambrai [Mr. de] Auteur de l'excellent Traité intitulé, *Paralelle de l'Architecture Ancienne & Moderne*. 198. il ne fait mention que de deux Architectes Modernes Philibert de Lorme & Jean Bullant. 200. Il attribuë la gloire de l'Architecture aux Italiens. *ibid*.

Charlatan, qui se vantoit d'avoir trouvé le secret de faire l'Or. 121.

Chasteté, (ceinture de) De l'usage qu'en font les Italiens. 276. l'Invention en est attribuée aux Romains. Temoignage de Pline Liv. xxxiii. sur ce sujet. *ibid*.

Chataignes de Mer, sont communes dans la Mer de Smirne, ce que c'est. 59.

Châteauneuf (le Baron de) Ambassadeur de France. 142. il reçoit des Instructions nouvelles pour rompre les Conferences de la Paix. Son arrivée imprevûë à Andrinople dans un temps de Peste. *ibid*. il s'abouche avec le Grand Vizir, qui ne veut plus entendre parler de paix. 143.

Chauffer. (se) Description plaisante de la Machine dont les Turcs se servent pour cela. 65.

Chemises de Maille. De l'usage qu'on en faisoit à Venise, & de l'estime qu'on en fait à present. 227.

Chernite, petite Forteresse qui appartient à l'Empereur. 296. l'Auteur est obligé d'y montrer ses Passeports & sa Patente de santé. *ibid*.

Chevaliers de St. Marc. Il y en a de trois Ordres. 221. Description de ces trois Ordres. *ibid*. 222.

DES MATIERES.

Chevaux (des quatre) de Bronze doré, qui sont sur le Porche de St. Marc. 191

Chiaoux Pacha. Il fait revolter l'Armée Ottomanne contre Mahomet IV. 126. il marche vers Constantinople & veut élever Soliman sur le Thrône. Mahomet pour l'appaiser, depose son Grand Vizir, & lui envoye le Cachet Imperial. Il n'est point satisfait, & declare qu'il veut la tête du Vizir, du Testedar, du Doüannier, du Caïmacam, &c. *ibid*. le Sultan lui envoye la tête de son Vizir. 127. son audace à demander jusques à vingt têtes. Les plus fidéles Serviteurs de Mahomet lui sont enfin envoyez. Il les fait massacrer au milieu de l'Armée. *ibid*.

Chiaoux. Leur Caractere, & à quoi ils sont destinez à la Cour Ottomanne. 71

Ciceron, à quel Auteur il attribue l'invention de la Memoire Artificielle. 55

Chiensa, passage étroit entre deux Montagnes appartenant aux Comtes du Tirol. 290. Description particuliere de ce lieu affreux. *ibid*. 291. Histoire plaisante d'un S. Hermite qui y étoit transporté par les Anges dans une Caverne. 292. cent hommes y peuvent tenir tête contre cent mille. 293

Chrisopée (la) où l'art de faire l'Or. 120

Chrétien, Evêque de Mayence. 336. il faisoit difficulté de porter l'épée; raison de cela. Il alloit armé d'une Massuë triangulaire avec laquelle il assommoit neuf hommes en entrant en Combat. *ibid*. il étoit Guelphe declaré. Remarques sur la Lettre que le Pape Paschal Second lui écrivit. *ibid*.

Circoncision. Difference de la maniere dont les Turcs & les Juifs la pratiquent. 148

Classes (des trois) qui composent le Senat à

TABLE

Francfort. 312. de l'ordre qui s'observe à l'élection des Magistrats. 313. & 314

Cleves, Capitale du Duché de ce nom. 351. elle appartient à present à Mr. l'Electeur de Brandebourg. De sa situation & de ce qu'on y voit de plus remarquable. *ibid.* 352. de son Château, qu'on croit être du temps de Jules Cæsar. Description de ses plus considerables appartemens. *ibid.* 353. de la Chambre de l'Electeur. 354. Portraits des Ducs de Cleves qu'on y ramarque, & un Christ descendant de la Croix, fait par Jean Deuxiême, Duc de Cleves. De la Chambre d'Audience. *ibid.* du Cabinet de l'Electrice. 355. de l'Appartement du Prince d'Orange. *ibid.*

Coblents. 345.

Cocoüage, les Femmes Grecques qui sont épousées par des Francs y sont sujetes, & pourquoi. 5

Collier (Mr.) Ambassadeur de Hollande. 134. il a plusieurs Conferences au sujet de la Treve, avec le Vizir Kopergli Oglou. *ibid.* son merite & sa capacité pour les Negociations. 135. la Negociation de la Treve interrompuë par la Bataille de Salankemen. *ibid.* il connoît à fond le genie & le caractere des Grands de la Cour Ottomanne. 136.

Cologne, elle est une des plus anciennes Villes d'Allemagne. 346. elle doit son Origine aux Ubiens, & sa restauration à M. Agrippa. De ses Habitans, de son Commerce, de l'irregularité de ses maisons & de ses ruës mal propres. *ibid.* on y compte des Eglises autant que de jours dans l'an. 347. Description de sa Maison de Ville. Des quatre Inscriptions qui y sont gravées à l'honneur d'Agrippa, de Constantin le Grand, de Justinien & de Maximilien.

DES MATIERES.

milien. *ibid.* 348. Histoire des Onze mille Vierges. *ibid.* de l'Eglise de St. Chyrion bâtie par un Prince de Furstemberg, remarquable par ses Peintures & Dorures. 350

Comedie [de la] à Venise. Remarques sus les differents goûts du public sur ce sujet. 267. 268

Consul de France à Smirne. Il se voit en danger d'être attaqué par les Barbarois. 108. étranges suites des insolences de ces Barbares. 109. 110. *& suiv.* Voyez *Barbarois.*

Consulat [sous le] de Eneus Cornelius Lentulus, & de Publius Crassus l'an 657. les Misteres Magiques furent abolis à Rome. 114

Conseil (Grand) à Venise. Les Dignitez s'y donnent par suffrage. 207

Contarini. (le Doge Dominique) Paroles remarquable que lui dit un jour le Cardinal Bazadone en plein College. 220. Reflexions judicieuses sur ce sujet. *ibid.*

Conte d'une Femme qui après avoir été enterrée, revint au monde & vecût plusieurs années après. 349. elle étoit Femme d'un Consul de la Ville de Cologne, où cela est arrivé en 1571. 350. on en peut voir le Tableau dans l'Eglise des douze Apôtres. *ibid.*

Corne, Description de celle du Doge de Venise. 215

Corban, chez les Turcs, ce que c'est. 41

Courtisannes à Venise. Il y en a de deux sortes. 263. de la maniere dont elles vivent. 264. 264. Elles y sont necessaires, aussi bien qu'à Rome, raison de cela ; Pourquoi le Senat fit venir à Venise des Courtisannes Etrangeres en 1421. Du *Ca Rampani* où Quartier qui leur fut donné. *ibid.* Reglement fait par le Senat pour le prix que chaque homme leur devoit payer.

payer. 265. de la Matrone Directrice de la Societé. Le Senat renouvelle en leur faveur l'Ordonnance de l'année 1594. *ibid.*

Coûtume à Venise. Les hommes, les femmes & les filles y couchent nuds. 263. les Epouses quittent la chemise la premiere nuit des Nopces. *ibid.*

Couteaux de Mer, ce que c'est. 59

Crucifix frappé d'un coup de Canne par le Roi de Suede. 335. il tombe, & reprend sa place de lui-même. 336.

Cyrille Lucar (le celebre). Les sentimens que les Grecs ont pour lui. 18. Portrait qu'en fait l'Archevêque de Smirne à l'Auteur. *ibid.*

Cyrus, sa Memoire prodigieuse. 56

D.

Dames (des) Venitiennes. De leur Beauté. 257. elles n'ont point cette liberté, qu'on a en France. Les promenades & les conversations particulieres avec les hommes leur sont défenduës. Elles vont aux Opera, aux Comedies, aux Ridotti, en Mascarade, au Fresque & aux Foires. Comparaison de leur liberté à celle que les femmes ont en France ou en Hollande. *ibid.* le Privilege du Carnaval & de la Foire permet qu'on les aborde pourvû qu'elles soient masquées. 258. On les appelle pourlors. *Signora Mascara*. Un Etranger risque beaucoup d'aborder une femme qui ne seroit point masquée. Il est seulement permis de saluër les Courtisannes. *ibid.*

Damianus Harbardus. Monument remarquable qui se voit dans la principale Eglise de Mayence. 336.

Danses des Grecs. Leur Description. 5. 6. elles sont fort guayes & amoureuses. 6.

Dan-

DES MATIERES.

Dandole. (le Doge) Son témoignage au sujet du lieu où repose le Corps de St. Marc. 195

Devination. Histoire d'un Peintre François qui en faisoit profession à Smirne. 117. comment il la pratiquoit. *ibid.*

Didier (St.) Histoire remarquable qu'il rapporte au sujet du Cardinal Bazadone. 220

Diocletian. (l'Empereur) Il ordonne à un Sculpteur de lui faire un Jupiter, une Junon & un Mercure. 193. il represente au contraire un Christ, une Vierge Marie, & un Jean Baptiste. Pensée ingenieuse du Sculpteur sur ce sujet, qui lui coute la vie. 194

Doge (le) de Venise. Pourquoi il est dépouillé de tout pouvoir. 181. il n'est qu'un Fantôme de grandeur. Effet de la politique du Senat. Sa conduite est observée par les Inquisiteurs. Il lui est défendu de converser avec le public familierement. Il ne doit paroître qu'aux jours de Ceremonie, pourquoi cela. *ibid.* Description de l'appartement où il loge dans le Palais de St. Marc. 188. ils laissent trois choses à la Republique en memoire de leur Régne, sçavoir leur Portrait, un Tableau & l'Ecusson de leurs Armoiries. 193. de son habit de Ceremonie & de sa Corne. 215. de ses prerogatives. 221

Drechlers (Mr.) écrit contre les abus superstitieux qui regnent en Allemagne. 334

Dunevalt. Il se rend maître du Pont d'Essec après la Victoire remportée à la Bataille de Hersan. 126

E.

Ecclesiaste (l') *J'estime plus les morts qui sont déja morts, que les vivans qui sont vivans encore*, &c. Chap. 4. 332

Ecussons, leur usage est fort ancien. 241. du temps

TABLE

temps de Pline les Familles Nobles s'en servoient. *ibid.*

Elchi. Pourquoi les Ambassadeurs sont ainsi appellez à Constantinople. 71

Egiptiens, leur noble passion pour laisser des Monumens à la Posterité. 112. Ils donnent occasion aux Curieux d'aller voyager dans leur Païs, & pourquoi. *ibid.* des anciens Egiptiens. 329. description des Coûtumes qu'ils observoient dans leurs Enterremens. *ibid.* Voyez la Note.

Eglise (l') de S. Marc, est un grand Temple d'Architecture Orientale. Sa Description. 188. Figure remarquable qu'on y voit d'un petit Vieillard qui a le doigt en la bouche. 189. on dit que c'est l'Architecte qui l'a bâtie. Histoire plaisante qu'on en fait. De ses magnifiques Portes d'airain qu'on croit être les mêmes qui furent autrefois à Sainte Sophie. *ibid.* d'une precieuse Table d'Autel apportée aussi de Sainte Sophie. 190. au dedans elle est faite en Croix Grecque. 192. elle est enrichie d'une trés-belle Mosaïque semblable à celle de Sainte Sophie. Description de ses autres Beautez. On y voit les Armoiries de tous les Doges. *ibid.* des Corps Saints, & des Reliques qu'on y conserve. 193. remarque curieuse au sujet de trois figures de pierre appellées *I tre Santi. ibid.* De la Chapelle dite le Baptistaire. 194. Description curieuse de la maniere dont elle fut ornée pour l'Entrée du Procurateur Morosini. 213

Egon (le S. Hermite) description de l'Antre où il habitoit. 291. il y étoit transporté par les Anges. Le Comte de Tirol lui avoit fait beaucoup de bien. Il obtient de Dieu la permission de garder ce poste. Les Anges y transportent

DES MATIERES.

portent des Ouvriers pour l'accommoder. Suite de cette Histoire. *ibid.*

Electeurs de Mayence. Il s'est trouvé de terribles Champions parmi eux. 336. rapport de la Chronique des Archevêques de Breme par Henri Wolter. *ibid.*

Empire (de l') usage observé parmi les Ottomans dans la succession. 68. diverses remarques là dessus. *ibid.* & 69.

Enterremens. Ils se font en Allemagne avec beaucoup de magnificence & de dépense. 329. description de celui d'un Magistrat, ou de quelque particulier de famille Patricienne. *ibid.* on lit l'Histoire de la vie du défunt le jour de l'enterrement en presence des Invitez. 330. Suite des Ceremonies qui s'observent sur ce sujet. *ibid.* 331. Reflexions particulieres sur ces Coûtumes par rapport à celles qui se pratiquent en France. *ibid.* Beau passage de l'Ecclesiaste Chap. 4. sur ce sujet. 332.

Epitaphe d'un jeune Prince de Nieubourg tué au dernier siége de Mayence. 337

Erasme, description plaisante qu'il fait dans son Dialogue de *l'Hôtellerie* de la maniere dont les Voyageurs sont traitez en Allemagne. 281

Espions (des) que le Senat de Venise entretient. 172. ils font mettre les gens dans l'Inquisition pour peu de chose. 173. ils sont d'autant plus dangereux qu'ils sont inconnus. Il y en a de tous Ordres. Précautions qu'il faut prendre là dessus. Les Gardes de la Santé sont pour la plûpart Espions. *ibid.*

Etendards (des huit) de la République. 214

Etrangers (les) sont dispensez à Venise de l'Ordonnance qui défend le luxe pendant six mois

TABLE

mois seulement. 219. il n'y a pas de païs au monde où ils soient mieux traitez. 226

Etudians. (pauvres) On en voit beaucoup à Cologne & à Francfort qui s'attroupent & viennent chanter le matin aux portes pour avoir dequoi vivre. 351

F.

Femmes Grecques. Leurs Habillemens ne different point de ceux des Turques. 5. elles vivent dans la retraite comme les Turques. Leur inclination pour la mode Franque. Elles aiment le plaisir, la danse, la magnificence, & la Galanterie. *ibid.*

Femmes Astrologues à Venise. 260. description de leur habit, des livres & caracteres dont elles se servent. Elles soufflent la bonne avanture à l'oreille des Curieux par une Sarbacanne de fer blanc. De ce qu'on leur donne pour cela. Elles sont bienfaites. *ibid.*

Femmes (des) de Nuremberg. Description de l'habit qu'elles portent. 303

Fleurs. Les Femmes Turques les aiment passionnément, pourquoi. 63

Foires de Francfort. 318 description du Commerce qui s'y fait. De la Maison appellée *Romer*, où les Marchands de Bijoux, d'Orphevrerie, de Mercerie, &c. étalent leurs Marchandises. 319

Force. Origine du Proverbe, *il est fort comme un Turc*. 31. Les Turcs sont plus robustes que les Européens. Portefaix Turcs qui portent 900. livres pesant, d'où vient cela. *ibid.* Les Negres sont extrêmement forts, & pourquoi. 32. explication des Operations de la Nature sur ce sujet. *ibid.* Force extraordinaire d'un Suedois. 33. exemple rapporté par Pline d'un certain Aulus Junius Valens, &c.

qui

DES MATIERES.

qui arrêtoit d'une seule main un chariot attelé de plusieurs Chevaux. 33. & 34.

Fosche, petit port à l'embouchure du Golphe de Smirne. 107.

Fournier, (le Pere) Description curieuse qu'il fait du Poisson appellé le *Ton*. 60.

Francfort, Ville Imperiale. Sa situation. 307. Elle doit sa liberté à Charlemagne. Elle est divisée en deux parties par le Meyn. Difference qui se trouve entr'elle & Nuremberg. *ibid*. Trois choses la rendent recommandable, sa richesse, sa situation & les Foires. Elle embrasse la Réformation selon la Doctrine de Luther. 308. Elle souffre les desordres de la Guerre jusqu'au Traité de Westfalie. *ibid*. Les Lutheriens sont Maîtres du Gouvernement. Des Eglises & Couvens possedez par les Catholiques. *ibid*. Des divisions qui ont regné entre les Lutheriens & les Réformez. 309. Du Gouvernement. 312. Description du Senat ou grand Conseil, & des trois Classes qui le composent appellées Bancs. *ibid*.

François I. Il est appellé le Pere & le Restaurateur des beaux Arts. Pourquoi. 199. Il fait venir d'Italie le celebre Sebastien Serlio qui bâtit Fontainebleau. *ibid*. Le Vieux Louvre, suivant M. Perrault, fut bâti sur un dessein fait par un Architecte François. 200. Les Maîtres Italiens avoient excellé dans cet Art jusques alors. *ibid*.

Fredericstein. (le Château de) Il est situé sur un Rocher. 343. Il n'est point meublé, ni habité. Il est appellé la Maison du Diable. Opinion du peuple au sujet des Esprits qui y reviennent. *ibid*. Il appartient à M. le Comte de Neuwit. Son Ayeul n'y a jamais pû demeurer

TABLE

meurer à cause des Lutins. 344. Le Comte irrité y envoye trois Compagnies de Soldats, mais ils en sont chassez par les Diables. Opinion de M. le Comte de Linnage sur ce sujet. *ibid.*

Fruits de Cire. Les Veniriens en sont fort curieux. 277. Ils en ont de toute espece, Pêches, Poires, Raisins, Abricots, Citrons, & Melons. *ibid.*

Funerailles. D'où vient que toutes les Nations en observent l'usage. 35. Les Anciens Arabes seuls les méprisoient, *ibid.* Les Egyptiens embaumoient leurs Morts. Les Romains les brûloient. Usage des Grecs là dessus. Des Perses. Des Chaldéens. Des Hircaniens. Etrange Coûtume de quelques Peuples qui mangeoient eux-mêmes leurs Morts. *ibid.* Ce que pratiquoient les Scithes sur ce sujet. 37. Aux Indes les Femmes se jettent dans le Bucher sur les Corps de leurs Maris. Autres Coûtumes dans des Royaumes particuliers. Les Guebres pendent leurs Parens après leur mort, & pourquoi. *ibid.* Description des Funerailles des Turcs, 38. 39. 40. 41. &c. Coûtume particuliere des Turcs qui habitent dans la Palestine. 41. Ils portent leurs morts autrement qu'en Europe. Comment les Tombeaux des Grands sont distinguez des autres. *ibid.*

G.

Gardes de la Santé à Venise, quelles gens ce sont. 171. Ils sont six vingt en nombre, & servent tour à tour. *ibid.* Leurs profits leur rendent cent cinquante Ducats par an. 172

Geant, (ossemens d'un) qui avoit plus de vingt pieds de haut, trouvé à Thessalonique. 149

DES MATIERES.

Geliot, ce qu'il dit au sujet des Armoiries. 238. 239. Les Armoiries ont tiré leur dénomination des Ecussons, Cuirasses & autres Armes défensives. 245

Girardin, (M.) insulté à la Cour Ottomanne. 73. Une Troupe de Levantins se rendent à son Palais. Leur insolence. 132. Il est forcé de prendre un Grec qu'ils lui presentent pour Drogueman. *ibid.*

Golphe de Venise, est plein de Bancs de Sable. Il est trés-dangereux à la Navigation. 163. Précautions que la République prend là-dessus. *ibid.* Cela est dommageable au Commerce. 164. Fait la sûreté de Venise du côté de la Mer. *ibid.*

Gondoles (des) & de l'adresse des Gondoliers. 255. Il y en a jusques au nombre de 25000. dans Venise. *ibid.* Elles coûtent toutes faites 25. Ducats. 256

Gonzague (Louïs de) surnommé *Rodomont.* Pourquoi. 34. Prodiges de sa Force. Il est obligé par Charles Quint de combattre contre un Geant More. Issuë de ce combat. *ibid.*

Goul, (le) ce que c'est parmi les Mahometans. Voyez la Note. 146

Grecs. Ils ont possedé l'Empire d'Orient. 2. Leur décadence. Ils sont vaincus par les Turcs, & deviennent leurs Esclaves. *ibid.* Ils payent le Carache aux Turcs pour marque de leur servitude. 3. Ils mettent tout en usage pour s'affranchir de ce Tribut. Leurs Patriarches, Evêques & Abbez payent de grandes sommes pour leurs Patentes. *ibid.* Leur vanité. Mépris insupportable que les Turcs ont pour eux. L'habit & la coiffure les distinguent des Turcs. *ibid.* Description de leurs habillemens. 4. Leurs Dances enjoüées. 5. Sa-

5. Salutation remarquable qu'ils obfervent le jour de Pâque. 8. Leur Religion. 9. Points de leur Doctrine Fondamentaux. 11. Refpect qu'ils ont pour leurs Evêques. 14. Defcription de leurs Eglifes. 15. De l'habit Sacerdotal de leurs Evêques. 16. Leur Creance fur la Tranffubftantiation. *ibid.* De leurs Proceffions le Vendredi Saint. 17. De leurs Images. 19. Leur opinion fur les Tableaux de l'Eglife Romaine. *ibid.* Leur fentiment à l'égard des Corps qui fe confervent après leur mort. 21. Leurs Ceremonies au fujet de leurs Enterremens. 22. Ils ont eu une extrême paffion pour laiffer à la pofterité des Monumens de leur grandeur. 112. Ils ont aimé avec excés la Magie. 114. Ils l'ont apportée à Rome, auffi-bien que la Medecine. *ibid.*

Grifettes. Elles font galantes & proprement vêtuës à Venife. 261. Defcription de leurs habits. On les voit fe promener à la Foire avec leurs Meres. Le prix eft 150. écus comptant, & autant d'entretien par an. *ibid.*

Grofs Braunfels. Maifon à Francfort où l'Empereur d'aujourd'hui logea, quand il fut élû. 318

Grotius. Ce qu'il dit au fujet des Juifs dans une de fes Lettres. Part. 2. pag. 1. Lett. 643. Il cite divers Auteurs, & particulierement Bonifius Lib. 4. Dec. 5. Stumphius Thomas Barbarienfis, & Michel Neander dans fes *Eromata Linguæ Sanctæ.* 317. Voyez la Note. Defcription des abominations dont ils les accufent. *ibid.*

Guerre (Gens de) à Venife. De leur nombre. 222. De leur Capitaine General & autres Officiers Subalternes. *ibid.* Des Nations differentes qui fervent à Venife. 223. De leur

DES MATIERES.

paye. *ibid.* 224. Des Sergens-Majors de Bataille. De leurs avantages & prérogatives. De la liberté dont ils joüissent. Reflexions sur le service de Venise. *ibid.* De ceux qui servent sur Mer. 225. Leurs Navires ne vallent rien. Autres particularitez qui concernent la Marine. *ibid.*

Guilleragues (M. de) ce qui lui arrive à la Porte. 73

H.

Habit. Description de celui que portent les Nobles Venitiens. 228. Il ressemble fort à celui des Religieux Minimes. 229. Remarques curieuses sur ce sujet. Difference de celui qu'ils portent en hyver & en Eté. *ibid.* 230.

Haly. (le Vizir) Son consentement à continuer la Negociation de la Paix à Andrinople. 140.

Haye Vantelai. (M. de la) Ambassadeur de France mal traité à la Cour Ottomanne. 73

Henri III. Il revient de Pologne pour aller prendre possession de la Couronne de France. 272. Il passe par Venise. Description curieuse de sa reception. 273. Le premier feu qu'on lui fait, est allumé avec une obligation de cent mille Sequins qu'il devoit à la République. *ibid.*

Henri Etienne. Il appelle Francfort le raccourci des Foires du Monde. 307. 308

Herman Crombach. (le Pere) Histoire qu'il a composée des onze mille Vierges, en onze gros Volumes qui ont pour titre, *Sancta Ursula Vindicata.* 349

Hersan. Description de la fameuse Bataille que les Imperiaux y gagnerent contre les Turcs. 226.

Hiero-

TABLE

Hieroglyphes. Les Perses portoient un Aigle d'or dans un Drapeau blanc. 240. Depuis ils eurent tantôt un Archer, & tantôt le Soleil. Les Lacedemoniens portoient la lettre Δ Les Messeniens la lettre M. Les Atheniens une Chouette. Les Corinthiens le Cheval Pegase. Les Romains sous Romulus avoient une poignée de Foin *Manipulus*, depuis ils prirent la Louve, le Minotaure, le Cheval, le Sanglier, & sous le Consulat de Marius, l'Aigle auquel on a donné deux Têtes. *ibid.* Les Empereurs portoient dans leurs Enseignes quatre B. 241. Constantin le Jeune & Crispus ces letres VOT. XX. Constantin le Grand un Dragon. Les Gots prirent aussi le Dragon. Les Bourguignons la Lance de Saint Maurice. Les François ont eu des Abeilles, des Crapaux, des Fleurs de Lys sans nombre, puis une, puis trois. *ibid.*

Hochzyt-Haus. La Maison des Nôces à Francfort, ce que c'est. 320

Huxey (le Chevalier) Ambassadeur d'Angleterre est attendu à Andrinople pour renoüer les Conferences de la Paix. 140. Il y arrive aussi bien que l'Ambassadeur de Hollande. 142. La Peste fait discontinuer la Negociation qui étoit sur un bon pied. Arrivée de M. de Château-Neuf imprévuë. 142. Il meurt enfin, & l'on croit qu'il fut empoisonné. 143. Reflexions là-dessus. *ibid.*

Hymnes ou Chansons Spirituelles. 333. De celles que doivent chanter ceux qui voyagent en Carosse, pour se garantir des Sorciers. De celles qui sont propres pour ceux qui vont en Bateau. *ibid.*

Jalou-

DES MATIERES.

I.

Jalousie. Les Italiens sont jaloux sur le fait de leurs femmes, 228. Il est dangereux de les cajoler. Etranges suites ausquelles on s'expose. *ibid.*

Ibrahim. Sa conduite en déclarant la guerre aux Venitiens. 72. M. de Sancti Ambassadeur de France mal-traité, & pourquoi. M. de Cesi son Successeur traité de même. Ce qui arriva à M. de Reninghen. *ibid.* Il est étranglé au Château des sept Tours. 125

Jeghen Bacha. Il se dit de Race Ottomanne. 133. Il se fait un parti sous le Regne de Soliman, qui le veut élever sur le Trône. *ibid.*

Jeman. Province de l'Arabie heureuse où croît le Caffé. 80. Elle a seule les qualitez de le produire. 81

Jesuites. Il n'est pas permis aux Catholiques d'en faire venir à Francfort. 309. Leur Maison & leur Eglise à Cologne se distinguent de tous les autres Couvens par leur magnificence. 348 Ils n'ont point de Manuscrits anciens chez eux. Bible Hebraïque fort antique montrée à l'Auteur par leur Bibliothecaire. Remarque sur la maniere dont ils rangent les Livres dans leur Bibliotheque. *ibid.*

Images. Remarques sur celles que l'on voit aux coins des ruës à Nuremberg entretenuës par les Protestans. 306. Raison pourquoi elles sont conservées. 307

Iman, ce que c'est chez les Turcs. 146. Description curieuse des Ceremonies qu'il pratique lorsqu'un Chrétien se fait Renegat. 146

Imprenable. Question curieuse, sçavoir si Venise est imprenable ou non. 178. 179. Pourquoi le Senat entretient le Peuple dans l'imagination que Venise est imprenable. 183

Inspruck.

TABLE

Inspruck. Sa situation. 295. Le Duc de Lorraine y a fait sa demeure. Du Perron de la Chancellerie qu'on dit être couvert d'or. Opinion de Messieurs de Moncouïs & Misson là-dessus. Remarques de l'Auteur sur ce sujet. *ibid.*

Interregnes. Explication de ce mot par rapport aux Turcs. 67.

Ismaël (le Visir) fait l'épreuve de la Pierre Philosophale. 118. Il convertit du cuivre en argent par le moyen d'une poudre. Il la met entre les mains de quelques habiles Chimistes pour en faire l'experience. *ibid.*

Italiens (les) sont plus pacifiques que les François, raison de cela. 228.

Juifs. Coûtume étrange qu'ils observent à la mort de leurs Parens. 24. Ils perdent la Palestine. Ils sont soufferts en Turquie, & pourquoi. *ibid.* Leur Portrait. 25. Description de leurs Babouches & de leur Coiffure. *ibid.* Ils sont aussi jaloux de leurs femmes que les Turcs. 26. Ils sont fort scrupuleux pour la chair de Bœuf, & pourquoi. 57. Ils sont tolerez à Francfort & y exercent librement leur Religion. 315. Ils sont méprisez par toute l'Allemagne. 316. Description d'un Monument public, qui rend leur mémoire odieuse, & à quelle occasion il fut érigé. *ibid.* De tout temps on a tâché de les noircir d'abominations. 316. Injustice qu'on leur fait. Voyez la Note. 316. 317. Ils sont soufferts à Mayence, comme à Francfort. 337. Leur Quartier est fermé par deux Portes, & deux Soldats y font sentinelle. *ibid.*

K.

Kinsky (le Comte de) Plenipotentiaire de la part de S. M. I. à la Negociation de la Trêve. 135. *Kopere-*

DES MATIERES.

Kopergli. (le Vizir.) Mahomet monte sur le Trône par ses soins. 125 Il s'attache au service de ce Prince avec beaucoup de fidelité, & pourquoi. *ibid.*

Kopergli Oglou (le Bacha de Scio) arrête les progrés des Imperiaux. 134. Il succede à Ismaël dans la Charge de Vizir. Il est tué à la Bataille de Salankemen *ibid.* Sa mort est suivie du Meurtre de plusieurs Grands. 137

L.

Lazaretti, lieu où l'on fait quarantaine quand on vient du Levant à Venise. 166. Description curieuse de cet endroit. *ibid.*

Lentilles (Potage de) pour lequel Esaü vend son droit d'aînesse. 79. Question curieuse, sçavoir si ce potage n'étoit point de la teinture de Caffé. *ibid.*

Leon X. (le Pape.) Réponse plaisante qu'il fit à Augurel qui lui avoit presenté un Livre intitulé *la Chrisopée*, ou l'Art de faire l'or. 120

Leventis. Ils s'attroupent pour aller attaquer M. de Girardin dans son Palais à Constantinople. 132. Suite de cette affaire. *ibid.*

Lion (du) de S. Marc & de l'Essence des Armoiries. Dissertation. 233. Des differentes manieres dont il est representé à Venise. 247

Lits de repos & de fraicheur. Description de ceux qu'on voit à Venise. 275. de leur usage. On en voit beaucoup par toute l'Italie. D'où l'invention en est venuë. *ibid.*

Loy Mahometane défend l'usage des Boissons fermentées. 78

M.

Magdebourg assiegée par Tilli, qui la prend d'assaut, & passe tout au fil de l'épée. 305

Magiciens, quelles gens sont ceux qui s'attribuent aujourd'hui ce nom. 116. qu'est ce

Tome IV. R *que*

TABLE

que l'Ecriture en dit en plusieurs endroits. Reflexions sur la puissance du Diable sur ce sujet. Curiosité de l'Auteur pour en connoître quelqu'un. *ibid.* 117. il rend visite à un Magicien fort celebre à Smirne. *ibid.*

Magie. (la) Elle a fait de grands progrés chez les Romains. 114. elle étoit considerée comme une des plus saintes parties de la Religion. Elle les a portez à sacrifier des hommes. Du tems que ces abominations durerent. Quand ces Sacrifices horribles furent abolis. *ibid.* si elle contient quelque chose de solide, ou si elle est purement fausse & imaginaire. 115. Elle embrasse trois choses qui interessent les hommes, sçavoir la Medecine, la Devination & la Religion. Des Princes qui l'ont tenté sans y pouvoir réüssir. *ibid.*

Magazins. Il y a peu de Maisons qui n'en ayent à Francfort pour la commodité des Marchands. 318

Mahomet IV. est declaré Empereur par les soins de la Sultane sa Mere & du Visir Kopergli. 125. son Regne est troublé par les seditions. Description des malheurs qui lui arrivent. 126. 127. 128. & *suiv.*

Malthe est imprenable. 178. les Chevaliers se peuvent diviser en quatre Classes. 205

Mangour, espece de Monnoye de cuivre dont Mustafa Aga est l'Inventeur. Sa valeur. 138. elle rend cinq cens pour cent de profit. Elle apporte de grands desordres dans le Commerce. Il en vient à Constantinople de France, & de Thessalonique fabriquée par les Juifs des Barques chargées. Le Peuple refuse de la prendre. Desordres que cette Monnoye cause. *ibid.*

Manipulus, ce que c'est, & son origine. 240

Man-

DES MATIERES.

Mantegue, ce que c'est. 65
Marc. (S.) Histoire que les Venitiens en font. 234.
Marin Capello (le General) bat des Pirates Barbarois. Ce qui en arrive. 72
Marsilly (le Comte de) est attendu à Andrinople pour la Negociation de la Paix. 140. son Voyage à Vienne pour sçavoir les dernieres résolutions de l'Empereur. *ibid.* il est assassiné sur le chemin de Vienne à son retour. 143. Reflexions particulieres là dessus. *ibid.*
Mascarades à Venise. 258. elles sont permises au Carnaval & à la Fête de l'Ascension. 259. leur Description. *ibid.* 260
Maslac & *Meconium*, ce que c'est. Voyez Opium. 52
Mathaus. Ce qu'il avance au sujet des Empereurs qui n'avoient point encore d'Aigle dans leurs Cachets. 241
Mayence, fameuse par son Antiquité, par les Conciles, & par son Electorat. 335. description du Palais de l'Electeur. De la principale Eglise. Histoire que l'on fait du Roi de Suede sur ce sujet. Remarque curieuse au sujet d'un Crucifix que ce Prince frappa de sa Canne. *ibid.* des Tombeaux des Archevêques, & de leurs Statuës en marbre. 336. du Monument de *Damianus Harbanus*. Reflexions sur les Trophées d'Armes dont ils sont ornez. *ibid.* Du Grand Autel. 337
Medes (les) honoroient la Magie. 114
Medecine. Les Grecs en apportent la connoissance à Rome. 114
Mediterranée. (Mer) Elle produit grande quantité de Pierres Ponces. 164. Remarques curieuses là-dessus. *ibid.*
Mémoire. Les Turcs l'ont fort bonne, pourquoi.

R 2

TABLE

quoi. 55. les Italiens l'ont heureuse, & particulierement les Florentins, raison de cela. Mémoire artificielle; ce que c'est. Qui en est l'Auteur suivant Ciceron. *ibid.*

Menetrier (le Père) ce qu'il avance dans son Traité de la Science de la Noblesse. p. 4. 244. il fait le Lion de S. Marc *accroupi.* 248

Methrodorus Scepsius. 55

Mercure (le) Bello Gallique. Ce qu'il dit de Bragadin qui avoit le secret de faire de l'or. 119. il l'accuse de Magie, & veut qu'il ait été decapité à Munich en 1597. *ibid.*

Millo. (l'Ile de) Elle a été la Patrie de Socrate & d'Aristophane. 155. description de ce qu'il y a de plus remarquable. *ibid.*

Mithridates. Il possedoit parfaitement vingt & deux Langues. 56

Mode. En Allemagne chaque Ville a la sienne pour les habillemens. 332

Montaigne. Son rapport sur la couleur que les Femmes portoient autrefois en France pour le deüil. 40

Montconis. (M. de) Son sentiment au sujet des Vagabonds d'Egypte. 28. cruelle coûtume des Egyptiens dans leurs Funerailles. Sa méprise là-dessus. 42

Monument public qui se voit à Francfort representant un Enfant Chrétien tué par les Juifs. 316. 317. Un Cochon sur lequel paroît un Juif tenant la queuë à la main au lieu de bride. Ensuite on voit une Juïve à cheval sur un Bouc. *ibid.* elle est suivie d'un autre Juif qui baise la plus sale partie du Bouc. Un Diable qui leur crie *au weyh Mauschy, au weyh, au weyh.* *ibid.*

Morin. (M.) Ministre de Caën, ce qu'il avance dans ses Dissertations sur les Antiquitez,

DES MATIERES.

au sujet des Morts. 36. Voyez la Note.

Morosini (François) est élû Doge en 1688. Circonstances de sa vie. 211. il demeure deux ans à faire le Siege de Napoli de Malvesie. Il défend Candie contre les Turcs. Ordre que lui envoye le Senat de la rendre. Promesse temeraire qu'il fait au Senat. *ibid.* il tombe dans la haine du Peuple. 212. l'Advogador Antoine Coraro harangue contre lui en plein Senat. Il est sauvé par l'éloquence du Chevalier Sagredo & du Senateur Foscarini. Son Portrait. *ibid.*

Morosini (le Procurateur). Description curieuse de son Entrée, & des honneurs que la Seigneurie lui fit. 213. 214. 215. *& suiv.* Remarques curieuses concernant le rang, la qualité, le caractere & les habits de ceux qui y furent presens. *ibid.* des réjouissances extraordinaires & des Mascarades qui suivirent cette Ceremonie. 218

Mortaigne (Corneille Gaspar de). Il commande en Chef les Troupes de Hesse Cassel au Siege de Rhynfelds. 338. il a le pied droit emporté d'un coup de Coleuvrine. Il reduit cette Place qui lui couta la vie. *ibid.* témoignages rendus à sa memoire par Mr. le Duc de Longueville. *ibid.* 339. il étoit âgé de 38. ans quand il mourut. *ibid.*

Moulin flottant, ce que c'est. 345. Description de cette Machine. *ibid.*

Mouran (l'Ile) à Venise où se font les belles Glaces de Miroir & autres ouvrages de Verre & de Cristal. 166

Moutons. Pourquoi ils sont fort estimez dans l'Anatolie. 58. leur Description. *ibid.*

Mustafa Aga. On le fait mourir après la mort du Vizir Kopergli, 137. il étoit de Livorne

TABLE

en Italie. Il est pris au Siege de Candie & renie la Foi. Histoire des commencemens de sa fortune. Il est fait Directeur du *Tophana* ou la Fonderie & de la Monnoye. *ibid.* il invente le *Mangour* Espece de Monnoye, pour remplir les Coffres du Grand Seigneur. 138. Desordres que cela cause dans le Commerce. *ibid.* il est accusé de malversation. 139. ses Amis lui conseillent de se sauver en Italie. Il neglige leurs Conseils. Il est enfin Etranglé après avoir été mis à la question. *ibid.*

N.

Napoli de Malvasie, est assiegée inutilement durant deux ans par François Morosini. 211

Neron. Il étudie avec beaucoup de soin la Magie sous Tiridates Roi d'Armenie. 115. du peu de progrez qu'il fait dans cette Science. 116

Nissa. Le Serasquier qui commandoit en personne, est bâtu auprès de cette Place par le Prince de Bade. 133. Description des pertes que les Turcs firent dans cette Bataille. *ibid.*

Noblesse Venitienne. On la divise en quatre Classes. 205. Des Familles Fondatrices de la Republique. 206. du Conseil appellé, *Il Sarrar del Consiglio.* Des Gentilshommes par merite. Des Citadins. Elle se traite reciproquement d'Excellence. *ibid.* Histoire plaisante d'un Noble, & d'un pauvre Gentilhomme. 207. des brigues quelle fait pour parvenir à la Dignité Dogale. 219. Ne va pas volontiers à la guerre, pourquoi cela. 223. Elle est fort civile & obligeante. 226. on en a vû qui ont fait marché à tant de sequins pour tuer un homme ou lui rompre les bras. 227. un Noble est en droit d'empoisonner sa femme pour adultere, & de faire poignarder

DES MATIERES.

der son Galant. 228. Description de leur habit. 229. il ne leur étoit pas permis de porter autrefois la Peruque. 230. il y a des Nobles de toutes Categories. 231. il y en a qui demandent l'aumône dans les ruës pendant la nuit. *ibid.*

Nôces. Description plaisante de la maniere dont elles se font parmi les Familles Patriciennes à Francfort. 319. Ceremonies que les Juifs pratiquent à leurs Nôces. De celle d'un des plus riches Juifs de Francfort décrite avec toutes ses circonstances. *ibid.* 325. 326. 327. & 328

Noribert (St.) Patron de la Ville de Magdebourg 305. le Corps de ce Saint est vendu aux Catholiques par les Protestans. Remarques curieuses là dessus. *ibid.*

Novices. Les Venitiens donnent ce nom aux nouvelles Mariées. 219. il leur est seulement accordé d'avoir un Fil de perles & une frange d'or au bas de la Jupe, pourquoi cela. *ibid.*

Nuremberg, Ville Imperiale. Description de ce qu'on y voit de plus remarquable. 299. 300. 302. & *suiv.* Ses Habitans sont appellez Noircisseurs de Jesus-Christ. Pourquoi. 306.

O.

Oldradus Jurisconsulte; ce qu'il avance au sujet d'un nommé Arnaud de Ville-Neuve qui faisoit de petits Lingots de très bon Or. 120.

Olives. Difference de celles qui croissent dans l'Anatolie, en Espagne ou en Provence. 64

Opera (des) à Venise. Leur beauté consiste dans le chant & les machines. 266. Difference de ceux-ci à ceux de Paris. Differens goûts du public pour le chant Italien. *ibid.* Remarques

R 4   curieu-

TABLE

curieuses sur ce sujet. 267. Plaisante coûtume observée quant une femme à bien chanté. 269
Opinion ridicule que les Italiens ont des coûtumes de France au sujet des filles. 273
Opium (l') ce que c'est. 52. si celui qu'on apporte en Europe est different de celui dont les Turcs usent. Du vrai *Maslac* ou Opium pur. Du *Meconium*, ainsi appellé par les Chimistes. *ibid.* Maniere de le connoitre. 53. pourquoi c'est un Poison aux Européens, & un Remede aux Asiatiques. *ibid.* de l'usage qu'en font les Turcs. 54. il les rend guais & amoureux. De ses autres effets. *ibid.* il fortifie la memoire. 35
Orientaux. Ils ont de tout temps passionnement aimé la Magie, & l'ont apprise aux Turcs. 114
Orgueil (de l') des Sultans. 69. Titres pompeux qu'ils s'attribuent. 70. Veritable Portrait des Sultans. *ibid.*
Oranges. Description de celles qui croissent à Smirne. 64
Osselets (deux) à huit faces, marquées d'un caractere dont se servoit un Devin à Smirne. 117.

P.

Padischa, Titre que les Ambassadeurs de France prennent à la Porte. 73
Padoüe, grande Ville déserte. 274
Papas, ce que c'est parmi les Grecs. 14. leur maniere de vivre. Leurs abstinences. Leurs habillemens. *ibid.*
Parenzo, petite Ville d'Istrie. 163
Passarowitz. Les Turcs y sont batus par le Prince de Bade. 133. Description des pertes qu'ils firent dans cette Bataille. *ibid.*

Perses

DES MATIERES.

Perses (les) revefoient la Magie. 814
Peste (la). Elle est necessaire en Turquie, & pourquoi. 43. Recherche des Causes de cette maladie. 44. d'où vient que les Païs qui approchent de l'Equateur y sont plus sujets. 47. pourquoi en Egypte elle cesse dans les mois le plus chauds. *ibid.* Temperamens des Asiatiques & des Affricains en sont susceptibles, & pourquoi. 48. l'Eau de Vie, l'Ail, & l'Opium ne sont point de Preservatifs contre la Peste. Raison de cela. 49. d'où vient qu'en Angleterre, en France, & en Hollande, elle y régne rarement. *ibid.* Reflexions sur les differens Temperamens. 50. pourquoi ceux qui l'ont eu une fois y sont plus exposez. *ibid.* elle se communique souvent par l'attouchement des meubles. 169.

Pierre Philosophale: Histoire curieuse là dessus de deux Dervichs Persans qui convertissoient le cuivre en argent. 118. du Cloud moitié fer, & moitié or, que le Grand Duc de Toscane conserve dans son Cabinet. D'un Apotiquaire qui convertit de l'argent en or, en presence de la Seigneurie de Venise. D'un Cipriot qui avoit le secret de faire de l'Or autant qu'il vouloit. *ibid.* d'un nommé Arnaud de Ville Neuve qui faisoit des Lingots de très bon Or, & les vendoit publiquement. 120. de quelques pieces d'or factisse frapées au coin du Roi de Suede qui sont entre les mains de Mr. de Montconis. Difference d'un veritable Philosophe & d'un Charlatan sur ce rare secret. Ce qui arriva à Messieurs de Geneve. Prudence du Pape Leon X. là dessus. *ibid.* ce qui se passa entre un Marquis François & un de ces Philosophes. 121. si la Chimie ou la Recherche du Grand Oeuvre est

R 5 Char-

TABLE

Charlatannerie, où si elle a quelque chose de réel. 122

Pline. Prodiges de Force, qu'il raporte d'un Certain Aulus Jutius Valens Capitaine d'Auguste. 33. 34. son Opinion au sujet d'un Ciment rouge, dur, & clair comme une glace, qu'il dit être venu de Grece à Rome 275. L'Histoire qu'il fait de deux freres dont l'ainé Confidius étant mort ressuscita 350.

Plutarque. Histoire curieuse qu'il fait des premiers Peuples qui ont habité l'Ile du Millo 153.

Poisson. On en trouve d'une infinité de sortes à Smirne. 59. Description de leur differentes especes. *ibid.*

Pompes (les Magistrats des) ce que c'est. 218

Postel. (Guillaume) il sçait toutes les langues du Monde. 56

Postes. Remarques nouvelles là dessus. 66. 67. il n'y en a point de reglées en Turquie, ni pour les couriers, ni pour les Lettres. 113. Il faut une année pour avoir l'occasion d'écrire aux endroits éloignez. *ibid.*

Poulpe. (le) Poisson dangereux. Sa description 60. 61. Il est venimeux & fait noyer les hommes, comment cela arrive. *ibid.*

Presages. [Des bons ou mauvais] de la rencontre d'un Animal pur ou impur. 333. Oiseaux noirs ou Corbeaux qu'on aperçoit sur une Maison. Pronostic de mort. Oiseau blanc signe de Nopces, où de bonne fortune *ibid.*

Prieur [le] du Lazaret de Venise. 171. de ses apointemens. De son caractere & des fonctions de sa Charge. *ibid.*

Procope de Cesarée. Ce qu'il avance de l'Empereur

DES MATIERES.

reur Justinien. 67

Procuraties. Description de ces Bâtimens superbes. 187 Du grand Conseil. De celui des Finances appellé *la Zecca.* De celui de la Marine &c. *ibid.*

Pucelage. Opinion des Italiens là dessus. 261 des Orientaux. 262. Ce qu'on appelle à Venise *una Putta, una Vergine.* Voyez la Note. Histoire plaisante d'une Mere qui a trois filles. Des Religieuses qui couchoient avec des Garçons sans perdre leur virginité. Raport de M. Doduel sur ce sujet. *ibid.*

Pufendorf. [Samuel] Histoire qu'il fait des divisions arrivées entre les Lutheriens & les Reformez ou Zuingliens. 309

Q.

Quarantaine (la) ce que c'est chez les Venitiens, 166. Description de la maniere dont on la fait au *Lazaretti,* 167

Quincy, Capitale du Royaume de Quincy dans la Chine, 184. Voyez la Note.

R.

Raguze. Sa situation. 159 son Gouvernement est Aristocratique semblable à celui de Venise, *ibid.* de son Senat, 160

Ramadan. (mois de) Pendant ce tems toutes les Liqueurs sont défenduës aux Turcs, 92

Reformez. Ils sont moins aimez à Francfort que les Catholiques, pourquoi cela, 309. le Commerce seul les y retient. Voyez ce qu'en dit Pufendorf *Commentariorum de Rebus Suecicis* la Note.

Rejouissances. Description de celles qui se font à Venise, 218

Reliques qui sont à Nuremberg 303. On y voit le Fer de la Lance de Charlemagne & ses ornemens Imperiaux. Particularitez de

TABLE

ce Fer qui est le même qui perça la côté de Jesus Christ, *ibid*. Un morceau de la vraye Croix où l'on remarque le trou dans lequel un des Cloux fût fiché, 304. Comment elles sont venuës à la Couronne Imperiale. Coûtume de les faire porter dans les Armées. Sigismont les mit en depot à Nuremberg, & pourquoi. *ibid*.

Remarques importantes pour les Voyageurs au sujet des Routes & des Voitures, 290

Renegat. [Chrêtien] Usage qui s'observe dans le Levant avant que de recevoir l'abjuration d'un Renegat. 145

Reverences à la Venitienne, 208. Remarques curieuses là-dessus, *ibid*.

Rhynfelds, Place forte située sur le Rhyn, 337. de son Château & de ses Fortifications, 337. 338. Elle appartient aux Landgraves de Hesse. Histoire d'une Ceremonie ridicule qu'on y observe. *ibid*.

Ricault [Mr.] Portrait qu'il fait des Juifs du Levant, 25. Ses Remarques sur les Ambassadeurs & Ministres qui resident à la Cour Ottomanne, 71. Ce qu'il dit au sujet de l'insulte faite à Mr. de la Haye Vantelai Ambassadeur du Roi T. C. à la Porte, 73. son Histoire des trois derniers Empereurs Turcs. *ibid*.

Ridotti [les] ce que c'est. On n'y sçauroit entrer que masqué, raison de cela, 203. On y voit sans distinction des Nobles, des Citadins, des Dames & des Courtisannes. Qui sont ceux qui tiennent la Banque. Remarques curieuses sur ce qui se passe dans le Jeu, *ibid*. De la Banque, 204

Rocher qui ressemble à un homme, 337

Romains [les] ont toûjours eu une Noble ardeur

deur pour les Monumens publics, 112

S.

Sabellicus. Histoire qu'il raporte du petit Simonin de Trente lib. 8. Ennead. 316

Sahlhoff. Maison où quelques Empereurs ont logé à Francfort, dans le tems de leur Election. 318

Salomon. Ce qu'il avance sur la Virginité des Filles. 7

Salvianus. Citation de cet Auteur. 67

Salut. Comment les Grecs se saluënt les uns les autres. 9

Sarbacanne de fer blanc. Les Femmes Astrologues à Venise s'en servent pour souffler la bonne fortune. 260

Salankemen. (Bataille de) Les Turcs y sont battus par les Imperiaux. 135. Decription de leurs pertes. *ibid.*

Scamozzi a donné plusieurs beaux modelles de la description & situation de l'Escalier 201.

Seiches, espéce de poisson, sa Description. 59

Senateur Venitien. Sa condition est plus heureuse que celle du Doge, pourquoi cela. 219. 220.

Smirne. On y tolere beaucoup de choses qu'on ne fait point ailleurs chez les Turcs. 4. Les Francs & les Grecs de distinction y prenent le Turban blanc, pourquoi. *ibid.* On y vit dans une extrême ignorance de ce qui passe de remarquable ailleurs, d'où vient cela. 113

Soliman. Il est élevé sur le Thrône Ottoman 129. Histoire des cruautez, & des étranges Révolutions arrivées sous son Regne 130. 131. 139. 132. *& suiv.*

Sorciers. Remedes qu'on emploie en Allemagne pour s'en preserver. 333. De ce qu'il faut faire

TABLE

faire quand on recontre une Vieille femme. Autre remede lorsque les Chevaux du Carosse s'arrêtent tout court, & des mots qu'il faut prononcer. *ibid.*

Stratman. (Le Comte de) il est envoyé de la part de l'Empereur pour assister à la Negociation de la Trêve. 135

Stiphond. (Isaac Hendrisse) Prodiges d'un Jeune qu'il fait quarante jours durant, aprés s'être fait donner seulement une Pipe & du Tabac. 21

Suez, le lieu ou le Caffé est transporté & d'où il est distribué à tous les Marchands qui en font commerce, 80

Sultans. De leur orgueil & du mépris qu'ils ont pour les autres Princes. 69, 70, *& suiv.*

Superstition. De celle qui régne en Allemagne 334. A la veille de Noël, quelques uns se déguisent en Dieu le Pere, ou Dieu le Fils, d'autres en Apôtres, d'autres en Diables. Des diferens rolles qu'ils joüent. De ce qui se pratique la nuit de la St. Martin. *ibid.*

T.

Table d'Autel qui se voit dans l'Eglise de St. Marc à Venise. 190. Elle fut aportée de Ste. Sophie par le Doge *Ordelafo Faltero* en 1105. *ibid.*

Tacite. Quelques passages qu'il raporte au sujet des Cendres des Morts. 36

Tandour, espece de Turban que les Juifs portent en Turquie. 25. 26

Tavernier, ce qu'il avance des femmes de certains Evêques qui jurent sur leur examen, de la Virginité des Filles. 7

Taxes (des) & Impots qu'on exige à Francfort. 314. Il y en a jusques sur les filles de joye. De celles que payent les Garçons & les hom-

DES MATIERES.

hommes mariés surpris en pareil cas. *ibid.* Les Ecoliers & les Etrangers y sont souvent attrapez. 315

Thevenot. Ce qu'il dit d'un Arabe qui avoit jeuné pendant cinq jours entiers. 21

Thevet. Ce qu'il raconte de l'Ile d'*Imaugle* ou l'Ile des *Amazones*. 158

Ton (le) est le Roi de tous les Poissons, pourquoi, 60. Il abonde à Smirne aussi bien que sur les côtes d'Italie & de Provence. Remarques Curieuses sur ce Poisson raportées par le P. Fournier. Il ne voit que de l'œil gauche, pourquoi. Il n'est pas permis à tout le monde de le pêcher. *ibid.*

Tortües. Il y en a de quatre especes selon Pline 61. 62. Description curieuse de cet Animal Amphibie. Elles sont fort lascives. Particularitez remarquables là dessus. 82. 83. Il y en a une grande quantité à Smirne. *ibid.*

Tramontani, qui sont ceux qu'on appelle ainsi à Venise. 225

Trente. Description de cette Ville. 293, 294

Trincavellus Lib. 3. Cons. 17. Raporte que dix mille Personnes perirent par la Peste causée par les Cordes, dont on s'étoit servi long tems auparavant, à descendre dans le Tombeau des corps pestiferez. 170

Turban, diference de celui que portent les Grecs & les Turcs. 3

Turcs. Leur extrême Negligence pour les Bâtimens publics. 112. L'Etude de la Magie les degoute pour les autres Sciences. 114. Leur entêtement pour la Pierre Philosophale 118. Leur Religion leur inspire du respect pour le sang Ottoman. 127. Exemple de Sultan Amurat raporté sur ce fait. 128

Vaga-

TABLE
V.

Vagabonds. D'où ils viennent. 28. Pourquoi les Bohemiens sont appellez Egiptiens. *ibid.*

Venise. Description circonstanciée de ce qu'il y a de plus curieux & de plus remarquable 165. 166. 168. & suiv.

Venitiens (les) font beaucoup de depense en Bâtimens, pourquoi. 202. Ils consument beaucoup à l'entretien des Courtisannes, raison de cela. 203. Les Tournois & les Carousels n'ont jamais été en vogue chez eux. 249. Trois choses remarquables chez eux 275. Les Fêtes & les spectacles ; la douceur & la beauté des femmes, & enfin la propreté des Maisons au dedans. *ibid.*

Vers écrits sous l'Image de l'Empereur qui regne aujourdhui. 317

Vert. Les Turcs ne souffrent aucune Personne qui porte cette couleur. 4. Imprudence de quelques Francs là dessus. *ibid.*

Viandes contrefaites en Cire. Les Venitiens en font un grand usage. 217

Vierges. (Les onze mille.) Leurs Os reposent dans l'Eglise de Sainte Ursule à Cologne 348. Description de leurs Tombeaux. 449 Histoire que l'on en raconte. Origine de la fondation de l'Ordre des Ursulines. *ibid.*

Villamont. Ce qu'il dit d'un Cipriot nommé Anthonio Bragadino, qui avoit le secret de faire de l'or. 119

Virginité. Usage des Grecs là dessus. 6. Ils exposent la chemise de la Mariée aux Conviez 6. 7. Coûtume des Juifs pour connoître la Pudicité d'une Epouse ; les peuples d'Asie & d'Afrique ont la même opinion. Sentiment des François, Anglois, Hollandois, Allemans,

mans, Suedois, Danois & autres Peuples là dessus. Passage de Salomon remarquable sur ce sujet. *ibid.* Opinion des Espagnols, des Portugais & des Italiens. 8

Visites. Plaisantes Coûtumes des Grecs quand ils rendent visite à un Consul, ou à quelque homme de condition. 9

W.

Wldin. Description de la Victoire signallée que les Imperiaux y remporterent sur les Turcs. 133

X.

XEnophon. Auteur cité au sujet des Armoiries. 233.

Z.

Zantes. (De l'Ile de) Elle depend des Venitiens. 158. De ses vins delicieux & de son Commerce. *ibid.* Description de son beau Château. 159

Zecca (la) ou Conseil des Finances. Description du lieu où il se tient dans le Palais de St. Marc. 187

Zwornick prise sur les Turcs par le Prince Loüis de Bade. 134

FIN.

www.ingramcontent.com/pod-product-compliance
Lightning Source LLC
Chambersburg PA
CBHW071906230426
43671CB00010B/1489